AF617530

Los fantasmas de Happy Valley

JULIET BARNES

Los fantasmas de Happy Valley

En busca del mundo perdido
de los aristócratas libertinos de África

Traducción de José Luis Piquero

LA LíNEA DEL HORIZONTE ediciones

Colección Fuera de sí. Contemporáneos, 26

Título original: *The Ghosts of Happy Valley. Searching for the Lost World of Africa's Infamous Aristocrats*

Primera edición: junio, 2024

Publicado por La Línea del Horizonte Ediciones
C/ Mesón de Paredes, 73 | 28012 (Madrid, España)
www.lalineadelhorizonte.com | info@lalineadelhorizonte.com

Coordinador editorial: Miguel S. Salas
Corrección: Luis Porras Vila
Diseño de cubierta: Víctor Montalbán | Montalbán Estudio Gráfico
Fotografía de cubierta : © Illustrated London News Ltd/Mary Evans.
Lady Idina Gordon
Fotografía de portadilla : © Illustrated London News Ltd/Mary Evans. *Josslyn e Idina Hay en Slains, su granja en Kenia*. Desde la izquierda: Josslyn Hay, el mayor Roberts, el mayor J. Grant, Lady Idina Hay, la señora C. Birkbeck, la princesa Philippe de Bourbon y la señora Grant.

ISBN: 978-84-127475-6-0 | THEMA: WTL, 1HFGK | Depósito Legal: M-11876-2024
Imprime: Cofás | Impreso en España

Este libro ha sido impreso en papel ecológico, cuya materia prima proviene de una gestión forestal sostenible.

SUMARIO

Para Solomon

I

NUBES, HUMO Y ESPEJOS

1
UN GUÍA INESPERADO AL CENTRO DEL ESCÁNDALO

Mi madre y otras artistas estaban pintando flamencos junto al lago Elmenteita el día que conocí a Solomon. Era una calurosa tarde de enero de 2000, y se habían reunido todas para tomar el té en la galería de mi casa en el corazón de Rift Valley en Kenia. Solomon se levantó de un salto para abrir la verja, sin apenas esperar a que saliera de mi Land Rover antes de estrecharme la mano con mucha fuerza. Miré con curiosidad a aquel hombre negro, alto, con sus dientes blancos, sus penetrantes ojos negros y su aspecto ligeramente descuidado. Parecía indiferente al hecho de ser el extraño de aquel té. El único hombre y la única persona negra. Solomon iba vestido con un chándal rojo desteñido y zapatillas desgastadas de lona, y tocado con una gorra visera de cuero pintada a mano con hojas y lagartos. Su apellido, Gitau, es un nombre kikuyu, pero Solomon guarda poco parecido con ese pueblo africano de estatura más bien baja y piel clara.

Mi madre me había hablado alguna vez de Solomon: es un activista en la zona que solían llamar Happy Valley. En la época colonial, varios personajes turbios se habían creado un nombre en ese valle de las tierras altas, pero a día de hoy es el nombre de Solomon Gitau el que se pronuncia con disimulado tono de escándalo. Su defensa decidida de los últimos monos colobos de la zona y de su hábitat forestal en peligro había provocado la ira de sus vecinos y de las autoridades locales, sobre todo cuando interfirió con el lucrativo negocio de la caza furtiva. Lo llamaban «hombre mono» y la mayoría de sus vecinos lo consideraban un loco. Yo sabía que, a pesar de no contar con ingresos regulares, luchaba por replantar árboles en la zona situada entre Rift Valley y los montes Aberdare, mientras prestaba su voz a las criaturas salvajes del bosque. Había sido brutalmente torturado por las autoridades debido a su valiente determinación, amenazado y saboteado muchas veces, pero no habían conseguido doblegarlo, y seguía creando grupos conservacionistas por toda el área y más allá, sin cejar en su empeño optimista de salvar el legado natural de una zona tanto tiempo olvidada. Cuando hoy en día los ocasionales visitantes atraviesan Happy Valley, suelen hacerlo de camino al Parque Nacional de Aberdare, adonde huyó la mayor parte de la vida salvaje en el momento en que, tras la independencia de Kenia, la población humana creció de forma masiva.

El año anterior, Solomon había escrito a mano la historia de su vida y se la había dado a mi madre para que la corrigiese, porque le resulta difícil escribir en inglés. Yo había ojeado sin mucho interés el viejo y mugriento cuaderno de ejercicios forrado con papel de periódico, pero una vez que lo abrí y leí algunos párrafos, de inmediato me sentí obligada a terminar aquella autobiografía tan extraña y fascinante. Solomon nació en el corazón de Happy Valley —justo antes de que se marchara el último colono blanco— y su historia es extraordinaria.

Resulta sorprendente que la cadena de montañas volcánicas de Kenia, en forma de meseta, siga siendo conocida por su nombre colonial británico, los Aberdares, a pesar de que después de la independencia se rebautizara oficialmente como cordillera de Nyandarua. Estas montañas se elevan hasta los 4000 metros, mientras que muy cerca, en dirección oeste, se encuentra el más pequeño y achatado monte Kipipiri, con una altura de 3300 metros. Happy Valley es el valle alto y verde encajado entre las dos y se extiende por toda el área circundante hacia el norte y el oeste. Ahora está densamente poblado por granjeros africanos, la mayoría de los cuales nacieron mucho después de que se fuera la hedonista camarilla de los colonos blancos que vivieron allí solo durante unas pocas décadas.

El Protectorado Británico del Este de África, parte del cual se convirtió en la colonia de Kenia, atrajo a una multitud de colonos blancos, aristócratas, aventureros y rebeldes, en las primeras décadas del siglo XX. Un puñado de ellos, el grupo de intercambio de parejas de Happy Valley, aprovecharon el espacio y la libertad de los imponentes paisajes de Kenia para comportarse con salvaje desenfreno, y enfangaron a sus compañeros colonos con la dudosa reputación asociada a una pandilla de lo más promiscua. El cénit transitorio de este círculo durante los años veinte y treinta, con su profusión de sexo, drogas y a la postre el misterioso asesinato de un conde en 1941, se enmarca de manera fascinante dentro de un siglo dramáticamente colorista, lo que quizá contribuye también a que esta antigua y atractiva colonia, a horcajadas sobre el ecuador, siga seduciendo al mundo. Además, está la cuestión de la tierra. La tribu keniana de los kikuyu, que se sintió despojada de las mejores tierras de su país, inició y libró una guerra de guerrillas en los años cincuenta. Conocida como Mau Mau, ocupó a diario los titulares de la prensa británica. Los kikuyu son la tribu más numerosa de Kenia, aunque solo es una de las más de cuarenta en el país. El primer y el tercer presidente de Kenia fueron kikuyu, y se da la circunstancia de que Happy Valley está hoy poblada por kikuyu.

Una mística indefinible flota sobre esa camarilla de colonos libertinos que mancharon el buen nombre de Happy Valley en el periodo de entreguerras, y cuyas procaces excentricidades parecían tener prioridad sobre el cuidado de las haciendas. Pero, como señaló Elspeth

Huxley, experta escritora sobre Kenia, en su libro *Forks and Hope* (*Encrucijadas y esperanzas*):

> Empapados en ginebra como estaban, se dedicaron a realzar, más que a dañar, los encantos naturales de su valle, porque dejaron en paz los árboles autóctonos y crearon jardines de excepcional belleza, plantaron prados para vacas *guernsey* amarillas como la manteca, repoblaron los ríos con truchas y construyeron atractivos bungalós de madera local con tejados de tabilla y engalanados con enredaderas.

Además, el comportamiento decadente no quedaba restringido a Happy Valley. Aristócratas y miembros de la realeza de todo el mundo se unieron a la diversión. Eduardo, príncipe de Gales, y su hermano Enrique, duque de Gloucester, vinieron a Kenia de safari en 1928 y 1930, y sus conquistas no se limitaron al reino animal. La elegante piloto y entrenadora de caballos de carreras Beryl Markham, la primera mujer en volar en solitario de Inglaterra a América, probablemente obtuvo aquí sus mejores marcas. Sus muchos amantes incluían a lord Erroll, al cazador profesional barón Bror Blixen, casado con la famosa Karen de *Memorias de África* (*Out of Africa*), y al honorable Denys Finch Hatton, también amante de Karen Blixen e inspirador de su libro. Alta, rubia y hermosa, Beryl —ya en su segundo matrimonio tras una educación bohemia en Kenia— se las arregló para tener aventuras con el príncipe y el duque de forma simultánea, ¡hasta que el Palacio de Buckingham le pagó para alejarse de ellos durante el resto de su vida!

Pero es en Happy Valley donde aún se concentra el interés. El escándalo en Kenia había adquirido una nueva dimensión en 1923. Fue ese año cuando lady Idina Hay llegó para instalarse en la región: se había divorciado dos veces y era ocho años mayor que su nuevo marido, el atractivo y aristocrático Honorable Josslyn Hay, 22.º conde de Erroll. Idina estaba destinada a convertirse en la maestra de ceromonias de Happy Valley, y la afición de su tercer marido por la variedad sexual no constituía ningún impedimento. Si añadimos a Alice de Janzé, mimada heredera norteamericana casada con un conde francés, y a varios indeseables adinerados más, aquí empiezan las verdaderas historias de Happy Valley.

El apogeo de Happy Valley fue breve, aunque duró más que el tercer matrimonio de Idina. En 1939, al comienzo de la Segunda Guerra Mundial, Josslyn Hay, ahora conde de Erroll —su segunda esposa Mary, condesa de Erroll, había muerto a causa de un estilo de vida que incluía el consumo excesivo de alcohol y drogas— se encontraba ocupado en su aventura con otra mujer casada, Phyllis Filmer. El romance terminó con la llegada a Kenia de los recién casados sir Jock y Diana Broughton a finales de 1940. Alquilaron una casa en Nairobi, en el frondoso barrio de Karen, bautizado así en honor a la baronesa Karen Blixen después de que dejara Kenia en 1931.

Sir Jock Delves Broughton era treinta años mayor que su llamativa esposa rubia. Tenían un acuerdo escrito de que él no la retendría si ella conocía a otro, cosa que hizo de inmediato. Diana se enamoró locamente y de forma pública de Erroll, y este pareció corresponderla. Idina, Phyllis y otra notoria amante de Erroll, Alice de Trafford, antes de Janzé, se unieron en su aversión por Diana.

Dos meses después, a la pálida luz del amanecer, unos africanos que pasaban encontraron a Erroll muerto, con una bala en la cabeza, acurrucado en posición fetal bajo el asiento de su Buick, que casi había volcado en un pozo de grava al borde del camino, como a un kilómetro y medio de la casa de Broughton.

Tras cenar y beber en el local de reunión colonial más popular de Nairobi, el Muthaiga Club, con Diana, su marido y un amigo, Erroll había llevado a Diana a bailar, había echado un polvo rápido con ella en su casa de Muthaiga y por último la había dejado en casa a altas horas de la madrugada. Muthaiga es un suburbio de Nairobi en el lado opuesto a Karen, pero en mitad de la noche lo más probable es que no hubiera ningún tráfico. Era evidente que Erroll había emprendido el camino de vuelta a Muthaiga cuando alguien lo interceptó. ¿O su asesino iba escondido en la parte trasera del coche? ¿O quizá le dispararon en casa de Broughton, y luego el asesino o un cómplice pusieron el cuerpo en el coche?

Sir Jock fue arrestado y acusado de matar a Erroll, lo que condujo al juicio más largo que hubiera conocido nunca África central: tres semanas. El mundo estaba en guerra, lo que hacía que los titulares de la colonia resultasen doblemente embarazosos. Entre tanto, las pruebas policiales eran inconsistentes y habían sido mal custodiadas. En retrospectiva, también esto resultó sospechoso.

Como preparación, Diana voló a Sudáfrica para encontrarse con el experto en balística y renovar por completo su vestuario, algo diferente y llamativo para cada día del juicio. En el Muthaiga Club, la atmósfera estaba cargada de aprensión: ¿sería su esposo cornudo el primer blanco en ser ahorcado en Kenia?

Durante el juicio, Alice, Idina y Phyllis se pusieron sus mejores galas y se sentaron juntas, sin perder de vista la espalda impecablemente vestida de Diana. Sin duda, muchas otras mujeres en la sala también fantaseaban con lanzarle invisibles flechas envenenadas. Si alguna de ellas sabía algo sobre el crimen, nunca lo dijo. ¿O es que estaban todas tan borrachas aquella fatídica noche que no recordaban lo que había sucedido?

No se llegó a ninguna conclusión y nadie fue declarado culpable, pero desde entonces ha habido muchas especulaciones acerca del asesino de Erroll y su móvil, y se han llevado a cabo interminables investigaciones en busca de la verdad. La publicidad del caso ha contribuido a mantener vivas las historias: mucho más que si la víctima hubiera sido un colono trabajador y felizmente casado.

Sir Jock se suicidó el año siguiente. Diana Broughton, entre tanto, guardó luto durante dos años antes de casarse con el huraño y rico hacendado Gilbert Colvile. Incluso lo persuadió para que le comprase la casa en la que su antiguo amante había vivido con su mujer Mary. En 1955, catorce años después del crimen, Diana se casó por cuarta vez; en esa ocasión el elegido fue lord Delamere, vecino y mejor amigo de Colvile.

Casi un siglo más tarde, esa irresistible intriga aún perdura desde el apogeo del depravado Happy Valley de Kenia, dos vertiginosas décadas que culminaron con el asesinato sin resolver de lord Erroll. La controversia sigue viva, aunque muchos autores han propuesto distintas teorías desde que el primer libro sobre el misterio, *Pasiones en Kenia* (*White Mischief*, 1982), de James Fox —llevado al cine con Charles Dance, Greta Scacchi y Joss Ackland en los principales papeles— reavivó el interés por el caso. El hombre (algunos dicen la mujer) que disparó una bala en la cabeza del mujeriego conde murió sin revelar su secreto. Sorprendentemente, quizá, ninguno de los demás miembros del círculo íntimo del hedonista Happy Valley contó tampoco nada.

Solomon era un niño cuando Kenia declaró su independencia del dominio británico en 1963: los colonos blancos se fueron marchando y sus granjas se dividieron y asignaron a kenianos nativos. Con el paso de los años, Solomon contempló el rápido aumento de población de su propio pueblo kikuyu, que contribuyó a la destrucción sin sentido de los bosques montañosos autóctonos. A día de hoy, la tala incontrolada de árboles provoca que ríos antes fiables se sequen o se desborden, arrastrando valiosas capas de suelo hasta los lagos de Rift Valley. El libro de Solomon no tiene finales felices.

Tras intercambiar cumplidos con los demás invitados, le pregunté a Solomon por su labor conservacionista, que desarrolla de forma totalmente voluntaria. Habló sin reservas, mientras su voz ronca ascendía y descendía de forma musical, llena de convicción y emoción. Su pobre inglés me sorprendió; esperaba que aquel hombre que tenía las ideas tan claras en cuanto a cambiar las cosas fuera más sofisticado. Los agricultores kenianos de subsistencia suelen tener problemas mucho más acuciantes que salvar los árboles o a los animales salvajes, los cuales representan para ellos, respectivamente, sacos de carbón vegetal y plagas. Como la mayor parte de la población rural de Kenia, en rápido crecimiento, Solomon siempre ha vivido en una casa sencilla, sin electricidad ni agua corriente; hay pocas carreteras en buen estado u otras comunicaciones, y las oportunidades educativas son limitadas.

Gesticulaba con manos finas y delicadas y sonreía ampliamente mientras hablaba con pasión de monos y árboles, pero de pronto frunció el ceño al mencionar las crecientes amenazas que pesan sobre ellos. Había en Solomon algo dinámico: su entusiasmo, su seductora sonrisa y su actitud positiva resultaban contagiosos.

Hicimos una pausa para escuchar el rebuzno cantarín de la cebra. Una manada de impalas jóvenes saltaba a través de los arbustos de espino, levantando el polvo hacia un cielo azul sin nubes. Le pregunté a Solomon por su «libro», cuya historia había presentado con una comparación inesperada:

> Si no conoce Happy Valley, intente visitar la zona. Por todo Happy Valley hay numerosas casas históricas. Los espíritus de

> los blancos muertos que solían residir en esas casas viven en los africanos que ahora habitan allí. Mientras leía el libro *Pasiones en Kenia* comprendí que no hay mucha diferencia entre esos blancos y los africanos actuales que viven en Happy Valley.

El aire era seco y podía oler algo muerto: las hienas y chacales saldrían esa noche. Excepto por los indómitos arbustos de buganvilla escarlata, mi jardín era como un desierto. Pensé en lo improbable que parecía que un keniano negro mostrara algún interés por un grupo de personajes coloniales que habían adquirido fama póstuma sin hacer nada constructivo, pero nuestra conversación alrededor de unas tazas de té y unos bizcochos con mermelada de grosella del Cabo (hecha por una de las artistas) pronto pasó del libro de Solomon a las antiguas casas de Happy Valley.

En la actualidad, todos los terratenientes importantes de Happy Valley son políticos negros inmensamente ricos, a pesar de los constantes rumores sobre la fuente de sus ingresos. En las antiguas tierras de cultivo conocidas como «tierras altas blancas» —que rodean e incluyen Happy Valley—, no es inusual encontrar una granja que pertenece a algún político poderoso o un hacendado ausente con muchos otros intereses comerciales. Mientras su esposa vuela a Europa a comprar ropa de diseño y sus hijos estudian en colegios privados de Gran Bretaña o Estados Unidos, a los trabajadores de su granja raramente se les paga más que el salario mínimo por trabajos no cualificados, y ganan al mes menos de lo que su jefe se gasta en una botella de champán importado en el Muithaga Club.

El tren de pasajeros, «el tren lunático», construido originalmente por los británicos con enormes gastos, ya no circula a diario entre Mombasa y Nairobi, ni tampoco llega a Kisumu. La pequeña estación de Gilgil, en Rift

Valley, fue un día el punto de partida para los pasajeros blancos que se dirigían a Happy Valley o más allá, los cuales solían parar en el hotel Gilgil, abierto en 1920 por lady Colvile, madre de Gilbert y durante un tiempo suegra de Diana. Hoy pocos pasajeros se bajan en Gilgil, y ninguno blanco. Al hotel Gilgil, que ha cambiado de dueño varias veces y tras la independencia de Kenia se convirtió en un burdel, la comunidad blanca de Gilgil lo llama mordazmente el «Molin Rouge». En la actualidad ofrece viviendas miserables a muchas familias en una ciudad de carretera en expansión, cada vez más descuidada, que se vio invadida por desplazados kenianos durante la violencia poselectoral a comienzos de 2008. A lo largo de las diversas carreteras desde Gilgil a Happy Valley, la tierra está en su mayor parte en manos de kikuyu. La población no deja de crecer, las granjas se vuelven más pequeñas y crean un intrincado paisaje de parcelas, cuyos bordes se difuminan entre árboles no autóctonos de crecimiento rápido. El bosque retrocede, y los Aberdares y Kipipiri arden de forma regular.

—Puedo llevarla a Happy Valley —dijo Solomon mientras se servía otro bizcocho—. ¡Podría usted escribir la historia!

Siempre había querido explorar la zona: había leído *Pasiones en Kenia*, que hablaba de una casa llamada Las Nubes que había sido el cuartel general para salvajes sesiones de parranda en las que intercambiabas por una noche a tu marido por el marido de alguien. Yo era escéptica acerca de descubrir otra teoría sobre quién había matado al conde de Erroll, menos aún repetir lo que sucedía en esas fiestas que organizaba lady Idina. Pero la perspectiva de ver las viejas casas abandonadas de Happy Valley resultaba interesante. Al igual que llegar a conocer a Solomon y descubrir lo que le había inspirado a seguir con tanta determinación una vocación tan inusual. Como Ralph Waldo Emerson dijo una vez: «La utilidad de la historia es poner en valor el presente y su deber». Pero yo añadiría la opinión de Goethe: «Lo mejor que obtenemos de la historia es el entusiasmo que despierta en nosotros».

Las Nubes aún seguía en pie, decía la gente. Alguien la había visto desde el aire, pero nadie sabía cómo llegar allí por carretera.

—Hoy en día no verá allí una cara blanca —me había advertido un granjero blanco anciano, ya retirado.

—¡Todas esas carreteras son terribles! —me había prevenido otro.

—En los tiempos que corren, en esa zona la atracarán. ¡Es todo país kikuyu! —continuaba el granjero—. No debe ir sola.

—Tiene que acompañarla alguien que lleve un arma —me había dicho otro anciano aún más inquieto.

Lo cierto es que Solomon no tiene un arma; no me lo imagino matando ni a una cucaracha. Pero sus recorridos a pie por la zona lo han familiarizado con los alrededores de todas esas ruinas en descomposición que un día fueron hogares de alguien. Y su lengua nativa es el kikuyu, lo que hace de él el guía perfecto.

—¡Cuando vea esas viejas casas de los blancos —dijo Solomon con aire conspirativo—, querrá escribir sus auténticas historias!

Yo no estaba tan segura. En ese punto solo era un guía potencial en una zona que siempre me había resultado fascinante.

—Hay algunas historias —prosiguió Solomon abriendo mucho los ojos—. Historias terribles. Usted será la primera blanca en escucharlas.

—Puede escribir sobre las viejas casas —sugirió una de las artistas mientras añadía algunas pinceladas a su cuadro de flamencos.

Una súbita ráfaga de viento levantó nubes de polvo en la galería y todos cubrimos con la mano nuestras tazas de té.

2
DESTINO DESCONOCIDO

Una mañana de febrero de 2000, muy temprano, me encontré con Solomon en un inspirador pueblo de carretera llamado Captain, a una hora, pisando baches, de mi casa. «Se llama así por el capitán Colville», dijo Solomon. Según el anciano de Gilgil Ray Terry, se trataba del capitán Archie Colville, sin relación con el Colvile que había sido el tercer marido de Diana Broughton. Captain, el pueblo, se extiende de forma desordenada a lo largo de una intersección de la carretera principal de Gilgil a Nyahururu. Esta última ciudad se llamaba antes Thomson's Falls por el explorador escocés Joseph Thomson, el primero en admirar las cataratas en 1883.

Tras abandonar el asfalto, giramos a la derecha y nos dirigimos hacia la distante masa azul de los Aberdares, con la conversación sofocada por los traqueteos de protesta de mi viejo Land Rover mientras avanzaba por la carretera rocosa y llena de baches, marcada en el mapa como la «antigua carretera de Wanjohi». Solomon, gritando por encima del ruido del motor, señalaba las viejas casas de los colonos, apenas reconocibles como tales en este país tan densamente poblado. Hoy, los nuevos asentamientos de los kikuyu eran una mezcla incongruente de casas de una habitación en pequeñas parcelas y granjas más grandes: viviendas de fin de semana que ostentaban grandes techumbres de tejas rojas. Muchas de estas últimas eran propiedad de políticos ricos, a los que Solomon se refería con aire de desaprobación. En esa época ya no vivía ningún blanco en Happy Valley, a excepción de un holandés que cultivaba flores para un keniano rico. De vez en cuando pasaba algún trabajador voluntario, dijo Solomon, pero en algunas aldeas que visitamos los niños nunca habían visto a un blanco.

Al ir acercándonos a la masa azul de los Aberdares, sentí una punzada de emoción y me pregunté si llevaría en el coche por alguna parte un boli y un cuaderno. Ni siquiera me había traído una cámara. Se suponía que el improvisado viaje por Happy Valley solo sería una interesante excursión de un día.

Eso íbamos a verlo. Arrastré mi Land Rover por kilómetros de más carreteras rocosas y llenas de baches, profundos canales y barrancos arrancados de sus inestables superficies por las pesadas lluvias de los años anteriores, incluyendo los aguaceros torrenciales y las consiguientes inundaciones de El Niño en 1997. Nos detuvimos a mirar algunas casas en ruinas, escondidas tras setos de ciprés sin podar de diez metros de altura, postes de vallas de cedro cubiertas de mechones verdes de muermera, restos de depósitos, abrevaderos para el ganado y puentes que, según Solomon, se habían construido en los años veinte. Me quedé maravillada ante una vieja rosa que trepaba por un trozo de pared: un recuerdo de la dama extranjera, pálida y sin rostro, que había ordenado plantarla. Sin dejarse intimidar por los cincuenta años siguientes de abandono, el arbusto había logrado sobrevivir de algún modo, incluso sin que algún «jardinero» mal pagado lo cuidara.

Algunas casas estaban intactas. Otras habían desaparecido, dejando solo unos cimientos de piedra o una chimenea de ladrillo. Muchas de esas viviendas antaño lujosas se encontraban vacías, supuestamente encantadas. Las habitaciones de otro tiempo ahora eran el hogar de familias locales o escuelas casi sin fondos. La mayoría de esta gente era extremadamente pobre desde cualquier punto de vista, y aun así nos ofrecieron una hospitalidad incondicional: nos invitaban a tomar el té, incluso a compartir su comida. Un maestro al que el gobierno no pagaba dijo que estaba escribiendo la historia del Mau Mau, que había surgido en aquella región. ¿Podría yo publicarla? Otro hombre, de pelo blanco y medio ciego, al que llevamos en el coche se rio al decirnos que recordaba «a aquella gente blanca»...

Habíamos planeado que nuestro destino, hacia el final de aquel día largo y agotador, sería la mismísima Las Nubes, que, según el rumor popular, había sido el remolino de Happy Valley, el lugar que lo tragaba a uno: la sexi y seductora lady Idina había vivido allí y organizado sin ningún pudor aquellas decadentes fiestas en las que se supone que incitaba a sus invitados a sumergirse en aventuras eróticas. «¿Estás casado o vives en Kenia?» siempre se había considerado un gran chiste, bien servido entre los *gin-tonics* y el escocés. Happy Valley ha quedado pintado de forma permanente en la historia de Kenia, si bien con un pincel británico. La fascinación continúa, avivada por su leyenda, que se reescribe con frecuencia.

El acuerdo anglo-alemán de 1890 dividió el este de África en las zonas británica y alemana, y el interior de Kenia se convirtió en protectorado británico en 1895. Las mejores tierras de labranza de Kenia se encuentran en las tierras altas y cubren menos del 25 % de un país predominantemente semiárido. Las tierras más valiosas, con suelos fértiles y bien regados y dos estaciones lluviosas al año, incluían lo que más adelante se llamaría Happy Valley —la zona alrededor del valle de Waniohi y Kipipiri—, con poca población por entonces, lo que resultaba incitante, y solo algún recolector de miel dorobo atravesaba los bosques frondosos y los verdes claros. Era también una ruta de pastoreo para los nómadas masái, que dejaron su sello en los nombres de ciertos lugares: Kipipiri es masái.

El primer colono blanco en la zona fue Geoffrey Buxton, que llegó en 1906 y construyó su casa de barro y ladrillo unos pocos años más tarde: la primera casa de estilo inglés en Happy Valley. El Plan de Asentamiento de Soldados de 1919 supuso una mayor distribución de tierras en el África oriental británica, con ofertas de arrendamiento de entre 99 y 999 años para colonos de origen europeo puro que hubieran servido en una unidad imperial reconocida oficialmente. Fue un intento de aumentar la población blanca y a la vez traer desarrollo económico a la zona. Pero también tenía que ver con la protección: existía una nueva amenaza de descontento africano después de que las tropas africanas que habían luchado en la Primera Guerra Mundial hubieran visto lo fácil que resultaba matar a hombres blancos.

El plan atrajo a muchos antiguos alumnos de Eton. La guerra había interrumpido las carreras de toda una generación, pero asentarse en África facilitaba su retorno a la paz y les proporcionaba el atractivo añadido de mantener su estatus entre los africanos sin educación. Kenia, proclamada colonia en 1920, ya estaba adquiriendo la reputación de ser «la Cantina de los Oficiales». Entre tanto, Gran Bretaña impuso impuestos a los africanos y los obligó a trabajar de jornaleros en Nairobi o en las granjas blancas. Tampoco se les permitió cultivar para la exportación, no fuera que bajasen los estándares.

Luego vino la era fugaz de lady Idina y sus amigos afines en la búsqueda del placer, un indulgente estilo de vida que la Segunda Guerra Mundial acabó por barrer. Después las cosas cambiaron muy rápido. Aún se produjo cierta afluencia de colonos blancos que huían de la austeridad posbélica británica, los elevados impuestos y el gobierno laborista. Hacia principios de los años cincuenta la antigua camarilla de Happy Valley se había desvanecido: la mayoría de las haciendas más grandes se dividieron en granjas más pequeñas, aunque aún grandes para los estándares británicos. Las casas en las que los primeros colonos se divertían con imprudente desenfreno eran ahora hogares para diferentes tipos de familias. En general, estos colonos blancos no eran aristócratas ni ricos, y trabajaban duro para ganarse la vida con las ovejas y el pelitre, este último un cultivo comercial que crece bien en las tierras altas de Kenia y cuyas flores se usan en la fabricación de insecticidas. Ahora las esposas de los colonos solían estar demasiado ocupadas en cosas como educar a sus hijos, plantar huertos y elaborar mermeladas y encurtidos, como para ir por ahí con ropa de diseño lanzando miradas lascivas a los maridos vecinos. Pero su estilo de vida no estaba destinado a perdurar mucho más que el de sus predecesores.

Allá por 1907, Winston Churchill había advertido, tras visitar Kenia: «Ya existen, en miniatura, todos los elementos para profundas desavenencias raciales y políticas». Casi medio siglo después ningún negro tenía siquiera el derecho al voto, por no hablar de reclamar la tierra sagrada de sus ancestros. La resistencia clandestina que había surgido en los años cuarenta como Organización Central Kikuyu mostraba a principios de los cincuenta una fuerte aversión al dominio británico, y sus miembros prestaban juramento secreto de fraternidad. En 1952, se declaró el estado de emergencia. La revuelta Mau Mau, que ya duraba ocho años, constituía una amenaza a la existencia de los granjeros blancos, y Happy Valley estaba justo en el centro de todo eso.

Ahora los colonos vivían bajo el terror de que sus antiguos y leales trabajadores se volvieran contra ellos y colaborasen en su asesinato. Mutilaban a las vacas; los kikuyu que no jurasen lealtad al Mau Mau eran destripados y despedazados. Varios granjeros blancos fueron atacados brutalmente; en el Kinangop, no lejos de Las Nubes, los Ruck y su pequeño hijo fueron asesinados, el niño en su cama. Luego aconteció el espeluznante asesinato de dos granjeros blancos, Charles Fergusson y Richard

Bingley, mientras se sentaban a cenar en su casa en el extremo norte de Happy Valley. Mientras los luchadores por la libertad kikuyu seguían agitando una atmósfera cargada de miedo y desconfianza, la formidable nueva generación de *memsahibs* de Happy Valley dormía con armas bajo la almohada en edificios fortificados para protegerse de ataques nocturnos, mientras sus maridos se alistaban en el Regimiento de Kenia e iban a combatir contra los hombres decididos y valientes que se escondían en las selvas impenetrables del monte Kenia y los Aberdares.

Con el pelo largo y sucios, los luchadores por la libertad kikuyu conocían el camino a través de la espesura y lograban esquivar el peligro de maneras que desconcertaban a los británicos. Ni siquiera la RAF con sus bombardeos sobre los bosques montañosos conseguía desalojarlos o sabotear sus equipos de mujeres de apoyo que entregaban comida y mensajes. Como señala Elspeth Huxley en *Nine Faces of Kenya* (*Nueve rostros de Kenia*): «Los soldados británicos, que llevaban botas y olían a jabón y a cigarrillos, tenían pocas posibilidades de éxito frente a las partidas de los bosques aliadas con la fauna local». Cada vez más, el Regimiento de Kenia se veía obligado a recurrir a partidas paramilitares de colonos, fuertemente camuflados, que se aventuraban en el corazón de los bosques.

Los tiempos iban a cambiar, y Jomo Kenyatta, líder kikuyu del partido de la Unión Nacional Africana de Kenia (KANU), fue liberado de la cárcel en 1961 para convertirse en el primer ministro del país cuando la bandera de Kenia se izó la medianoche del 12 de diciembre de 1963 entre el júbilo de la población y fuegos artificiales. Era el momento: la India se había deshecho del dominio británico en 1947 y diez años después Ghana se había convertido en la primera colonia independiente del África británica. Como consigna Jeremy Murray-Brown en *Kenyatta*, el nuevo primer ministro (cuyo título se convertiría en presidente al siguiente año) dijo: «Este es el día más grande en la historia de Kenia y el más feliz de mi vida»; y sonrió cuando el duque de Edimburgo le susurró: «¿No quieren cambiar de opinión?».

Kenia fue la primera colonia de blancos en conseguir un gobierno africano. Cuatro meses antes de la independencia, Kenyatta se había dirigido en Nakuru a una multitud de varios cientos de colonos blancos escépticos y nerviosos y el tema principal fue el perdón por ambas partes. Les aseguró que aún tenían un futuro en la Kenia independiente, pero que podían, si así lo deseaban, vender sus granjas. Tenía respaldo financiero británico: un fondo de reasentamiento de 20 millones de libras para comprar granjas para los kenianos negros, con ayuda de Alemania occidental y el Banco Mundial a la hora de aportar el resto.

Con el lanzamiento del «plan de las 500 000 hectáreas» se compró más que esa cantidad de tierra, propiedad de 780 granjeros blancos, para asentar a aproximadamente 35 000 familias kenianas a finales de 1971.

Ningún granjero blanco se quedó en Happy Valley. Según Richard Cox en *Kenyatta's Country* (*El país de Kenyatta*, 1965), el plan de reasentamiento en el área cercana a Las Nubes, que se encuentra a una altitud de 2500 metros, no iba bien. La describe como «una tierra alta, fría, agria, que cuarenta años atrás había llevado a la bancarrota a su cuota de colonos blancos» y que ahora estaba arruinando el maíz, las judías y las patatas de los kikuyu. La cooperativa lechera aceptaba leche que había sido diluida con agua fangosa de río, y las vacas morían porque los pequeños productores no podían permitirse bañarlas contra las garrapatas.

Algunos colonos europeos presagiaron un negro panorama y abandonaron Kenia en busca de pastos en teoría más verdes: Australia, Sudáfrica, Nueva Zelanda...

incluso el Reino Unido si eran realmente valientes. Los que se quedaron tuvieron que aceptar los cambios, a menudo dolorosos de contemplar, porque los propietarios y políticos africanos hacían las cosas a su manera, dividían las granjas y dejaban que las antiguas y hermosas casas cayeran en un estado de abandono.

La mayor parte de la vida de Solomon Gitau ha transcurrido en este contexto de cambios rápidos a lo largo de las décadas posteriores a la independencia. El «trabajo» de Solomon no acaba nunca ni le pagan por hacerlo, pero él sigue adelante como si su vida dependiera de ello. Yo había empezado a comprenderlo un poco mejor tras leer su autobiografía manuscrita.

Solomon titula su historia *Born in Happy Valley*. Es un humilde relato de la lucha de un muchacho inusualmente joven contra la pobreza, la crueldad y la incomprensión. El padre de Solomon, Gitau, fue un conocido luchador por la libertad asesinado por los británicos. La familia de Solomon ni siquiera sabe dónde está enterrado. Los Aberdares eran su coto de caza: era un anciano muy respetado al que la gente conocía como Nya Ndarua. Tras la independencia, explica Solomon, a esa zona se le puso su nombre. Pero, según Solomon, Gitau no era su verdadero padre, un hecho que no le granjea el cariño de sus hermanos mayores.

La señora Gitau ya tenía más hijos de los que podía alimentar, pero el 29 de diciembre de 1959, Solomon nació en su pequeña choza circular con paredes de barro. La madre de Solomon y sus hermanos mayores estaban por entonces, década de los sesenta, llenos de esperanza e ilusión ante la posibilidad de construir su cabaña con techo de paja en la parcela de tierra que les acababan de asignar.

Kenia se dirigía hacia la independencia, Uhuru, que literalmente significa «libertad». Solomon describe el impacto que aquello provocaba en su joven imaginación:

> En aquella época la gente susurraba: «Llega Uhuru». Todo el mundo se estaba preparando para la libertad y decían que los blancos debían volver a su casa porque habían traído al país condiciones de esclavitud. La gente llevaba banderas negras, rojas y verdes o vestían túnicas negras, rojas y verdes. Los partidos políticos celebraban muchos mítines, y mezclaban verdades con mentiras, como los hombres que cortejan a las mujeres. Los políticos bramaban como leones. Cuando vi todo aquello, le pregunté a mi madre: «¿Qué es Uhuru?».
>
> Me respondió: «No dejarán que ningún muzungu [hombre blanco] se quede en Kenia. Ellos mataron a tu padre. Les quitaremos sus casas y sus shambas [granjas] y todo lo que les pertenece».
>
> Se mencionaba el nombre de Kenyatta, hijo de Muigai. Cuando lo nombraron primer ministro de Kenia, la gente lo celebró. Hicieron cerveza. Ahora casi todos los hombres y mujeres se pasaban el día borrachos. Vi a hombres y a mujeres que se tambaleaban y orinaban por los caminos, mujeres que caminaban con los vestidos desabrochados, produciendo olores extraños, hombres que pegaban a mujeres.
>
> Le dije a mi madre: «No me gusta Uhuru, porque tengo miedo de que la gente se comporte así para siempre».
>
> Mi madre me dio unos azotes y dijo: «Eres un demonio. Ahora vete a casa».

A medida que se hacía mayor, Solomon siguió en mala sintonía con sus hermanos y compañeros, e irritaba a su madre con lo que ella percibía como un interés perverso en el mundo natural. Recuerda que desde muy pequeño veía a los monos colobos y se quedaba maravillado en la selva en la que vivían. A causa de su origen y de sus inusuales intereses, primero lo marginaron y luego se fue de casa. En su joven vida ya se marcaba la pauta de futuros altercados regulares con la autoridad. Después de la muerte de su madre, sus hermanos se unieron en su oposición a todo lo que hacía Solomon, en particular su matrimonio con Esther Wairimu, la chica a la que amaba. Como no tenía a donde ir, Solomon siguió la costumbre rural y construyó una pequeña cabaña en la tierra de su familia, donde Esther cuidaba a los niños mientras él iba a trabajar. Su vida tocó fondo cuando un día recibió un mensaje de casa. Las noticias eran devastadoras: en su ausencia, habían incendiado su cabaña y expulsado a Esther y a sus dos hijas pequeñas.

Solomon me habló de ese incidente en nuestro primer safari a Happy Valley. Yo me encontraba exhausta tras un largo día de carreteras terribles, pero de pronto me vi obligada a escucharle por encima del ruido del Land Rover: su voz temblaba y entonces se inclinó hacia delante. Lo miré y vi que su rostro estaba bañado en lágrimas. «Aún no puedo creerlo», dijo, y por lo que contaba me pareció que debió de haber algún tipo de intervención familiar en aquel horrible suceso.

De pronto cambió de tema: «¡Mire, recuerdan a los blancos en los nombres!». Solomon señaló mientras pasábamos varios letreros que indicaban la oficina de Mawingo DC, la clínica Mawingo y la escuela Mawingo. *Mawingo* significa «nubes» en kiswahili.

Contemplé sin entusiasmo el feo y ruidoso caos de la ciudad de Mawingo, preguntándome cuánto nos quedaba por recorrer. Un *matatu* —la versión keniana del transporte público, que consiste en apretujar a cuantas personas sea posible en un minibús y trasladarlos a una velocidad terrorífica para asegurar el máximo beneficio— con la frase «El cielo puede esperar» pintada en grandes letras sobre la parte trasera llamaba a gritos a los pasajeros. Aguardaba con impaciencia a la puerta del hotel Lady Diana, dentro del cual se oían los alaridos distorsionados y vigorosos de un artista de rap. No se trataba de la tristemente célebre Diana, la amante de lord Erroll, sino de la adorada y bella princesa del mismo país que aquellos primeros colonos. Las nuevas generaciones de la realeza británica son en general reverenciadas en Kenia, sobre todo la difunta princesa de Gales.

Nada de esta desordenada expansión de tejados de hojalata existía en tiempos de Idina: el terreno que ocupa la actual ciudad de Mawingo, en continuo crecimiento, es probable que se encontrara bajo la selva, o sin duda bajo un rebaño lechero.

Giramos a la izquierda en Mawingo. Al final llegamos a una pista que habría sido más fácil recorrer a pie, porque el suelo rojizo del bosque estaba resbaladizo tras las lluvias. A nuestra izquierda, las colinas y valles desnudos retrocedían en ascenso hacia la oscura masa del Kipipiri. La tierra seguía desangrándose en los arroyos y ríos, y sus ricos nutrientes se filtraban debido a la deforestación.

Unos kilómetros más adelante, Solomon señaló a la derecha un carril bici, e insistió en que lo tomara. Menos de un kilómetro más allá nos detuvimos ante una verja cerrada con candado, a través de la cual pude ver una oscura avenida de imponentes eucaliptos, un vislumbre de un tejado invadido de musgo, cubierto con las tejas de madera de cedro conocidas como tablillas, y un muro blanco muy sucio.

—Ahí está: ¡la Casa de las Nubes! —dijo Solomon triunfante.

—¿Nos dejarán entrar? —comencé, pero Solomon, para el que pocos obstáculos son infranqueables, escaló los barrotes y desapareció mientras yo permanecía sentada en el coche, casi sin poder creer que estuviera allí: ¡Las Nubes! ¿De verdad podríamos acercarnos? No me atrevía a compartir el optimismo de Solomon.

África te enseña a ser paciente: las horas de espera dan tiempo para observar y prepararse. La tarde era cálida, pero algo me hacía estremecer. Me costaría mucho encontrar la salida a través del confuso laberinto de pistas y senderos sin Solomon. ¿Y si no regresaba? Era una idea ridícula: el lugar me estaba asustando e imaginaba cosas terribles.

Me reconfortaban los suaves gruñidos de las vacas y los balidos de las ovejas en los campos vecinos. Pasaban caminantes: mujeres encorvadas bajo el peso de las pilas de leña, hombres de diversas edades que caminaban sin prisa, cuyos ojos se posaban en mi Land Rover, y que o bien se iban o bien se sentaban cerca para ver lo que ocurriría a continuación. Un hombre se acercó en bicicleta y se bajó de un salto cuando vio que había una mujer blanca en el vehículo detenido. Pasó con la bicicleta del manillar, muy despacio, para poder echar un buen vistazo. Todos me saludaban con mucha cortesía; algunos me preguntaban de dónde venía y a dónde iba. Niños descalzos, con uniformes raídos que no eran de su talla me gritaban: «¡Quétalestá!». Era una declaración, más que una pregunta.

Las Nubes, que se alzaba en la ladera sudoeste del Kipipiri, no está en Happy Valley ni en ningún otro valle. El valle propiamente dicho está al otro lado del Kipipiri, cortado en dos por el río Wanjohi («río de la cerveza» en kikuyu). El Wanjohi —que los colonos blancos pronunciaban como «One-Joey», pero los residentes kikuyu pronuncian hoy «Wan-jaw-he»—, en tiempos un río helado y cristalino en el que los primeros colonos introdujeron las truchas, se ha vuelto cada vez más sucio gracias a la deforestación, porque las lluvias torrenciales arrojan humus a sus aguas.

Finalmente, un joven kikuyu con una leve cojera se acercó desde el otro lado de la verja acompañado por Solomon, que mostraba una sonrisa triunfal. Me bajé del coche mientras salí por un lateral de la verja. Nos estrechamos las manos —su apretón fue flojo— y nos presentamos. Él era Paul, segundo hijo de *Mzee* Nuthu, propietario de la casa.

—Pueden dejar aquí el coche y entrar a hablar con mi padre —dijo Paul.

La multitud, cada vez más numerosa, de espectadores al otro lado de la verja me aseguró que cuidarían de mi coche. Por una propina, sospeché.

Caminamos por una fría avenida flanqueada por imponentes eucaliptos, un recuerdo del pálido extranjero que había plantado aquellos árboles no autóctonos. Al final del oscuro y húmedo túnel emergimos entre dos robustas garitas cuadradas con techos deteriorados. Su desvaída elegancia conservaba una belleza propia. Estábamos frente a lo que parecía una casa baja, enorme y larga, que no se parecía a ninguna fotografía de Las Nubes que hubiera visto antes. Un caballero kikuyu de pelo blanco que hablaba un inglés perfecto nos recibió bajo el sol amable, y tras las presentaciones con varios miembros de la familia, cuyo dominio del inglés iba decayendo de forma considerable a medida que descendíamos a los nietos, me miró con sagacidad y dijo:

—¿Y bien?

Le expliqué titubeando mi fascinación por las casas antiguas.

—¿Qué es lo que quiere ver? Esta es ahora mi casa —dijo con una sonrisa tolerante.

Había algunas rosas viejas que crecían a lo largo del borde de la casa: ¿alguna vez supervisaría Idina a su chico *shamba* mientras las plantaba? Por supuesto, me moría por ver la casa —por fuera y por dentro—, pero me parecía una grosería pedírselo. Había percibido su desagrado por lo que supuse que habrían sido actitudes descorteses por parte de anteriores visitantes.

—¿Puedo ver el frente de la casa? —pregunté indecisa. En el interior de Kenia llaman «frente» a donde están la galería, el jardín y las vistas. Normalmente te acercas desde la «trasera», donde dejas el coche. Los huertos de verduras están en la «trasera». Allí era donde estábamos ahora.

Mzee me condujo sombrío alrededor de la casa, pero sonrió de pronto y ampliamente cuando admiré sus árboles frutales.

—Este es mi propio huerto —dijo con orgullo—. Los árboles originales estaban en la parte de atrás.

Había oído que lady Idina amaba sus árboles frutales, y que siguió cuidando sus variedades más tropicales cuando al final se mudó a la costa de Kenia, más baja y cálida, en sus últimos años.

La antigua casa parecía observarnos a través de sus sucias y oscuras ventanas: unos ojos del pasado. Irradiaba decadencia y putrefacción, teñidas de tristeza. El frente de la casa, de piedra gris, me resultó de pronto reconocible como Las Nubes por las fotografías antiguas. Una maraña de maleza descuidada y hierba kikuyu había desdibujado los bordes de las viejas escaleras y terrazas de piedra. Habían erigido una endeble cerca de alambre de púas justo bajo los escalones para mantener a las vacas lejos de las coles, las judías y las patatas que ahora cubrían los antaño florecientes parterres de Idina. Solomon se quedó extasiado al contemplar el árbol mununga, que mostró (más joven y más pequeño) en la vieja fotografía de Las Nubes reproducida en un maltrecho ejemplar de *Pasiones en Kenia* que sacó de pronto de lo más profundo del bolsillo de su chaqueta. Árbol de hoja perenne perteneciente a la familia de la caoba, con el tronco de un pálido marrón grisáceo y generosamente coronado de hojas, el fascinante mununga llega a alcanzar los 30 metros de altura y a menudo se planta en los jardines para dar sombra. Observé por el rabillo del ojo a Salomón mientras lo abrazaba para medir su contorno, e intenté seducir al anciano:

—¿Cultivan mangos de altura?

—¡Los mangos no pueden crecer aquí! —replicó.

—Mi madre los cultiva en su jardín a más de 2000 metros sobre el nivel del mar, así que tal vez podrían sobrevivir aquí.

—No he visto ninguno, pero me gustaría intentarlo... —ya estaba abriéndose conmigo, aunque aún desconfiaba un poco de Solomon. Yo ya había observado que el ardor de Solomon por los colobos y los bosques no le caía en gracia a Paul.

Se estaban formando nubes de tormenta, el breve juego de la luz sobre el tejado hundido se había desvanecido y era la hora de enfrentarse al lento camino de vuelta a casa.

—¡Pero no pueden irse hasta que les dé permiso! —dijo con aire regio el anciano.

—¿Nos da su permiso para irnos? —pregunté un poco nerviosa. ¿Nos dejarían salir de aquella extraña y vieja casa... alguna vez? Un viento helado soplaba a través del oscuro túnel de eucaliptos, silbando sobre nosotros de forma amenazadora mientras agitaba las hojas cerúleas.

—Sí, pueden irse —dijo *Mzee* Nuthu con un súbito brillo. Luego añadió—: Es usted bienvenida si quiere volver... ¡Puede quedarse a dormir una noche!

—Gracias, me encantaría visitarlos de nuevo —repliqué al percibir que aquello era un honor.

Podría disfrutar de la habitación de Idina, me dijo con una sonrisa irónica. Conocía la historia de la casa;

también él había leído *Pasiones en Kenia*. Le devolví la sonrisa, pero me pregunté cómo sería: ¿enfrentarme a once horas de oscuridad dentro de una casa que parecía encantada desde la verja? Me di cuenta de que no había tendido eléctrico.

Elizabeth, la hija, que nos había acompañado en el grandioso recorrido, me puso en las manos una enorme bolsa de peras.

—¿Qué año nació usted? —preguntó.

Ante mi respuesta me estrechó la mano y dijo:

—¡Bien! ¡Tenemos la misma edad! ¿A qué iglesia asiste?

Solomon se había quedado en un segundo plano y no se me ocurría una respuesta con tacto, pero, por fortuna, pareció olvidar la pregunta y en cambio me preguntó cuántos hijos tenía. Por suerte pude responder con la verdad:

—¡Tengo dos!

Resplandeció: en la Kenia rural una mujer sin hijos es una maldición.

—Yo tengo cuatro —me dijo orgullosa.

Gracias a aquel día tan inusual, Solomon había logrado contagiarme su entusiasmo por Happy Valley. Había vislumbrado el panorama general, de su historia hasta el presente: un caleidoscopio de escándalos extraordinarios, tragedias, agravios y problemas de conservación. Me dediqué a leer más sobre el tema, asombrada de que el asesinato de Erroll no llegara a resolverse: ¿por qué no? Si indagaba lo suficiente en la historia de toda la región, ¿encontraría pistas de lo que le había sucedido en realidad? Me sentí casi poseída por todo el asunto. Y sí, ¡definitivamente iba a volver para pasar una noche en Las Nubes!

3
UNA NOCHE EN LAS NUBES

—¡Bienvenida a Las Nubes! —dijo *Mzee* Nuthu con una gentil inclinación de su cabeza encanecida—. ¡Es usted la primera dama blanca que se queda aquí desde hace muchos años!

Me sentí profundamente honrada de ser una invitada en Las Nubes del siglo XXI, cuando las verjas permanecían cerradas y los visitantes curiosos no eran siempre bienvenidos. Me detuve sobre una descuidada extensión de hierba kikuyu verde clara junto a la entrada trasera e imaginé a la depravada lady Idina recibiendo a sus invitados justo allí, aunque se supone que en tiempos de Idina venías para beber, tomar drogas y practicar sexo, y te quedabas mucho tiempo más de lo planeado. Además, el césped trasero también habría estado cuidado entonces: cortado con esmero y escardado por algún sirviente kikuyu que trabajaba mucho y cobraba poco.

¡Estaba a punto de entrar en Las Nubes! *Las* Nubes de todas aquellas increíbles historias. Y ahora quizá estaba a punto de descubrir más al respecto.

¿Qué *habría* dicho Idina? Chasquearía la lengua con desaprobación, sospecho. Ir a quedarse con una familia africana simplemente no se hacía en sus tiempos. Pero, por otra parte, Idina era, según se dice, liberal y excéntrica en tantos aspectos que, de haber estado allí a principios del siglo XXI, tal vez se habría unido a nosotros en esta curiosa misión.

Paul me había abierto la verja e indicado que recorriera la avenida hasta aparcar sobre la suave hierba verde detrás de la casa. El *mzee*; Elizabeth; su primer hijo, Peter, que es maestro; y media docena de niños que contemplaban con horrorizada fascinación mi pálida tez estaban allí para darnos la bienvenida como si fuéramos viejos amigos.

Había traído cigarrillos, periódicos y un plantín de mango de altura para el anciano; metros de tela para Elizabeth, que había dicho que disfrutaba cosiendo; dulces y galletas para los niños, y té y azúcar para la casa; y, por supuesto, había venido con Solomon.

Hace tres cuartos de siglo, de haber sido una invitada de lady Idina, podría haber traído una botella (o estuche) de buen clarete, y con toda certeza un hombre o dos, pero definitivamente no un negro. En las fiestas clasificadas X de Idina se esperaba que los invitados hubieran intercambiado esposas o parejas al acabar el fin de semana, si no al anochecer del primer día. Soplar una pluma a través de una sábana extendida sobre la mesa después de cenar era un método popular para adivinar quién se acostaría con quién. Luego, según se rumoreaba, estaba el juego de escoger llaves, en el que se usaban las llaves numeradas de cada habitación cerrada. Acabar en la cama de Idina en algún momento del día o de la noche era, al parecer, lo normal entre los invitados masculinos.

Aún tengo mis dudas acerca de dormir aquí...

—Vayamos a las habitaciones de lady Idina —dijo el anciano con solemnidad, aunque sus ojos delataban su buen humor.

Atravesamos una amplia entrada en la que había un coche en proceso de desintegración, con las cuatro ruedas agrietadas y desinfladas. Se oyó una descarga de ladridos histéricos desde el interior de una estructura de madera con patas, no más grande que una conejera.

—Aquí necesitamos tener perros... por seguridad —explicó Paul.

Es muy propio de los africanos tener a los perros encerrados todo el día, de manera que, cuando los sueltan por la noche, se muestran totalmente feroces y atacan a los intrusos. Los animales no son mascotas queridas (a no ser que seas Solomon, que posee un perro pinto y gordo llamado Hippo, rescatado en su día por Esther de un vecino que lo maltrataba todo el rato), y eso es algo a lo que nunca he podido acostumbrarme.

Mientras atravesábamos un enorme patio derruido, en el que las gallinas picoteaban bajo los tendederos, de pronto me di cuenta de que la casa era mucho más pequeña de lo que parecía desde el exterior; gran parte del espacio imaginado pertenecía en realidad a esta plaza abierta. Una estrecha galería bordeaba las paredes descascarilladas y oscurecidas de la casa circundante, aunque la mayoría de las tablillas de cedro se habían desprendido y estaban podridas, y los restantes soportes de madera cubiertos de musgo estaban abombados o rotos. Filas de puertas cerradas conducían a lo que imaginé que serían las habitaciones de los invitados de Idina, donde, según contaban las historias, nunca sabías con quién acabarías acostándote. Ahora en varias de esas habitaciones se hacinaban los hijos e hijas de Nuthu juntos con sus cónyuges y niños. Otras estaban vacías o se usaban como almacén.

Mzee se dio cuenta de que miraba las placas de madera en forma de escudo de las paredes, y explicó: «Solían ser soportes para cabezas disecadas de animales» (quizá se dio cuenta de que yo había pensado en las lascivas cabezas de maridos conquistados). Al otro lado del patio, un rosal escarlata florecía con extravagancia, elevándose sobre la basura diseminada por doquier.

Mzee abrió las puertas dobles y pasamos a una sala larga, con paneles de madera, cuyo suelo de parqué estaba en parte cubierto por maíz puesto a secar. A la tenue luz que se filtraba a través de las ventanas llenas de mugre distinguí una chimenea en cada extremo y asientos de ventana. ¡*Qué* habitación para grandes fiestas: amplio espacio para que bailaran al menos tres parejas! En un extremo, entre telarañas y polvo, habían quedado marcas de haber quitado lo que en su día debieron de ser muchas estanterías de libros.

De pronto, Solomon me dio un codazo, me señaló con la barbilla un oscuro rincón del techo y susurró con voz ronca: «Mira cuántos espíritus de hombres blancos ahí colgados». En la penumbra pude distinguir, agrupados, los pequeños cuerpos invertidos de numerosos murciélagos, justo antes de pasar a través de una puerta oscura a una habitación espaciosa y vacía con otra chimenea.

—Esta es la habitación de Su Señoría —dijo el anciano con una sonrisa cómplice.

El frente de la oscura habitación revestida con paneles había sido toscamente dividida con madera contrachapada.

—El Proyecto Agua de la Fundación Canadiense contra el Hambre alquiló parte de la casa hace diez años e hizo estas habitaciones para su personal —explicó Peter—, pero nunca las utilizaron.

La solitaria cama de hierro, sobre la que Elizabeth dejó mi ropa de cama, era el único mobiliario.

La procesión siguió hasta el cuarto de baño. Una deslustrada cabeza de león brillaba amenazadora sobre una bañera verde, y justo encima había una manivela que debía de servir para hacer que saliera agua caliente o fría por su boca rugiente. Al otro lado había un banco cubierto de polvo: ¿sería allí donde los invitados sorbían cócteles mientras veían bañarse a lady Idina, al parecer uno de los rituales anteriores a la cena en Las Nubes?

El pequeño cuarto, con un inodoro verde, estaba cubierto de polvo y lleno de telarañas.

—Ahora no hay agua —explicó el anciano—, pero Elizabeth puede traerle un cubo para que se lave —luego, con una inclinación burlona, dijo—: ¡Ahora usted es lady Idina y yo soy su siervo! ¿Necesitará comer algo?

Miré a Solomon, que dijo:

—¡Oh, sí!

El anciano sonrió:

—Pueden venir a comer a mi habitación cuando estén listos.

Después de que saliese la familia, Solomon abrió la puerta de uno de los muchos armarios que se alineaban en el cuarto de baño y se asomó a él con el aire de quien busca un cadáver. No había ningún muerto, pero los armarios eran tan anchos como pasillos y me pregunté de pronto si serían el medio que utilizaban los invitados de Idina para pasar en secreto de dormitorio en dormitorio. Tras un momento de silencio, Solomon respondió a mis pensamientos chocando ruidosamente con cada extremo del armario.

—Este lugar es malo —dijo emergiendo de la oscura cavidad y haciéndome dar un salto—. ¡Hay muchos espíritus aquí!

Me quedé en silencio. Yo ya había estado pensando si conducir hasta casa en la oscuridad a través del desconocido territorio mungiki sería más aterrador que pasar toda la noche aquí. Los mungiki son una secta kibuyu ilegal cuyas operaciones secretas incluyen la extorsión para «protección». Son conocidos por dejar cabezas de enemigos en lugares donde todos puedan verlas... y recibir la advertencia. Solomon conoce un poco la organización porque uno de sus hermanos está involucrado en ella.

El polvo se colaba por las ventanas sucias, y los grillos iniciaban sus chirridos nocturnos. Solomon se mostró extremadamente temeroso mientras atravesábamos el salón ya casi en penumbra y el patio. Me agarró del hombro cuando Paul apareció por una puerta casi invisible para conducirnos a la sala de estar de *Mzee*, otra larga sala con paneles en la parte trasera del patio, que era probable que hubiera sido una habitación de invitados. Por fortuna, un fuego encendido y el olor a comida la volvían cálida, a años luz de nuestros oscuros aposentos llenos de ecos.

Nos invitaron a sentarnos en unas sillas de madera junto a la mesa con tablero de formica, donde la lámpara de parafina iluminaba un círculo del techo ennegrecido por el humo. No había señal alguna del mobiliario original. Esteras de junco de *marula* forraban las paredes y las ventanas estaban cubiertas por gruesos cartones y grandes y pesados trozos de tela que nos defendían de la fría oscuridad de la noche.

Mzee nos presentó a su esposa: una mujer entrada en años con un pañuelo en la cabeza y los pies desnudos nudosos y retorcidos como raíces de un árbol. Nos saludó en kikuyu antes de volver a la estancia de al lado, que supuse que en tiempos habría sido un cuarto de baño en *suite*. En la sociedad rural kikuyu no es costumbre que las mujeres coman con los hombres. Los hombres kikuyu tienen por tradición varias esposas y si una de ellas no es obediente o no trabaja duro es aceptable pegarle. Esas ideas no han desaparecido del todo en muchas partes de la Kenia actual. Sin embargo, mi impresión de *Mzee* Nuthu como un caballero moderno quedó confirmada cuando dijo:

—Mi esposa no habla inglés y ni siquiera mucho kiswahili. Es una mujer sencilla, pero la amo. Nunca he visto la necesidad de tomar otra esposa.

Elizabeth trajo una jofaina de agua tibia para lavarnos las manos antes de que *Mzee* bendijera la mesa y diera gracias a Dios por los nuevos amigos y la comida. Tras el rezo, Elizabeth se marchó y yo fui la única mujer a la mesa, pero era una huésped y no se cuestionaba mi «derecho» a estar allí. Comimos al estilo africano, con las manos, mientras la dama anciana se retiraba a sentarse junto al fuego y Peter charlaba desde un sofá cercano con el forro gastado de un marrón indiscernible, resultado de los muchos años de decadencia. Su mujer estaba preparándole la comida, así que declinó unirse a la nuestra. *Mzee* y Paul compartieron con nosotros el cuenco de *irio*: puré de patatas con judías, maíz y ortigas («Bueno para la diabetes», dijo *Mzee* cuando expresé mi sorpresa de que algo tan urticante tuviera un sabor tan delicioso), todo regado con té dulce en tazas de latón. El té keniano, conocido como *kinveji*, se hierve en el fuego con mucha leche y azúcar y el agradable toque del humo de leña.

Sintiéndonos realmente satisfechos, fuimos a sentarnos junto al fuego que en su día calentó por las noches a los invitados de Idina. En realidad, Las Nubes tiene nueve chimeneas, aunque a juzgar por sus actividades nadie tendría por qué pasar frío.

El anciano se fumó los cigarrillos que le había comprado y nos habló sobre sí mismo. Llegó a Las Nubes en 1967, tras haber sido un detenido político durante el estado de emergencia. Es probable que tuviera contactos en los lugares adecuados, además de pertenecer a la tribu «correcta», y ser tal vez amigo de Kenyatta. Así que en la redistribución obtuvo una parcela de tierra muy valiosa. Nos contó que antes era contable en Muranga (conocida en tiempos coloniales como Fort Hall). *Mzee* le dijo a Solomon, que es dado a expresar la admiración a menudo y en voz alta:

—¡Echar las cuentas es fácil! Das con la mano derecha y coges con la izquierda, y a eso se le llama débito y crédito.

Sonrió y siguió hablando.

—Ahora tengo veinticinco nietos y me encanta estar retirado. Podemos vivir de la tierra. Vamos cortos de dinero, así que no podemos reparar la vieja casa, y además tenemos gastos médicos con Elizabeth.

—Siento oír eso —dije—. Espero que no sea nada serio.

El anciano contempló el fuego.

—Se pone enferma con frecuencia: le dan los ataques y se cae al suelo. Así que no puede trabajar. Y Paul no trabaja, pero Peter es maestro en una escuela infantil del gobierno, a cuarenta minutos a pie.

—Se paga mal —explicó Peter—. Es difícil para todos. Se supone que la escuela es gratis, pero los padres tienen que pagar por los libros, los uniformes y los fondos *harambee*, así que no todo el mundo puede permitírselo. La educación primaria es obligatoria, pero si no tienes dinero para esas reuniones *harambee*, ¿qué haces?

Harambee significa en kikuyu «trabajemos todos juntos», en su día una cantinela del primer presidente de Kenia, *Mzee* Jomo Kenyatta. Pero por el tiempo de nuestra visita la palabra provocaba recelo: ir a una escuela *harambee* suele suponer que los padres tienen que donar dinero o arriesgarse a que expulsen a sus hijos. Peter explicó que la combinación de falta de fondos gubernamentales y mala gestión de los recursos disponibles, debido a la corrupción de muchos de los empleados educativos del gobierno de Kenia, agravaban el problema.

Un montón de nietecitos desaliñados con brillantes ojos oscuros y sonrisas victoriosas irrumpieron en el comedor para comerse las sobras del *irio*. Hicieron turnos para sentarse en las rodillas del abuelo, hasta que los venció el sueño, mientras los gatos escuálidos que maullaban entre las sombras no les quitaban ojo.

—Así que —concluyó el anciano— ya puede volver y contar a sus amigos que pasó una noche en *Las* Nubes.

Le pregunté qué pensaba de las intrigas que tenían lugar en Las Nubes en aquellos años. Se encogió de hombros.

—¿Quién sabe realmente la verdad? —luego añadió—: En aquellos tiempos el hombre blanco trataba de forma muy injusta a los hombres kikuyu. Los empleaban como sirvientes domésticos cuando es contrario a la cultura kikuyu que los hombres sirvan a las mujeres; y los blancos los llamaban «chicos», incluso si eran hombres mayores. Eso es un insulto terrible para un kikuyu que ha sido circuncidado.

Jomo Kenyatta, en su libro *Facing Moun Kenya* (*Frente al monte Kenia*), explica algunas de las costumbres *gikuyu* (kikuyu) y la importancia de la tierra para su pueblo, agricultores bantúes por naturaleza: la tierra es sagrada. Relata como los kikuyu perdieron sus mejores tierras: veían a los nuevos europeos como «vagabundos que habían abandonado sus hogares y se sentían solos y necesitaban amigos», así que les ayudaron, pensando que al final se cansarían de vivir a salto de mata y regresarían a su país.

Antes de que llegase el primer blanco, Mugo Wa Kibiru, un vidente kikuyu, había vaticinado la llegada de esos pálidos extranjeros con sus curiosos atuendos y sus palos de matar. También predijo un enorme ciempiés de hierro que respiraba fuego y se extendía hacia el oeste hasta las grandes aguas continentales. Profetizó que esos recién llegados despojarían a su pueblo de todo cuanto poseían, aunque por fortuna algún día se marcharían.

—Por supuesto, cuando esos hombres blancos vinieron —dijo el anciano mostrándose ecuánime— no había nada en esta región salvo la espesa selva, los animales salvajes y unos pocos masái que pasaban. Compraron esta tierra increíblemente barata: ¡dos centavos la hectárea!

Solomon meneaba la cabeza con simpatía. Yo pensaba en lo insoportable que debió ser la imposición de los británicos en la cultura kikuyu. Tradicionalmente, los kikuyu no mencionaban cifras exactas cuando se ponían a contar, porque eso habría sido un mal augurio. Los británicos lo encontraban sospechoso. Los kikuyu tienen un sistema de nombres muy complejo que los británicos tampoco consiguieron comprender. Los muchachos kikuyu eran circuncidados alrededor de los quince años, y las muchachas, antes de la menstruación, hacia los doce. La circuncisión femenina era una antigua costumbre muy apreciada en muchas tribus que quizá los primeros misioneros no supieron manejar con suficiente sensibilidad. Además de los muchos argumentos justificables en su contra, el hecho de que se siga practicando hoy en día en algunos lugares de Kenia muestra lo arraigada que está en sus antiguas culturas.

El respeto por los ancianos es fundamental en la cultura kikuyu, así que la idea de que una joven *memsahib* diera órdenes a un hombre mayor, a menudo de forma abusiva, resultaba reprobable. Tradicionalmente, los hombres kikuyu cazaban, luchaban, cultivaban los campos y cuidaban del ganado, mientras las mujeres se ocupaban de la casa y de la comida y del huerto al lado de casa. Intercambiar los papeles te convierte en el hazmerreír, y de pronto los hombres eran cocineros y «chicos» —como los llamaban con condescendencia (y aunque parezca increíble aún lo hacen, ¡incluso por parte de los propios kenianos africanos!)— en las mansiones de los blancos. Todo iba bien con el trueque y las ocasionales escaramuzas entre tribus, pero de pronto, con la llegada de los blancos, lo importante era el dinero y la creciente presión para conseguirlo.

En cuanto al adulterio, si una mujer era casquivana se la mandaba de vuelta con sus padres y se devolvía la dote. Sinceramente, ¿qué habrían pensado los kikuyu de Idina?

Era hora de volver a mis sombríos aposentos para pasar una noche de inquietud. Pensé en las mujeres de los hogares pobres de África en los que toda la familia duerme en la intimidad de una sola cama. Al parecer, Idina tampoco dormía sola en una cama fría. Hacía frío aquí, por encima de los 2500 metros sobre el nivel del mar, y las corrientes de aire silbaban a través de los cristales rotos de mi ventana. Metí la cabeza dentro de mi saco de dormir para sofocar los crujidos del techo desvencijado y los gemidos del viento, y pensé en por qué estaba aquí...

4
PENSAMIENTOS, PALABRAS Y RECUERDOS BRUMOSOS

Las casas siempre me han fascinado. Para mí están imbuidas de risas, dolor y un millar de sentimientos entremedias, dejados por las personas que vivieron en ellas, destilados con lentitud a través de los años en poderosas energías, algunas pacíficas y felices, otras desconcertantes, incluso del todo aterradoras, como iba a descubrir en futuras exploraciones en Happy Valley.

Amo sobre todo las casas antiguas. En Kenia, una casa de ochenta años es *realmente* antigua: muy pocos edificios permanentes han sobrevivido tanto. Por pura casualidad, alquilé una casa más o menos antigua, de paredes de barro en el rancho Soysambu de lord Delamere. El 3.ᵉʳ barón Delamere había llegado hacía más de un siglo, y había dedicado su previsión y su fortuna a un país del que se había enamorado. Ahora su nieto era mi casero.

Pero ¿por qué Happy Valley? Quizá me inspiró mi propia historia familiar: mi abuela paterna solía llenar mi joven imaginación de historias de lo más extravagantes. A medida que bajaba la ginebra en la botella, sus recuerdos como trabajadora en el célebre nuevo hotel Stanley en Nairobi se volvían más desmedidos. Ella estaba tras el mostrador de recepción cuando entraban el conde Erroll y sus amantes, incluida Diana Broughton; recordaba la noche en que le dispararon.

La familia de mi madre había cultivado en Dundori, al noroeste de Happy Valley, a una altitud aún mayor. Desde la parte trasera de su casa de bambú podían ver los picos del monte Kenia tras la joroba de los Aberdares, cuyas laderas más bajas protegían los secretos de Happy Valley, casi siempre sombrío y oscuro, a menudo cubierto de nubes. La hermana mayor de mi madre, Susan, ahora con ochenta años, escribió desde Inglaterra: «Recuerdo que mi madre señalaba a lady Idina sentada en una silla en la galería del hotel Stag's Head en Nakuru. No significaba nada para mí, pensaba que solo era otra *memsahib*».

Luego sucedió la tragedia del primo de mi abuelo materno, enraizada en un escándalo posterior en Happy Valley. En 1942, cuando mi madre tenía once años, la noticia de la trágica muerte de su tío Rowley le llegó por fin al internado en Molo, a varias horas de distancia. Al principio habían temido que se tratara de su padre, porque el periódico solo mencionaba el apellido, Platt. Rowley, al parecer un alma bondadosa y gentil, se había casado con una irlandesa «inapropiada». Habían comprado una granja en el valle de Subukia, en el ecuador, 50 kilómetros al norte de Happy Valley, y la mujer de Rowley, Mary, se había visto arrastrada a lo que quedaba del grupo de Happy Valley, y sus travesuras contribuyeron a la desesperación de Rowley y a la postre a su suicidio. En su momento aquello se silenció, pero mis abuelos maternos solían hablar de ello con profunda tristeza.

—Solo tenía un huevo —me contó mi abuela una vez, con un ligero guiño—. Pero era un hombre dulce y adorable, mientras que *ella* ¡no era capaz de tener la ropa puesta! Solía bañarse desnuda en sus piscinas y retozar con *esa banda*.

—Llevaba aquel horrible sombrero púrpura... —intervenía mi tía.

Incapaz de dormir, empecé a garabatear en un cuaderno a la luz de una linterna. Se había escrito mucho sobre Happy Valley, así que, a fin de cuentas, ¿qué quedaba por decir? ¿Había alguna esperanza de resolver un asesinato sobre el que se llevaba especulando medio siglo? Y aquí estaba yo, persiguiendo cualquier recuerdo o tufillo que quedase de las pasadas travesuras en el hogar en el que lady Idina —primera esposa de la víctima— había estado más tiempo, y donde, según se contaba, más duro había jugado...

Para mi segunda visita había leído varios libros más sobre el asunto. Casi todos los historiadores que escriben sobre el pasado colonial de Kenia se detienen en Happy Valley y su variopinta cuadrilla. Lo más sorprendente de todo es cómo el misterio del asesinato continúa generando teorías desde los años ochenta, cuando *Pasiones en Kenia*, de James Fox, implicó al cornudo sir Jock Delves Broughton. En 1969, Fox y Cyril Connolly habían descubierto que nada de lo que se había escrito sobre el caso Erroll desde 1941 había resuelto el misterio. Decidieron investigarlo juntos para el *Sunday Times* y sus hallazgos estimularon su fascinación por la saga a medida que desenterraban nuevas pruebas.

Pasiones en Kenia resulta una lectura cautivadora y es probable que siga siendo el libro más conocido sobre el caso Erroll. Pero los críticos afirmaron que las «pruebas» finales y concluyentes de Fox difícilmente se sostenían. Las había obtenido de boca de una adolescente, hija de uno de los personajes menos agradables de Happy Valley. A la joven Juanita Carberry no se la conocía precisamente por decir la verdad, y no era de extrañar, si consideramos su infancia de soledad y abusos, sobre la que escribió en su autobiografía, *Chilf of Happy Valley* (*La niña de Happy Valley*).

Luego, en los noventa, en *Diana, Lady Delamere and the Lord Erroll Murder* (*Diana, lady Delamere y el crimen de lord Erroll*), Leda Farrant utilizó la supuesta «confesión» de Diana Broughton para sellar su culpabilidad. Diana es otro personaje que despierta intriga, aunque su conexión con Happy Valley, el lugar, fue inexistente. Su último territorio, aparte de su casa de Kilifi, junto al mar, fue el de su cuarto marido: el rancho ganadero de lord Delamere junto al lago Elementeita. Este es el mismo rancho en el que yo vivo, a apenas cinco kilómetros del que fue el hogar de Diana. Desde el campo polvoriento al lado de mi casa, donde uno de los caballos de carreras retirados de la difunta Diana pasta junto a un decrépito burro adoptado, mi vista alcanza a través de las llanuras chamuscadas el distante contorno azul de los Aberdares. Con el sol poniente a mi espalda, y si no hay ninguna nube que cubra las montañas, resulta fácil distinguir el Kipipiri alzándose enfrente, un poco a la derecha, como si abriese una puerta a la imaginación. Happy Valley parece más cerca de lo que está en realidad. Desde mi césped reseco, puedo ver si está lloviendo en Las Nubes.

Entre tanto, la biógrafa de Alice de Janzé acababa de ponerse en contacto conmigo para hacerme preguntas sobre la región. Alice era amiga y vecina de Idina y su vida es otra historia de parrandas, aventuras amorosas y por último tragedia, porque se suicidó en 1941. Como Idina y Diana, conserva ese poder cargado de sexualidad y magnetismo que invita a la gente a pensar en ella mucho después de su muerte.

Mucha historia, pensé soñolienta: ¿qué hay del presente? ¿Y qué pasa con ese crimen sin resolver?

Para mi sorpresa, al final me dormí profundamente. Mis sueños fueron extraños: estaba en una fiesta, fumando un cigarrillo tras otro de marihuana con una larga boquilla. Las mujeres llevaban vestidos sin mangas y sin entallar, con los dobladillos escandalosamente altos (para la época), característicos de los estilizados diseños de los años veinte, que se habían simplificado y hecho más rectos desde el estilo femenino habitual de antes de la guerra, de faldas largas y conjuntos que destacaban las curvas y el pecho. La moda en los años veinte había vuelto las líneas de las mujeres más masculinas y sencillas, pero de algún modo más sexis. Los peinados cortos y los largos y ondulantes collares de perlas se añadían a esa poderosa nueva imagen.

Al parecer, conocía a la gente de la fiesta y había muchos con los que deseaba hablar, pero no conseguía que mis pies tocaran el suelo, así que tenía que conformarme con ser ignorada mientras flotaba de un lado a otro a la altura de las cabezas. Quizá las patatas cultivadas en Las Nubes poseen poderes mágicos como los de los hongos, pensé entre sueños inquietos.

Resultó un alivio cuando el cielo empezó a palidecer y el melodioso canto del petirrojo de pecho anaranjado y rostro blanco dispersó el silencio. Solomon se paseaba afuera, bajo el sol mañanero, quejándose también de haber pasado una noche muy intranquila.

Antes de irnos, cargados con generosos presentes cultivados en casa, nos calentamos las manos con tazas de humeante té, mientras *Mzee* me mostraba con orgullo los rosales de Idina que él había seguido cuidando, incluidas diversas variedades que él mismo había injertado.

Nos despedimos detrás de la cocina, que se extendía a un lado de la casa. En muchos espacios coloniales, la cocina (en la que los sirvientes elaboraban asombrosos festines con estufas de leña, cuyo recuerdo evocaban en la penumbra las paredes ennegrecidas por el humo, sin ningún refrigerador ni otras comodidades modernas) solía constituir un ala separada, diseñada con entradas exteriores para que los sirvientes pudieran entrar y salir sin molestar a las *memsahibs* y a los *bwanas*. Las Nubes era insólita, con su cocina adjunta, ahora un cobertizo para las vacas y las ovejas al que le faltaban tejas en la techumbre: los animales debían apiñarse en un extremo cuando caía la lluvia.

Mientras conducíamos de camino a casa, Solomon se quejó de que lo habían «visitado» malos espíritus durante toda la noche. «¡Voy a escribir un poema!», declaró.

Podría decirse que las «visiones» de Solomon eran influencia de sus repetidas lecturas de *Pasiones en Kenia*, aunque resultaba extraño que ambos hubiéramos tenido en cierto modo sueños paralelos.

La siguiente vez que vi a Solomon me regaló un cuaderno de ejercicios en el que había descrito laboriosamente sus «visiones» de aquella noche en Las Nubes. *Face to Face with White Mischief Spirits*, lo tituló. Lo leí, y que su inglés fuera pobre me pareció irrelevante a medida que avanzaba en su extraordinario contenido:

> Fue el 16 de marzo de 2000 cuando mi amiga Juliet y yo decidimos pasar la noche en la Casa de Las Nubes... Mi amiga era la primera mujer blanca que dormía allí después de partir la malvada blanca, así que yo temía ver los fantasmas de los malvados blancos venir a por nosotros.
>
> Cuando me dormí empecé a soñar y no era como un sueño, era como una visión. Olía a humo. Vi a muchos blancos bebiendo y gritándose unos a otros.

Solomon soñó que Alice de Janzé se acercaba a él y le preguntaba quién era y de dónde venía. Quería saber quién le había invitado a venir y dormir en Las Nubes. Cuando Solomon le explicó que había vivido en la granja de Alice y que su difunta madre, Juha, trabajaba para ella, se suavizó y dijo que sí, que había visto a la madre de Solomon no hacía mucho.

Entre otras conversaciones extrañas, Solomon soñó que mientras hablaba con la propia Idina, un invitado sentado junto al fuego lo había señalado y había dicho: «¿De dónde ha salido ese mono?». Entonces Idina había cuestionado su derecho a estar allí, al igual que el mío, porque yo también aparecía en el sueño. Pero Solomon explicó que él era un mono colobo, lo que fascino a los demás invitados, que querían acercarse y oír hablar al mono.

Al examinar antiguas fotografías en diversos libros, resulta muy evidente que Idina rezumaba *sex appeal* por cada poro, y es probable que las mujeres también la encontraran atractiva, como sugiere su foto con Alice de Janzé, ambas vestidas con pantalones de terciopelo y cogiéndose las manos, reproducida en la biografía de lord Erroll de Errol Trzebinski. El conde Frédéric de Janzé (primer marido de Alice) escribió su propio relato sobre su estancia en Happy Valley, titulado *Vertical Land* (*Tierra vertical*, 1928). Insinúa el poder sexual de Idina cuando la describe de pie ante el fuego envuelta en un kikoi dorado: «Sus ojos semicerrados se despiertan ante nuestra mutua atracción. Como siempre, el deseo y el largo humo del tabaco se entretejen alrededor de sus tobillos, enroscándose muy despacio en su delgada figura, enredándose alrededor de su cuello; un estremecimiento, los ojos se cierran. ¡Satisfacción! ¡Poder!». Con mi curiosidad ahora estimulada de pleno por mis visitas a Las Nubes, les pregunté a varios de los colonos blancos más ancianos que habían permanecido en Kenia tras la independencia en 1963 qué recordaban sobre Idina. Antes de morir a principios de los 2000, Mervyn Carnelly habló conmigo en su soleada galería con vistas al plácido lago Naivasha, rodeado de acacias.

—Todo el mundo adoraba a Idina —dijo Carnelly con emoción. Su mujer matizó que probablemente todos los *hombres* de la colonia, aunque tuvieran que ocultárselo a sus esposas. Carnelly sonrió—: El ejército solía venir de visita. Los oficiales iban directos desde Abisinia a Las Nubes y varios tuvieron aventuras con ella.

Mucha gente habla muy bien de Idina. La mayoría dice que era muy divertida, así como inteligente, ingeniosa y una excelente anfitriona. «Se ha hablado demasiado de sus hazañas con los hombres», protestaba un amigo que había sido su vecino lejano en los años cuarenta, «y no lo suficiente sobre lo fabulosa persona que era». En una carta publicada en *Pasiones en Kenia*, Albert Andrew —que visitó Kenia en los cuarenta y más tarde leyó la crónica de Cyril Connolly sobre el crimen— escribió a este sobre Idina: «Nadie podía haber sido más amable o más considerado, y con certeza no era nada snob. Deseaba ser agradable con todo el mundo y lo último que le preocupaba era la clase social. Se mostraba excepcionalmente agradable con sus sirvientes».

Otros no se mostraron tan elogiosos. Lady Grigg, esposa del gobernador de aquella época, quedó horrorizada cuando visitó Las Nubes y se encontró con la ropa y las perlas de Idina esparcidas por el suelo, mientras que Eileen Scott escribió de forma crítica en su diario sobre el hecho de que Irina pusiera de moda entre las damas los pantalones cortos, que ella encontraba «feos e innecesarios». Lady Scott, una colona muy conocida y respetada, también acusó a Idina de hacer «mucho daño en este país». La nueva generación de amas de casa de Happy Valley tras la Segunda Guerra Mundial, más convencionales y con menos tiempo (o ganas) para desperdiciarlo en asistir a fiestas de intercambio de esposas, fueron más lejos al criticar las actividades de Idina delante de los africanos, y algunas llegaron a decir que ella pudo haber contribuido al Mau Mau y al asesinato de europeos, al socavar el respeto de los sirvientes por sus amos blancos. Una dijo incluso que Idina tenía novios africanos (algo que simplemente no se hacía en aquellos tiempos).

En uno de mis safaris por Happy Valley me detuve junto a un *mzee* de pelo blanco, desdentado, que cojeaba por la carretera que vuelve de Mawingo al pueblo llamado Machinery. Esa carretera atraviesa y rodea una serie de empinados valles mientras desciende con lentitud desde las laderas más bajas del Kipipiri. Al parecer, el anciano sordo hacía a pie todo el camino de vuelta al pueblo de Miharati. «Seguro que le llevará toda la noche», le dije a Solomon, pero el *mzee* no parecía preocupado y no nos hizo señas, aunque cuando paramos aceptó que lo llevásemos. Subirse al Land Rover fue toda una hazaña.

—Hemos estado visitando la Casa de Las Nubes —dijo Solomon en voz alta en kiswahili.

—¡Oh, sí! Conozco muy bien esa casa...

Resultó que el anciano recordaba Las Nubes en los años cuarenta. Si tenía unos quince años a finales de los cuarenta ahora solo tendría setenta y tantos. Era una práctica habitual tener un *toto* en la cocina, un muchacho aprendiz de cocinero o «chico». No le pregunté al anciano su edad. No es que sea grosero, como en la sociedad occidental, porque en Kenia la tradición es que, cuantos más años, más respeto. Sin embargo, estos mayores no suelen tener ni idea de su fecha de nacimiento, y mucho menos del año.

—¡Debió de conocer usted a Idina! —grité también en kiswahili, porque el anciano no hablaba inglés.

Eso le hizo reír.

—Oh, sí. Estaba sola por entonces, sin ningún marido, ¡pero iba y venía un montón de gente y había muchas grandes fiestas! ¡Un *mzungu* [un blanco] tocaba el marimbo y los demás *wazungu* [blancos] cantaban y bebían un montón de *pombe* [cerveza o alcohol] en extraños vasos con tallo!

Alice había tocado el ukelele, aunque murió en 1941, lo que supondría que el *mzee* era muy (pero no imposiblemente) viejo.

—¿Era una dama *muy* mala? —preguntó Solomon, que esperaba más detalles escandalosos, mientras me sonreía ante la perfecta descripción de una copa de vino.

Los ojos del anciano se volvieron aún más brumosos; su voz, aún más cascada.

—No —dijo con firmeza—. ¡Era una dama muy buena! Era muy amable con todos nosotros.

Lord Delamere, hijastro de la difunta Diana, que se había casado con su padre, el 4.º barón Delamere, me contó que Josphat, su viejo cocinero que había muerto en los ochenta, había sido también *toto* de cocina en Las Nubes desde que tenía unos trece años.

—Aquel pobre muchacho siempre tenía problemas porque no sabía en qué habitación querían té por la mañana y en cuál zumo de naranja fresco. ¿Cómo iba a saberlo si los que habían hecho el pedido habían acabado en las habitaciones que no eran? —dijo lord Delamere—. Y en cuanto a devolver la ropa, incluidas algunas prendas interiores muy escuetas, que Josphat comparaba poéticamente con «cintas de niebla», a las habitaciones correspondientes, ¡es que resultaba imposible acertar! —podemos presumir que Josphat y sus compañeros disfrutaban de largas sesiones de cotilleo en la cocina, que solía ser una zona no muy visitada por las *memsahibs* coloniales.

—Josphat recibió una buena formación en Las Nubes: todos lo querían, era el verdadero tipo de mayordomo de la vieja escuela —añadió lady Delamere—. Siempre se le recordará por su maravillosa cocina, que enseñó a muchos otros. Por desgracia, murió de un ataque al corazón hará unos doce años; solo tenía ochenta y cinco.

Le pregunté a lord Delamere qué opinaba del grupo de Happy Valley.

—Por desgracia, había apenas una docena de personas que se aburrían, que esnifaban grandes cantidades de cocaína, se inyectaban heroína y bebían en exceso —dijo—. Dieron a la colonia muy mala fama, mientras que la mayoría de granjeros, incluido mi abuelo, trabajaban muy duro y no tenían nada que ver con ellos.

Se quedó atónito cuando se enteró de mis visitas a Las Nubes. Había conocido muchas casas de antiguos colonos en la época en que trabajaba en las Oficinas de Reasentamiento de Tierras a principios de los sesenta. Como la mayoría de la gente, pensaba que Las Nubes se había venido abajo tras años de abandono. Imaginé que lord Delamere se habría llevado bien con *Mzee* Nuthu, porque los dos eran caballeros a la antigua usanza, con un gran sentido del humor, ambos interesados en las plantas. Además, ninguno de ellos tenía prejuicios raciales.

«¡Si quieren volver a visitarnos serán bienvenidos!», me había dicho *Mzee* Nuthu cuando nos fuimos tras nuestra última visita. Así que durante los siguientes dos años seguimos visitando Las Nubes, a menudo acompañados por otros visitantes, aunque, por desgracia, la mala salud de lord Delamere le impidió siempre acompañarnos. Alice Percival, la amiga de una prima mía de Inglaterra, quería revisitar la vieja casa: había estado allí cuando era niña, acompañada por su abuela. Por el camino, Alice se quedó impactada al ver cómo los campos de maíz y judías habían sustituido a la espesa selva que recordaba. Ella y Solomon descubrieron una mutua preocupación por el medio ambiente y debatieron sobre el futuro de los ríos y lagos de Kenia sin sus bosques vitales como cuenca hidrográfica que actúa como un lento filtro durante las lluvias torrenciales y permite un suave desagüe hacia las fuentes de agua.

Las largas lluvias habían sido intensas, y Las Nubes estaba rodeada de vegetación de un verde profundo. Mientras subíamos las escaleras de la entrada, alfombradas de hierba doncella azul, rodeadas de descuidados arbustos de hortensias azul celeste y una maraña de ortigas, salvia púrpura, pequeñas margaritas blancas y fucsias rosadas, imaginamos los jardines originales de Idina, enterrados en alguna parte bajo las coles y judías actuales. La mayor parte de Kenia es demasiado cálida y seca para esas variedades no autóctonas: se necesitan la gran altitud, el frío y el clima húmedo de Las Nubes para producir esas flores tan inglesas.

Alice señaló —oculta a través de una hilera irregular de altos setos de ciprés— lo que un día había sido una vista maravillosa: una que había contribuido a muchos comportamientos atolondrados. La emocionante vista había influido también en una de las amigas norteamericanas de Idina. Durante un safari en Kenia, Rhoda Lewinson se había enamorado del piloto francés Gabriel Prudholme, quince años más joven que ella, y había abandonado a su marido en los Estados Unidos para venir en busca de su hogar soñado en Kenia. Tras conocer Las Nubes, Rhoda quiso crear su propia versión. Incansable, Gabriel la llevó a sobrevolar las llanuras, los valles, las colinas y las montañas de Kenia, hasta que divisó un nido de amor construido en las laderas del monte Kenia por otra norteamericana, que finalmente accedió a venderle su precioso hogar. Rhoda lo remodeló sin reparar en gastos y lo llamó *Mawingo* en honor a Las Nubes. Después de que la historia de amor con Prudholme se terminase, la casa pasó a ser durante un tiempo el hotel Mawingo y luego se convirtió en el Safari Club del Monte Kenia, donde los millonarios se codeaban con estrellas de cine y las celebridades aún se deleitan hoy en día.

—Solíamos desayunar aquí en la terraza y contemplar allá abajo Rift Valley —dijo Alice. Se me ocurrió, mientras tomábamos un baño de sol en la misma terraza, que ninguna de las casas de Happy Valley tenían galería, a diferencia de la mayoría de las casas coloniales de Kenia. La razón, por supuesto, era obvia: simplemente hacía mucho frío. Te sentabas al sol para calentarte a primera hora de la mañana o a última de la tarde, pero hacia el mediodía sus rayos resultaban dañinos a esa altitud. Cuando descendía el frío de la noche, te ibas dentro junto al fuego, preparado y encendido por los sirvientes.

Alice siguió hablando:

—Idina era esbelta, inteligente y muy leída. Su compañía te hacía brillar —allí estaba de nuevo la otra faceta de Idina: la anfitriona gentil que impresiona a una jovencita con su elegancia sin mencionar las orgías instigadas en la mesa.

Ese día *Mzee* y Paul habían ido al pueblo de al lado. Peter también había salido, a dar clase. Los niños más pequeños nos habían visto admirando las flores, así que recogieron todos los capullos que había a la vista y nos ofrecieron los ramos con creciente audacia y risitas ahogadas. La vieja *mama*, la esposa de *Mzee*, junto con Elizabeth y la mujer de Peter, nos acompañaron mientras intercambiábamos noticias. *Mzee* llevaba un tiempo con una tos muy fea, dijeron. Uno de los hijos pequeños de Peter nos observaba desde la puerta: tenía en las manos un diminuto gatito siamés, un recuerdo infestado de gusanos, tal vez, de sangre felina más aristocrática, muchas generaciones atrás.

La mujer de Peter nos invitó al té en su casa, que era una de las habitaciones al fondo del patio, donde yo no había estado antes. Era muy parecida a la de *Mzee*, con su chimenea y comunicada con otro cuarto que en su día debió de ser el baño. Resultó ser la mismísima habitación en la que Alice Percival había dormido tantos años antes.

—¡Qué extraña coincidencia! —exclamó mientras sorbíamos el té muy dulce en tazas de latón—. ¡Me hace sentir muy rara!

Por lo normal, yo le escribía a *Mzee* para avisarle de nuestra visita, pero a menudo las cartas se perdían. Sin embargo, en África, de algún modo, las noticias importantes llegan. Un día de 2002 fui a quedarme en casa de un amigo cerca del pequeño y descuidado pueblo de Gilgil.

A Solomon le llevó al menos dos horas llegar a pie desde su casa a Gilgil, y no tengo ni idea de cómo supo dónde me alojaba aquella noche. El área por encima del club de golf de Gilgil, que antes era tierra de cultivo, está ahora subdividida en pequeñas parcelas en las que viven un montón de europeos jubilados, muchos de ellos antiguos granjeros. Había varias casas en las que habría podido quedarme, pero Solomon, propenso a inquietantes episodios psíquicos, se presentó en el lugar correcto y me dejó una nota antes incluso de mi llegada. Eran malas noticias, y para mi sorpresa me llegaron veinticuatro horas después del suceso. Sin preocuparse por la puntuación, escribió:

> querida Julia, cómo estás yo bien Supongo que estás bien y los niños. Hoy he sabido por un amigo que Baba Nuthu ha muerto lo sabes porque te lo acabo de contar con dudas tu amigo Solomon Gitau.

Tras desentrañar finalmente lo que me contaba, me quedé mirando la arrugada página arrancada de un cuaderno de ejercicios. Ahora dos antiguos propietarios de Las Nubes habían envejecido y muerto mientras la casa seguía en pie.

Peter me había escrito a mi dirección de Delamere Estates para invitarme al entierro, pero su carta llegó mucho después del acto. Le escribí a la familia para expresar mis condolencias al igual que mi admiración por su padre fallecido, pero luego descubriría que mi respuesta nunca llegó...

«La historia», dijo lord David Cecil, «solo es interesante si es estrictamente verdad». Cuando visité por primera vez Las Nubes a principios de 2000, tras haber leído solo *Pasiones en Kenia*, pensaba, como la mayoría de la gente con la que había hablado, que había sido el hogar de Idina desde el principio, mientras estaba casada con Josslyn Hay, más conocido entre los íntimos por Joss. Fox puso al pie de su fotografía de Las Nubes «El hogar de Joss e Idina en los Aberdares». En primer lugar, no está en los Aberdares, ni siquiera al lado o bajo ellos, sino en el otro extremo del Kipipiri; y en segundo lugar, Joss nunca vivió allí. Según Fox, Idina llegó a Kenia con Joss en 1924 y se trasladó a Las Nubes —«una mansión con tejado de paja»— en 1925, el espacio de todas aquellas fiestas salvajes. La paja es el material tradicional en Kenia para los tejados, pero Las Nubes nunca tuvo tejado de paja. La inclinación del tejado era demasiado superficial para evitar que la paja gotease durante los fuertes chaparrones propios de las tierras altas de Kenia. Las Nubes está techado con tablillas de madera de cedro.

Charles Hayes, en *Oserian, Place of Peace* (*Oserian, lugar de paz*, 1997), contribuye a la confusión cuando escribe que Idina y Joss empezaron en una granja llamada Slains, pero también compraron una segunda casa llamada Las Nubes en 1925, y describe la casa como situada a lo largo de un río que fluye desde las montañas Aberdare (un río así tendría que volver a fluir hacia arriba para llegar a Las Nubes). También menciona una cascada y una bañera de cemento verde en Las Nubes. Fox alude asimismo a una bañera en el centro del cuarto de baño. Tras haber visto la bañera en Las Nubes, sé que era verde, pero ciertamente no de cemento, ni está en el centro del cuarto de baño.

El libro de Errol Trzebinski *The Life and Death of Lord Erroll* (*Vida y muerte de lord Erroll*, 2000), además de lanzar, con respecto al asesinato, la revolucionaria teoría de que había sido ordenado por el MI6, confirma que

Idina y Joss llegaron a Kenia en 1924. Trzebinski explica, sin embargo, que vivieron en otra casa llamada Slains, que Idina vendió antes de que su divorcio de Joss fuera firme en 1930, y que construyó una propiedad similar —Las Nubes—, donde vivió sin él. Más adelante clarifica la situación con su descripción de una bañera verde de ónice en el centro del majestuoso cuarto de baño de Slains y en la que Idina se bañaba en champán.

Una vez establecido que el primer hogar marital de Idina no fue Las Nubes sino Slains, yo esperaba que la primera casa en Happy Valley con Joss, si podíamos encontrarla, arrojara algunas pistas sobre la vida —quizá incluso la muerte— del enigmático conde. Pero ¿dónde demonios estaba Slains? Durante las primeras expediciones a Las Nubes, se había hecho evidente que nadie a ese lado de la montaña Kipipiri parecía saber dónde estaba Slains, o si la casa aún existía.

Varias visitas después de nuestra inolvidable noche en Las Nubes, volvíamos a casa dando tumbos a última hora de la tarde mientras los niños corrían detrás del coche y gritaban «Mzungu!». Los montones de bolsas de plástico de Captain a los lados de la carretera brillaban bajo los rayos oblicuos del sol, e incluso la tórtola de cuello anillado, de canto tan familiar, parecía murmurarme «mzungu» en una disonancia de algún modo agónica con el tartajeo y el sonsonete del motor del Land Rover.

—Pronto podremos volver a Happy Valley —dijo Solomon con optimismo mientras se bajaba con su bolsa de huevos y patatas de Las Nubes. Apagué el motor, pero las tórtolas, el traqueteo y el motor parecían seguir compitiendo en mi cabeza—. He oído hablar de unos hombres muy viejos que recuerdan muchas cosas sobre la gente blanca de Happy Valley —prosiguió metiendo la cabeza por la ventanilla del pasajero—. ¡Creo que al final encontraremos esa casa Slains de lord Erroll!

5
LA BÚSQUEDA DE SLAINS

Aunque el muy deseado, amado, comentado y descrito Josslyn Hay solo vivió unos pocos años en Happy Valley durante su breve periodo como tercero de los cinco maridos de Idina, su asesinato parece condenado a un vínculo eterno con este fascinante lugar del mapa situado a gran altitud. Es probable que esto se deba en parte a que el elenco hedonista de Happy Valley propagó su reputación de promiscuidad por toda la colonia, abarcando Rift Valley cuando el Palacio Djinn a orillas del lago Naivasha se convirtió en el segundo hogar marital de Joss. Pero lo cierto es que fue en Happy Valley, en Slains para ser más precisos, donde despegó la reputación de Joss como rompecorazones y seductor de las esposas de otros hombres.

Josslyn Hay, 22.º conde de Erroll —Joss para los que lo conocían—, provenía de una antigua y gran familia escocesa. Adorar a las mujeres siempre fue una constante en su vida, comenzando por una madre permisiva. A la edad de quince años lo sorprendieron manteniendo relaciones sexuales con una criada y lo enviaron a Eton. A los veintidós años se fugó con la totalmente inadecuada Idina y se refugió en Kenia en 1924. Poco de fiar desde el principio, el recién casado Joss estuvo a punto de que en el barco le pillara el marido de una mujer que le estaba dando placer en su propio camarote.

Los columnistas ingleses de cotilleos se abalanzaron sobre la aventura de Idina y Joss: ella se había casado dos veces y era ocho años mayor que él, y a la familia de Joss no le hizo ninguna gracia descubrir que se habían casado en secreto. El romance también arruinó su incipiente carrera en el Foreign Office; después de que su padre moviera los hilos adecuados, Joss había adquirido una valiosa experiencia en el servicio diplomático, incluyendo tres años como secretario privado del embajador de Su Majestad en Berlín, donde había perfeccionado su alemán y hecho algunas buenas amistades. Fue durante sus viajes por Europa cuando conoció a Idina, en modo alguno adecuada como potencial futura esposa de un diplomático. Estando prometidos, y durante una visita a Venecia, Joss e Idina conocieron a sir Oswald Mosley, que se convertiría en un buen amigo y cuyo movimiento fascista atraería más adelante a Joss.

Hay una foto muy conocida —la original apareció en la portada de *Tatler* en 1923— de Josslyn Hay y lady Idina cogidos de la mano y descalzos en una playa italiana. Idina tiene unos pies diminutos y una figura aniñada; el benigno clima de Kenia le proporcionaría la oportunidad de exhibir ambas cosas más a menudo.

Cuando la pareja se dirigió a Kenia, difícilmente iba a pasar desapercibida, y enseguida se hicieron famosos en Happy Valley y más allá. La libertad de la vida en la colonia sin duda proporcionó espacio para que Joss expandiera sus talentos mujeriegos. La población femenina blanca de Kenia (casada o no) lo adoraba y competía por sus favores. En apariencia, Idina y Alice de Janzé estaban encantadas, como buenas amigas, de compartirlo, aunque hacia 1926, después de que Idina diera a luz a su hija, el matrimonio ya no prosperaba: Idina se lanzó a una aventura con «Boy» Caswell Long, administrador de lord Delammere antes de casarse con Genesta (más tarde esposa de lord Hamilton). Entre tanto, Joss disfrutaba de una relación sexual con la rica y casada Mary Ramsay-Hill (Molly para sus amigos), que solo llevaba en Kenia un año.

A principios de 1928, Joss y Mary habían trazado un plan para fugarse juntos. Él había ido a Happy Valley para recoger todo lo que necesitaba, lo cual no incluía a su hija pequeña. Mary iba a abordar en secreto el tren a Naivasha para reunirse con él. Su marido, Cyril Ramsay-Hill, descubrió que se había ido, cargó su pistola y corrió a la estación de Naivasha. Al encontrarse con que se le habían escapado, condujo a toda velocidad hasta Nairobi y llegó a la estación antes que el tren, que tenía que arrastrar sus equipajes por las empinadas laderas de Rift Valley. Se pensó mejor lo de usar la pistola, pidió prestado un látigo de piel de rinoceronte (con la excusa de que tenía que «azotar a un perro») y le dio a Joss una buena tunda delante de todos los que tuvieron la suerte de viajar en el tren aquel día. Según Charles Hayes en *Oserian, Place of Peace*, la despedida de Ramsay-Hill consistió en enviar un cable al barco en el que viajaban su esposa y Joss: «Ya tienes la perra. Ahora cómprale la perrera».

Mary se casó con Joss en 1930 y volvió con él a Kenia, el mismo año que Idina volvió con su nuevo marido, Donald Haldeman, un divorciado norteamericano nacido británico que ya había sido cazador blanco en Kenia. Fue entonces cuando Idina compró Las Nubes. Mary, que se había asegurado el título de condesa de Erroll, había conseguido también conservar una lujosa perrera: el exótico Palacio Djinn, construido por Ramsay-Hill. Joss vivía a todo tren en Naivasha y se dedicaba a la política. En 1934, durante una visita a Inglaterra, mientras Kenia atravesaba dificultades económicas, se convirtió en miembro de la Unión Británica de Fascistas. Joss, que pensaba que los colonos necesitaban más poder, le dijo al *East African Standard*, que lo entrevistó a su regreso, que los camisas negras creían en la acción, no solo en las palabras. Luego dio una serie de charlas sobre el fascismo a los colonos. Pero también se ocupaba de asuntos más triviales: era comodoro del Naivasha Yacht Club y presidente del Naivasha Club.

A medida que pasaban los años, Mary fue presa de sus adicciones y murió a los cuarenta y seis años a causa del consumo excesivo de alcohol y el abuso de drogas duras. Fue en 1939, el mismo año en que Hitler invadió Polonia e Idina se casó con su quinto marido.

Es discutible que Joss se enamorase de alguna de sus mujeres durante algún tiempo. Su umbral del aburrimiento parece haber sido muy bajo. Diana Broughton simplemente no estuvo en la escena el tiempo suficiente como para que Joss se cansara de ella. Se supone que ella se enamoró de él, pero su breve e intensa aventura nunca tuvo la oportunidad de resistir la prueba del tiempo.

A Joss le dispararon en la madrugada del 24 de enero de 1941. Más tarde, esa misma mañana, Broughton llegó a la morgue y se mostró sorprendentemente servicial: deseaba poner el pañuelo de su esposa Diana sobre el cuerpo. Alice de Trafford y la actual lady Delamere ya estaban allí. James Fox cuenta en *Pasiones en Kenia* cómo Alice puso una ramita sobre el cuerpo de Erroll, y otra de las muchas admiradoras de Joss, Gwladys (así lo escribe) Delamere —segunda esposa del 3.er barón Delamere, aunque para entonces su viuda, porque era muchos años menor que él— pidió su placa de identidad.

Nadie contó los corazones doloridos tras la muerte de Joss, pero la lista de sospechosos debió de ser igual de impresionante. A su funeral asistieron muchos amigos y admiradoras, aunque al parecer Diana estaba demasiado trastornada y envió a su marido en su lugar con una carta para que la enterrase con su amante. Cubrieron el féretro con la Union Jack, se dispararon tres salvas y sonó el último toque de corneta.

El inspector Arthur Poppy, que se hizo cargo de la investigación, volvió a medianoche con seis convictos, se supone que para «plantar un rosal», pero en realidad cavó un hoyo muy profundo y recuperó el sobre... solo para descubrir, dice Fox, que era un trozo de papel en el que Joss y Diana se habían garabateado el uno al otro unos versos de amor. ¿Esperaba Hope realmente una disculpa de Diana a Joss por haberlo asesinado? ¿O quizá la revelación de quién lo había hecho?

Los restos de Erroll descansan en el cementerio de Kiambu junto a los de la condesa. St Paul, a quince minutos en coche del exclusivo suburbio de Muthaiga, en Nairobi, es una pequeña iglesia de piedra de color rojo rosado, de estilo inglés, con su robusta puerta de madera adyacente al campanario. Una placa en la entrada cuenta a los visitantes que su construcción data de 1911. En el cercano cementerio, la tumba más antigua tiene una cruz de piedra erosionada por el tiempo en memoria de un bebé de diez meses que murió en 1914. En un bosque de cruces y lápidas en distintos tonos del gris, encontré la lápida de mármol de Erroll, pálida y cuadrada, con el rectángulo de guijarros sobre sus huesos cubierto de hojas y con una flor de frangipani marchita. Su inscripción (y la de Mary) dice: «Hágase tu voluntad». Al verla me pregunté de quién se habría hecho la voluntad.

Erroll ha tenido muy mala prensa, entre otras cosas con alegaciones de malos tratos a sus sirvientes. Pero había mucha gente que le quería y respetaba... como granjero y como amigo. Genesta Hamilton escribió en sus memorias, *A tiro de piedra*, lo que sintió al enterarse de su muerte: «Me afligió. Tan pocos amigos y tan preciosos. Y Joss, tan divertido, tan amante de la vida, tan despierto y brillante, con un ingenio como destellos en el agua». A Idina la apreciaba menos, algo comprensible si se considera su aventura con Boy Long, su segundo marido.

Errol Trzebinski escribe en *The Life and Death of Lord Erroll* que Joss era un granjero serio y respetable y bondadoso con su personal, como atestiguó en el juicio su ayuda de cámara kikuyu; y que esa generosidad se extendía a las familias de todos sus trabajadores cada año por San Esteban. Sin embargo, muchos kenianos suelen mostrarse bienintencionados y benévolos a la hora de decir lo que creen que sus interrogadores quieren oír. A menudo la verdad hay que adivinarla. Y puede que hoy en día no tengamos el mismo concepto que en la época colonial acerca de lo que implica ser «bueno» con los empleados.

Una vez que el asesinato sin resolver de Erroll empezó a intrigarme, era el momento de concentrarnos en la búsqueda de Slains. Quizá la vieja casa aún guardaba hasta hoy algunos secretos sin desvelar.

Solomon organizó varios encuentros con ancianos de la región de Wanjohi y les preguntamos por las casas de los antiguos colonos. Un anciano recordaba a un vecino de Idina, aunque solo por el nombre de Ramsden, y había oído hablar de Erroll. «Era hijo de Ramsden», insistió. Otros solo aportaron versiones de nombres de personas que habían vivido más tarde en la región: «Ceaserone», «Dushka» y «Dilap».

En busca de pistas, pero todavía con pocos indicios que seguir, visitamos la casa de un antiguo colono que Solomon había descubierto en una de sus patrullas a pie por la zona mientras investigaba la situación de los monos colobos. «Es la casa de Dilap», dijo.

Enclavada entre las empinadas laderas de los Aberdares y las aguas burbujeantes del río Wanjohi, la antigua hacienda había quedado reducida a una cabaña de cedro con tejado de tablillas. El uso del cedro no estaba restringido a los tejados; en su época proporcionaba un material de construcción barato, fácil de conseguir, y las termitas no lo devoraban. Un rosal trepaba por una esquina, aferrándose a las grietas de las tablillas del tejado con sus descuidadas garras. Más allá había una chimenea de ladrillo y otra de piedra, extrañamente aisladas. Era de suponer que la casa principal había ardido o la habían desmantelado para hacer leña. La única señal de que algo exótico, o alguien, había dejado su huella aquí era una palmera ornamental, que también parecía fuera de lugar. El chirriante aullido de las motosierras perturbó el aire fresco mientras Solomon, de pronto, me cogía del brazo: «¡Colobos!».

Había cuatro preciosos y cautivadores monos blancos y negros, de pelo largo, observándonos desde donde la línea oscura del bosque se abría de repente a los campos cultivados. Los colobos dependen de los árboles autóctonos para conseguir comida, refugio y protección. Por desgracia, en cuanto se ven expulsados de su entorno selvático en retroceso, asaltan los huertos de verduras de estos agricultores de subsistencia, que los atrapan y venden sus valiosas pieles.

Solomon se lanzó a impartir una exaltada conferencia sobre conservacionismo a media docena de mujeres de distintas edades que habían dejado de cavar en el campo adyacente para apedrear a los monos.

—¡Así que no debéis hacerles daño! Son mis amigos y mis hermanos —concluyó.

—Me roban las patatas —respondió una anciana.

En el silencio que siguió, las motosierras hicieron una pausa durante un momento, como en un duelo silencioso, antes de que un estruendo de astillas anunciara la caída de un árbol que lo más probable es que hubiera tardado varios cientos de años en alcanzar su magnífico tamaño. Solomon hizo una mueca de dolor. Las mujeres volvieron a inclinarse sobre sus campos. Una suimanga de tacazé, muy rara de ver, voló por encima de sus cabezas, un regio destello de púrpura, verde y oro. Un turaco cantó desde el bosque que había detrás, un ave grande, con cresta índigo, que en vuelo despliega unas alas rojo rubí. A lo lejos pude ver el perfil mohicano del águila de larga cresta. Todas esas aves también dependían de los árboles... ¿Alguien se había percatado de la presencia de esas exóticas criaturas emplumadas?

Los colobos habían desaparecido, volando a saltos entre las altas ramas. A nuestro alrededor se extendían hectáreas de tierra marrón, su desnudez rota por los gruesos tocones de árboles. Los nuevos campos estaban rodeados por cercas, construidas de forma tosca con los árboles destruidos. El elevado trasfondo de los Aberdares estaba marcado de cicatrices negras y marrones donde el fuego había dejado frágiles bosquecillos de árboles muertos. Su fértil manto verde de bosque montañoso estaba perdiendo su batalla diaria por la supervivencia. Los pensamientos silenciosos de Solomon y los míos eran probablemente similares mientras nos preguntábamos cuánto tiempo podría aquella selva disminuida seguir proporcionando vida y refugio a tantas plantas, insectos, animales y especies de aves. ¿Cuánto tiempo más podrían sus raíces impedir que la fértil capa de suelo fuera arrastrada por los ríos de Kenia para afectar a las orillas de los lagos de Rift Valley y alterar ecosistemas aún más frágiles?

Solomon se mostró desolado mientras examinaba un viejo tocón de árbol de un metro y medio de diámetro.

—¡Mire! —dijo animándose cuando un verde saltamontes gigante trepó con toda tranquilidad por su brazo—. ¡Qué bonito!

El histérico zumbido de la motosierra volvió a cortar el aire. Algún rico e influyente forastero iba a beneficiarse de la venta de aquella madera en vías de extinción. Pero estas gentes que vivían en casas con tejados de hojalata levantadas con recortes de cedro, que dependían de la leña como combustible y vendían su carbón por calderilla para comprar libros y uniformes escolares para sus muchos hijos, tampoco se sentían inclinadas a salvar los árboles. Si los bosques desaparecían en un par de décadas,

¿entonces qué? No era su problema. *Shauri ya mungu*: «el problema es de Dios», como decían muchos kenianos.

Aquí nadie había oído hablar de Slains ni de lord Erroll. Recorrimos la senda arrasada que corre hacia el norte a lo largo de la base de la cordillera montañosa. Había sido idea de Solomon y yo no estaba muy convencida de no haber vuelto a los caminos que sabíamos que conducían a alguna parte. Un hombre en bicicleta con un saco lleno de coles gigantescas nos adelantó. A nuestra izquierda se extendía la meseta de color gris amarillento: mechones puntiagudos de hierba de altura, acacias de Abisina en forma de paraguas y rocas gris oscuro moteadas de liquen blanco. Antaño crecían aquí campos de trigo dorado y las ovejas pastaban en la hierba hasta donde alcanzaba la vista. Ahora las cercas se entrecruzaban en las llanuras y los tejados de hojalata relucían con violencia bajo el sol: incluso los tejados de paja empezaban poco a poco a extinguirse.

Finalmente pasamos ante un edificio de ladrillo rojo y aspecto vetusto junto a unos imponentes eucaliptos. A la entrada había un contenedor metálico en desuso que parecía un cubo gigante para el ordeño. Nos detuvimos en el estrecho camino —seguro que nadie más sería tan insensato como para conducir por allí— y apareció un hombre que se presentó como Alfred, el cuidador.

—Hay una casa histórica no muy lejos —nos dijo—. Esto solía usarse para refrescar la leche —y señaló el edificio de ladrillo—, ¡pero ahora es mi casa!

Alfred nos condujo a través de un campo pasando una letrina de hoyo, tras la cual había una bañera rota mucho más vieja, abandonada entre la hierba.

—Síganme —dijo subiendo la colina—. No está lejos.

De pronto sentí una paz profunda y una intensa sensación de algo desconocido, como si el viento soplara cargado de historias. Solomon, que tiene un increíble fondo de información, reflexionó:

—Creo que puede ser la casa de La Dushka. Los *wazee* la recuerdan como una famosa dama que vivía cerca de Dilap.

¿Qué casa?, me pregunté mientras caminábamos hacia los imponentes Aberdares a través de un campo extrañamente tranquilo, sin señal de casa alguna por ninguna parte. Le pregunté a nuestro guía si sabía quién había vivido aquí.

—Lord Malcolm —dijo con firmeza—. Su hija vino de visita y dejó algunos papeles...

Caminamos a través de dos hileras de cipreses gigantescos, plantados muy cerca unos de otros, de más de 15 metros de altura.

—Este era el seto —dijo Alfred de pie junto a uno de los árboles, con una circunferencia mayor que la de varios hombres—, y esto era un arroyo, aquí un estanque —señaló unas depresiones secas sobre el terreno—. ¡Y *aquí* la vieja casa!

Entre la espesa maleza pude distinguir algo parecido a un enorme hormiguero, pero, mientras nos abríamos paso entre las ortigas y los arbustos enmarañados, surgieron unos muros de barro derruidos. Solomon, que no tiene ningún miedo a las serpientes, desapareció y luego reapareció en el alfeizar de una ventana junto a lo que podía reconocerse como una esquina de la casa; había incluso una clara porción de yeso blanco adherida a un vestigio de muro.

—Hay habitaciones —se entusiasmó Solomon—, y una chimenea. ¡Es una gran casa!

—Era —dije.

—Cuando llegué en 1963 —dijo muy serio Alfred, el cuidador—, la casa era preciosa. Pero los nativos vinieron y lo destruyeron todo. Echaron abajo el tejado y toda la madera. Robaron el mobiliario.

Lo miré parpadeando. Hoy en día nadie usa la palabra *nativo*. Era la bofetada de la superioridad colonial.

El sol se inclinaba a través de los altos eucaliptos que bordeaban el sendero. Teníamos que volver a una carretera real antes de que la oscuridad nos confundiera aún más. Antes de marcharnos, Alfred me regaló un grueso fajo de hojas mecanografiadas que había dejado una misteriosa y vieja dama llamada Diana que había visitado la casa, porque, dijo Alfred, el padre de ella había vivido allí una vez. ¿Podría esta Diana ser la condesa de Erroll? Ahora andaría por los setenta años...

Mi emoción duró poco. Las memorias resultaron ser de un granjero pionero que describía su vida en otra zona totalmente distinta, cerca de Thomson's Falls, en las estribaciones al norte de los Aberdares. Varios meses después, una amiga de mi madre, que también había crecido en esa zona pero que ahora vivía en Australia, identificó al autor como Malcolm Watson: ella había sido dama de honor en su boda. Las misteriosas direcciones de Diana se encontraban en una página aparte: Diana Watson, cuidadora de un hombre en Alemania o un monasterio en Inglaterra. Escribí a ambas señas, pero nunca tuve respuesta.

Malcolm Watson había trabajado en cierto momento para Delamere en su otra granja, Manera, en Naivasha. Las hojas mecanografiadas hablaban de sus muchos invitados, incluyendo a aquellos que no eran tan bienvenidos y a los que él llamaba «los de la remesa, porque sus familias les enviaban dinero para que se mantuvieran alejados del Reino Unido y dejaran de avergonzar a sus parientes». Estos eran el grupo de Happy Valley. Es probable que Watson resumiera el sentir de muchos colonos de la época cuando comenta: «Las travesuras de este grupo eran notorias por su profunda inmoralidad.

Los africanos tenían miedo de trabajar para ellos y los europeos los evitaban siempre que podían». Recuerda cómo llegaron a su casa de Manera, alegando que lord Delamere había dicho que podían quedarse: «Por supuesto, lord Delamere conocía a esa gente, pero no tenía mucho en común con ninguno de ellos».

Aunque había sido una pista falsa, hizo que mi madre recordase que había tenido un novio que solía escribirle cuando ella tenía quince años. Se llamaba Alan Wisdom e incluso recordaba su dirección: Productos Lácteos Aberdare, granja Slains, Wanjohi. «Solía mencionar a unos vecinos llamados los Delap», dijo. «Yo enseñé a los niños Delap en la escuela de Nyeri en los cincuenta. Recuerdo a la pequeña Susan Delap diciendo: "El nombre de mi mami es Bubbles"».

Quizá finalmente nos estábamos acercando...

Encontré a Bubbles Delap, cuyo nombre real es Maureen, en el hogar Charles Disney para jubilados, justo a la vuelta de la esquina del Muthaiga Club, en el que no puede permitirse ser socia. Esta encantadora, divertida y excéntrica dama estaba encantada de compartir sus recuerdos, y aún más encantada ante la idea de que yo tuviera un coche y pudiera sacarla de paseo. Así que la llevé a comer curri, lo que pareció ser un gran regalo, porque al parecer no tenía ningún familiar que viviese cerca. «Y me encanta el curri, es mi comida favorita», dijo en un susurro teatral tras escalar el asiento del pasajero de mi Land Rover, que aún tenía vestigios del barro de Happy Valley en los bajos.

—No hace falta decir que soy una exagerada —rio mientras atacaba los especiados platos de cordero y pollo en el restaurante casi vacío.

Yo me moría por preguntarle sobre Slains, pero antes Bubbles deseaba contarme su propia historia. Su madre, Doreen, se había escapado de la Escuela Roedean a los dieciséis años y había venido a Kenia. Doreen era al parecer una muchacha atractiva y animosa; había servido como lechera en el castillo de Windsor durante la Primera Guerra Mundial antes de llegar a Kenia y trabajar para lord Delamere, que no esperaba —o deseaba— una empleada femenina. Doreen —que siempre llevaba pantalones cortos, algo excéntrico para la época— convenció a Delamere para que la contratase, pero pronto dejó el puesto para casarse con Ernest Hay «Sandy» Wright, dieciséis años mayor que ella. Tras dar a luz a Bubbles, Doreen se divorció de Wright y volvió a casarse con él, y más adelante se casó con Dickie Peel, un comandante del ejército, y con un profesor de Sudáfrica cuyo nombre Bubbles había olvidado. Pero lo más famoso fue que tuvo un hijo con Ewart Grogan, el colono pionero, intelectual y aventurero que se hizo célebre por caminar desde Ciudad del Cabo a El Cairo para conseguir la mano de su amada Gertrude, que también resultaba ser una heredera, si bien el romanticismo de la historia queda un poco empañado por las muchas aventuras amorosas de Grogan.

En 1929, Doreen, por entonces una de las conquistas de Grogan, que tenía cincuenta y cuatro años, dio a luz a una niña, June. Los dos posibles padres, Wright y Grogan, estuvieron junto a su cama después del parto, tan amigos, bromeando sobre la paternidad de la criatura. June creció cada vez más parecida a Grogan, que se sentía feliz de llenar el hueco dejado por la poco maternal Doreen. Siguió siendo un padre solícito que recogía a June al salir de la escuela y construyó para ella una casa en Taveta, cerca de los manantiales de Kivoto, indiferente al hecho de que por entonces Doreen se había divorciado y vuelto a casar con Wright.

Entre tanto, Bubbles Wright había crecido y estaba en la adolescencia cuando fue a un baile en el Muthaiga

Club «con no sé qué conde que hablaba de política». La aburría, dijo, pero entonces conoció al apuesto Bill Delap, que compartía su afición por el baile. Ya estaba casado con Rosemary Montgomery, pero más adelante se divorció de ella para casarse con Bubbles, entonces con diecinueve años, en 1946. Bubbles y Rosemary siguieron siendo «buenas amigas», aunque surgieron tensiones inevitables respecto a los dos hijos del primer matrimonio: Bubbles solo era ocho años mayor que su hijastro mayor. Rosemary, que, según Bubbles, era muy atractiva y parte del grupo original de Happy Valley, murió de nefritis —una enfermedad renal— a la edad de treinta y nueve años.

—Era muy atractiva y *muy* apasionada —dijo Bubbles (que mostraba borrosos pero inconfundibles signos de haber sido también muy hermosa)—. Decía que Bill le pegaba —hizo una pausa y añadió—: A mí nunca me pegó.

Decía que muchas mujeres iban «detrás de Bill». Lego se echó a reír.

—Había una mujer que siempre le estaba persiguiendo, y eso que tenía un marido muy bueno.

—¿Idina? —sugerí.

Lo ignoró y dijo, con un toque de envidia:

—Pero para entonces el apogeo de Happy Valley ya había pasado y nadie tenía lo que hacía falta para recrearlo. Esa especie de glamur que va con el dinero y el título.

—Pero ¿conoció a Idina? —pregunté.

—¡Oh, sí! Todo el mundo la conocía.

—¿Y cómo era?

Mucho más joven que Idina, Bubbles debió de conocerla brevemente en los años cuarenta. Sonrió, con un aire triunfal.

—No era nada guapa, pero era pequeña, refinada, elegante... Como un pájaro. Y vestía de forma maravillosa.

—¿Y qué hay de su tormentosa reputación? —pregunté.

—Oh, sí, tenía un montón de novios militares —confirmó Bubbles—. Mucha gente trató de recuperar Happy Valley y fracasó —explicó—. Pero las comidas de los domingos en Las Nubes siguieron siendo ocasiones memorables: Idina era una gran animadora. Una vez anunció: «Tengo ganas de nadar», ¡y se metió en su bañera encastrada totalmente vestida!

Como Idina vivía por entonces en Las Nubes, donde no había ninguna bañera encastrada, Bubbles debía de referirse a alguno de los estanques de los muy admirados jardines acuáticos de Idina y tal vez le falló la memoria por lo que fuera que estuvieran bebiendo. Bubbles añadió:

—Nunca tuvo mucha educación, aprendía de sus maridos. Y, por supuesto, adoraba los libros.

Le enseñé a Bubbles mis recientes fotografías de lo que quedaba de la casa de madera.

—Esa era la casa original que construyó Bill —dijo—. Cuando me casé con Bill, un prisionero de guerra italiano nos construyó una casa de piedra. Solía cantar en el tejado. La casa tenía cuatro o cinco habitaciones y forma de L.

Saqué la siguiente fotografía de la chimenea solitaria y alzó las cejas.

—Me sorprende que no quede nada en pie. Tengo varias fotos en alguna parte...

Se concentró una vez más en usar su pan indio para rebañar el curri del cordero, y después se sirvió un helado de kulfi y un té masala especiado. Tuve la impresión de que hacía mucho que nadie había invitado a Bubbles a beber y a cenar, y me sentí agradecida por el privilegio.

Cuando volvimos a su casa, no pudo encontrar ninguna de sus fotos, así que volvió a sentarse y describió su antiguo hogar en Happy Valley, con sus preciosas vistas a través del cristalino riachuelo de truchas al fondo del jardín:

—El río Wanjohi. Solíamos nadar en él...

El fértil suelo era ideal para la huerta, al igual que para el ganado Jersey, los cerdos y los patos. La granja de los Delap se llamaba Hacienda Rayetta.

—Es un nombre masái, no recuerdo lo que significa —dijo Bubbles vagamente—. Estaba a 25 kilómetros de Ol Kalou, ¡por la peor carretera de Kenia! Una vez nos llevó veinticuatro horas...

Recuerdo haber visto un letrero de la Escuela Primaria Rayetta cerca de la vieja casa. Otro antiguo nombre que persistía.

Bill escribía una columna semanal, *El hombre de la Shamba*, para un periódico local.

—También era un fotógrafo premiado. Y solía llevar gente a los Aberdares —explicó Bubbles; sus pensamientos saltaban de un tema a otro. Los dos hijastros de Bubbles fueron a la escuela en Pemborke House, en Gilgil. Ella y Bill tuvieron tres hijas.

En 1963 los Delap se marcharon a Australia.

—Pero volvimos a los pocos meses para despedir a un administrador deshonesto —dijo Bubbles—. Para entonces poseíamos trescientas hectáreas: ciento cincuenta de pelitre, una escuela, una *duka* [tienda básica] y planes para construir una iglesia. Pero cuando nos fuimos con la independencia el gobierno británico nos dio un precio miserable: ¡solo 4000 libras!

Bill Delap murió en 1982 y fue enterrado según sus deseos en Point Lenana, el tercer pico más alto del monte Kenia y el más alto que podía explorarse a pie. Bubbles sonrió:

—¡Tengo fotos de él esquiando allí! Nadie más lo hizo, ya sabe...

Me había resultado difícil obtener la información que deseaba, porque Bubbles estaba bastante sorda. Cuando me iba, le pregunté por sus vecinos. Bubbles recordaba a una italiana.

—Se llamaba La Duska, creo que era duquesa... y hacía queso gorgonzola. Tenían una lechería de ladrillo rojo. Daba unas fiestas maravillosas y era apasionada y atractiva... y una buena cocinera. Vivía en una preciosa casa antigua de barro encalada con suelos de parqué, llena de muebles muy bonitos. Después tuvo una especie de administrador durante un tiempo.

—¿El administrador se llamaba Wisdom? —pregunté con excitación y muy alto. Confirmó que así era.

—¿Así que la granja se llamaba Slains? —grité. Bubbles creía que sí.

Pregunté por ahí sobre una duquesa italiana que había vivido en Slains después de Idina. Un anciano excolono pensaba que era condesa. Las *wazee* de la zona habían mencionado «La Dushka». Alguien más recordaba vagamente a un conde italiano que vivía «por allá arriba». «Conde Cesaroni», confirmó otro. «Oh, sí, ese es Cesaerone», dijo Solomon. Pero nadie sabía si la duquesa o la condesa estaban conectadas de algún modo. Los historiadores escriben el primer nombre de distintas formas. Elspeth Huxley menciona en *Pioneer Scrapbook* (*Álbum de recortes pionero*) que los excelentes quesos gorgonzola de Liduska Hornik dieron fama a la región, mientras que el *Kenya Up-Country Directory* (*Directorio Interior de Kenia*) de Tim Hutchinson sitúa a Ladiska Hornik en Thomson's Falls y también menciona el queso gorgonzola. Granjero retirado, Tim, ha trabajado durante años para proporcionar un *Quién es quién* de los colonos blancos de Kenia, quién vivió allí y a veces cuándo. Es un auténtico trabajo de amor que a veces se fundamenta en la memoria de las personas, por lo que es inevitable que no siempre sea preciso. En la sección «Gigil» del libro de Hutchinson hay un «Cesaroni, conde A, Kipipiri 1931», que tenía una hija y, de nuevo, la conexión gorgonzola.

Solomon me había presentado a Janie Begg, añadiendo que sabía «mucho de historia». El difunto padre de Janie, David Begg, había vivido cerca de Gilgil, donde conoció a su esposa Lily, que trabajaba en el hotel Lady Colvile. Se casaron y tuvieron tres hijas; Janie es la del medio. Excéntrica, independiente y soltera, habla kikuyu con fluidez y practica la radiestesia con un péndulo. Fue Janie la que me puso en contacto con la misteriosa «La Duska». La señora Piotto, como se llamaba ahora, vivía en Karen, un suburbio de Nairobi, justo a la vuelta de la esquina de donde Erroll fue asesinado en la intersección de las carreteras de Karen y Ngong, junto a la iglesia de San Francisco.

Esperé ante la verja cerrada con su cartel «Piotto». Al jardinero le llevó bastante tiempo, y varios viajes a pie desde la verja a lo largo del extenso camino hasta la casa, convencer a la señora Piotto de que me dejara pasar. Al final aceptó tras prolongadas explicaciones de que acababa de visitar su antigua casa y quería realmente hablar con ella. «Pero tiene prisa», me advirtió el jardinero cuando por fin me abrió.

Una elegante dama con pantalones azul marino, cabello gris y un largo collar de perlas sobre un jersey color pastel me recibió y llamó a un anciano sirviente para que nos pusiera unas sillas en el jardín. Le expliqué que era escritora y que estaba interesada en Happy Valley, lo que en definitiva era lo peor que podía decir.

—*¿Escritora?* ¡Ja! Todos escriben basura, todos los escritores —exclamó con un acento italiano encantador—. Dina y los demás está muertos. ¿Por qué no los dejan en paz? No es interesante, en todo caso —me reprendió—. ¡Eran buenas personas! —se puso en pie, lista para que me marchase—. Todo lo que se ha dicho sobre ellos son mentiras —añadió con vehemencia.

—He visitado Slains —dije con indecisión—. Podría enseñarle algunas fotografías.

Me había cavado una fosa aún más profunda. Se desahogó conmigo. ¿Quién querría visitar una zona que los africanos habían arruinado? ¿Quién querría rebuscar entre la destrucción y las ruinas, en una granja devastada? En todo caso, ahora tenía que preparar la comida...

Mientras me disponía a marcharme a toda prisa, me echó una segunda mirada.

—Si quiere volver a visitarme —dijo con mucha severidad—, llámeme por teléfono, para que pueda preparar algo. Este es mi número.

Me llevó algún tiempo reunir el valor para llamar a la señora Piotto. Ni siquiera estaba muy segura de acordarse de mí, pero me invitó a tomar el té a las cuatro en punto de la tarde.

Mientras tomaba el té con la duquesa, que no era en realidad una duquesa, descubrí que su verdadero nombre era Lyduska: me lo deletreó. Esta vez se mostró como una anfitriona encantadora, feliz de hablar conmigo, aunque no me atreví a mencionar nada acerca de Happy Valley, menos aún de asesinatos.

La madre de Lyduska Piotto era italo-austriaca y su padre era checo en el ejército austriaco, explicó mientras disfrutábamos de un té preparado con exquisitez: tostas de anchoas y alcaparras, galletas de almendra y té en tazas de porcelana de hueso. Era una tarde cálida, pero nos sentamos junto a un fuego chispeante que nos transportaba a otra vida muchas décadas atrás. En Slains, enclavada en el regazo de una meseta alta sobre la que descendía el aire frío de las montañas Aberdare, habría hecho el frío necesario para ese fuego a primera hora de la tarde.

Con vacilación, le expliqué cuánto amaba las casas y la sensación de *déjà vu* que había experimentado en la maravillosa atmósfera de Slains.

Lyduska Piotto me dedicó una mirada escrutadora pero amable. Tenía unos extraordinarios y brillantes ojos azules.

—Sí —dijo—, yo también sentí siempre esa maravillosa atmósfera.

Me contó la historia de cómo había encontrado esta casa, su hogar actual, cómo la había cautivado su «sensación». Era una ruina, pero la atrajo porque estaba fuera de la ciudad y tenía muchos árboles preciosos. Su marido la había tomado por loca, pero al final él solo había vivido allí muy poco tiempo. Mencionó un accidente de coche y luego cambió de tema.

Lyduska me contó que había sido increíblemente feliz en Slains, quizá el periodo más feliz de su vida. Había recibido una educación estricta. Cuando era niña, su regalo de cumpleaños podía ser una única rosa.

—Siempre me llamaron gansa tontuela —rio, y de pronto hizo gestos señalando por la ventana los graznidos de su bandada de gansos—, ¡así que ahí están mis hermanas viviendo conmigo! —sonrió—. Amo a mis perros y a mis caballos. Son amigos: si estás triste puedes ir y estar con ellos.

Me miró con fijeza, como si de pronto leyera mis pensamientos: yo estaba emocionalmente frágil tras un divorcio difícil, y me echaba a llorar todas las noches junto al perro o el gato más cercanos.

—Todo el mundo tiene problemas —dijo en voz baja, y me contó que sus padres se habían separado cuando ella era pequeña, en parte, creía ella, debido al odio que su abuela materna le profesaba a su padre. Por tanto, apenas veía a su padre y, cuando intentó visitarlo antes de que muriera, ya había estallado la guerra y los alemanes no se lo permitieron.

—Pero les llamé de todo... en alemán —añadió. Le creí: ya había mostrado su vehemente temperamento latino durante mi primera visita. Casi lo sentí por los alemanes.

El fuego empezaba a calentar demasiado, pero yo no quería moverme de allí porque Lyduska había empezado a hablar sobre Slains. En 1938, a los diecisiete años, había venido a Kenia para vivir con su tío materno, que había comprado la mitad de la granja.

—Verá, mi tía había conocido a Dina en los círculos elegantes de Venecia —explicó—, y volvió a casa diciendo que había conocido a una mujer muy bonita que vivía en algún lugar estupendo llamado Gilgil. Así empezó.

—¿Idina? —pregunté.

Asintió sonriendo con cariño.

Uno de los primeros compromisos sociales de Lyduska en Kenia fue un baile en el Muthaiga Club, donde conoció en persona al grupo de Happy Valley.

—Dina flirteaba y bailaba con todo el mundo —dijo con aire soñador—. No me gustó Erroll, un *artisan praticco*, pero Dina estaba locamente enamorada de él. Me encantaba observarla —esto me sorprendió, porque lo cierto es que Idina y Erroll no estaban juntos a finales de los años treinta. Sin embargo, por el modo en que todos actuaban, era muy posible que Idina siguiera teniendo sus devaneos con su exmarido.

Lyduska siguió hablando con una sonrisa afectuosa:

—Dina no era bonita: de aspecto frágil, pero en absoluto frágil; de huesos pequeños, pero bien cubiertos de carne; impúdica, pero una persona adorable —hizo una pausa y de pronto frunció el ceño—. Deberían dejarla en paz. Toda esa gente. ¡Los escritores solo escriben basura sobre ellos!

Había estado a punto de preguntarle quién creía que había matado a Erroll, pero, al recordar sus agrios comentarios sobre los escritores durante nuestro primer encuentro, le pregunté en cambio por sus primeros días en Happy Valley, algo de lo que parecía feliz de hablar durante horas. A la joven Lyduska, que sospecho que fue una gran belleza, le encantaba correr a sus anchas por aquel excitante y desenfrenado nuevo mundo alrededor de Slains. Tenía muy preocupada a su tía, que solía regañar a su intrépida sobrina.

—Me decía: «¡Si no paras de ir por ahí, cualquier día un masái te violará en cualquier lugar solitario!». Yo no le hacía ni caso. Adoraba este país tan maravilloso.

Cuando su tío y su tía se marcharon, ella se quedó al frente de Slains, que había llegado a amar con toda el alma.

—Era una casa preciosa. Había cascadas y pasaba un riachuelo. La casa estaba construida sobre postes de cedro, con barro entre ellos, y era muy grande: podían dormir hasta siete u ocho invitados. Había chimenea en todas las habitaciones. La chimenea principal se había copiado de la casa de El Greco en Venecia —hizo un movimiento en zigzag con la mano—. Las paredes eran onduladas, ¡así! —se echó a reír—. Dina y su contratista estaban borrachos cuando la construyeron —sus ojos brillaron con el recuerdo de la felicidad—. ¿Le gustó mi casa?

Habría sido poco delicado entrar en detalles acerca del estado en que se encontraba ahora.

—Sí —dije simplemente, pero sin mentir—. Es un lugar muy especial.

Idina se había marchado, pensaba Lyduska, hacia 1929, dejando algo de plata, unos pocos muebles y unos claveles adorables en el jardín. Señaló la fotografía en blanco y negro de Idina en su marco de plata sobre una elegante mesa.

—Era una persona maravillosa, así que ¿por qué escriben esas sucias mentiras sobre ella?

Recordaba a toda la gente del viejo Happy Valley: Alice y su vecina, una mujer llamada Pat. También recordaba a Bubbles:

—Era una joven dama muy agraciada.

Se habían visto con frecuencia, porque Slains y Rayetta se encontraban a una distancia razonable a caballo; la pista que las separaba era más practicable a caballo que en mi Land Rover. Deduje que tenían algo así como una relación de amor-odio. «Era tu mejor amiga un momento y al siguiente se ponía a gritarte», había dicho Bubbles, para luego añadir que le encantaba ir a comer a Slains, porque Lyduska era una excelente cocinera y anfritriona. «¡Tenía una casa preciosa, pero luego nos peleamos!». Cincuenta años después, me di cuenta de que estas mujeres, que conservaban ambas cierto desvaído glamur, aún se sentían inclinadas a criticarse, al igual que a sus vecinos.

Ahora Lyduska se iba animando, y contó algunas de las historias más picantes. En los años cincuenta todos tenían «líneas de fiesta»: esto tenía que ver con los teléfonos, no con drogas. Había una línea compartida, pero cada usuario tenía su propio timbre. Así que cuando alguien giraba la manivela del teléfono para llamar a la centralita, preguntaba por cierta persona, y la señal de esa persona (pongamos, un timbre largo y dos cortos) sonaba en todas las casas. La persona que tenía ese timbre debería ser la única en contestar, pero, por supuesto, cualquiera podía escuchar la conversación, lo cual era, es de suponer, la manera en que las trabajadoras de la centralita pasaban las largas y tediosas horas. Lyduska recordaba haber escuchado una llamada, seguramente junto al resto del valle, y escuchar una voz masculina sin aliento que preguntaba:

—¿Qué llevas puesto?

—El camisón —ronroneó una suave voz femenina.

—Me gustaría arrancártelo... —comenzó antes de que un sonido masculino, explosivo, le advirtiera de que alguien estaba escuchando, y entonces la línea se cortó.

A todo esto, solo para asegurar la reputación de Happy Valley, Bubbles me había contado que la primera mujer de Bill, Rosemary (que había sido amiga de Alice de Janzé), y su amiga habían «regentado y recibido a soldados en un burdel de la alta sociedad». Como las segundas esposas no suelen ser muy amables con sus predecesoras y Rosemary Delap no estaba presente para defenderse, tomé la acusación con escepticismo. Bubbles también me había contado —en dos ocasiones distintas, con aire de revelar un escándalo— que Lyduska era *muy* vehemente y había *vivido con* su novio italiano.

Durante la guerra, Lyduska y su novio habían ido a Italia, en la época en que los Wisdom llevaban la granja. Pero volvieron, dijo Lyduska, en 1948, y poco después llegaron los primeros gruñidos del Mau Mau. La gente no volvió a confiarles las llaves de la casa a sus fieles sirvientes. Los informes de asesinatos en granjas aisladas o de vacas mutiladas circulaban sin cesar, y aumentaban el miedo de la comunidad de colonos blancos. Happy Valley estaba justo en la zona de peligro.

Lyduska recordó que una noche hubo un alboroto afuera y algunos miembros del personal los alertaron:

—Mi marido corrió a los campos para comprobar cómo estaba el ganado y yo fui y salí en camisón sin pensarlo —hizo una pausa y meneó ligeramente la cabeza—. Estaba a punto de bajar la escalera principal, ¿la conoce?

Asentí, porque había subido y bajado esa misma escalera.

—Pero fue como si una mano invisible me detuviera. No podía ir más allá. Mi ángel me estaba alejando del peligro —dijo con suavidad—. Había algunos Mau Mau escondidos entre los naranjos, al pie de esa escalera... siete u ocho de ellos.

Había experimentado algo similar cuando era joven, frente a un pelotón de fusilamiento alemán. Ella fue la única que sobrevivió.

—No era mi hora —dijo—. Y tampoco era mi hora en Slains para que me mataran los Mau Mau. Mi hora llegará, pero no así.

»Aunque ¿en quién podías confiar? —preguntó de pronto. Había conocido a las víctimas del célebre asesinato en el norte de la región—. Fergusson me dijo que sus muchachos lo querían y que nunca le harían daño. ¡Una semana después lo asesinaron de un modo horrible!

Finalmente, Lyduska vendió la propiedad a principios de los sesenta, cuando el gobierno británico empezó a comprar granjas para dividirlas y asignarlas a los asentamientos nativos. Suspiró.

—Solo nos dieron diez mil libras por casi ciento cincuenta hectáreas.

Había sido un té delicioso y no quería abusar de su hospitalidad. No había descubierto nada más sobre el conde Cesaroni, ni le había preguntado a Lyduska quién pensaba que había asesinado a Erroll, pero me propuse volver un día y preguntárselo.

6
SLAINS DESENTERRADO

No podía esperar a volver a Slains. Alfredo, el cuidador, me había escrito a lápiz, en un papel rayado que parecía como si lo hubiera arrancado de un cuaderno de ejercicios escolar y enviado en un sucio sobre de correo aéreo: «Es mi deseo sincero que usted y su familia hayan podido cruzar la linde de este nuevo año como hemos hecho nosotros», escribía, y preguntaba por mi investigación acerca de la antigua casa en ruinas. Añadía: «Es mi deseo que haya usted llegado hasta el tuétano». Luego contaba que los hijos del propietario de la granja habían ido con una cuadrilla de trabajadores temporales y habían cortado todos los árboles: «Aquí no hay más que una destrucción total», lamentaba.

Solomon meneó la cabeza ante las noticias. «¡No les importa!», se enfureció. Cuando volvimos a las ruinas, habían pasado seis meses, y el enorme círculo de cipreses, al igual que el resto de los árboles vecinos, había quedado reducido a un robusto montón de troncos secándose. Atravesamos el terreno desnudo, recién roturado, en el que Idina (o sus «chicos» del jardín) debieron de haber plantado un día pensamientos, rosas y es probable que incluso narcisos a aquella altitud, mientras Solomon pronunciaba un afligido elogio de los árboles.

Pero el arado había rodeado la vieja casa con improbable respeto, cuando fácilmente habrían podido echarla abajo. Ahora resultaba más fácil apreciar su planta y compararla con las fotografías antiguas. Aunque en algunos lugares los muros solo llegaban a las rodillas, allí estaban las escaleras de piedra que descendían de la puerta. Y detrás estaba también la hendidura en los Aberdares, donde una vez caía una cascada. La forma de la tierra y la posición de la casa eran con exactitud las correctas. ¡Se trataba de Slains, sin la menor duda!

Sonreí de pronto ante la cruel ironía de que el fajo de memorias de Malcolm Watson hubiera de algún modo acabado en el hogar original de dos de las personas que realmente no podía soportar, y a los que, a propósito, mencionaba como «Jocylyn Hay [sic], que se convirtió en conde de Errol» y «lady Diana Hay-Gordon-Haldeman». De hecho, pocos de los que han escrito sobre Slains parecen haber estado allí. Incluso Errol Trzebinski, la más exhaustiva de los investigadores, dice que la casa miraba al lago Ol Bolossat y a Thomson's Falls, y que estaba construida a una altitud de 1500 metros. En realidad, está más cerca de los 2500 metros y habría mirado a Gilgi, con Ol Bolossat a su derecha.

Mientras permanecía de pie en las escaleras de Slains, recordé la sabrosa descripción de la vida aquí de los Hay con una doncella francesa y un administrador europeo entre el séquito de empleados... y los ríos de invitados. Al parecer, después de los paseos a caballo de Joss e Idina a primera hora de la mañana, Joss se cambiaba y se ponía un kilt antes de disfrutar de un desayuno de gachas y crema. A pesar de la reputación de la camarilla de Happy Valley, manchada de champán, cocaína y morfina, Joss no fumaba, bebía con extrema moderación para los estándares de Kenia y fue el primer granjero en criar ganado Guernsey de alta calidad en Kenia. De forma insólita para la época y sus antecedentes, parece ser que tampoco le gustaba cazar, disparar o pescar.

Pero Slains desempeñó solo un pequeño papel en la vida de Joss. Tras dejar a Idina mantuvo su estilo de vida mujeriego sin importar si estaba casado o divorciado, o si su actual esposa estaba moribunda o muerta. Además de sus aventuras con Phyllis Filmer, Diana Broughton y Gladys Delamere, sedujo a la niña salvaje

Beryl Markham. Beryl era una de las pocas mujeres que no habría querido asesinar a Erroll: no andaba corta de intereses amorosos, incluyendo sus devaneos con la realeza. Lo sorprendente es que no la asesinaran a ella. No era la persona favorita de Karen Blixen, en particular porque se dice que mantenía una aventura con Denys Finch Hatton, el amante de Karen, cuando él murió en un accidente de avión en Tsavo, en mayo de 1931. Otro gran amigo de Beryl era Frank Greswolde-Williams, el cual, como dice Trzebinski en *The Lives of Beryl Markham* (*Las vidas de Beryl Markham*, 1993), parece que mantenía feliz al grupo de Happy Valley suministrándoles cocaína.

Desde la escalera principal del primer hogar de Joss e Idina, la vista se extendía a través de la elevada meseta hasta el brumoso Rift Valley, para descender hacia la pared azul pálido de la distante escarpadura del Mau, que forma su lado más alejado. En primer término había una hilera de lirios africanos, sin duda recios supervivientes. Yo tenía la intensa sensación de que esta casa y esta granja habían sido amadas, y que la gente había sido feliz aquí; y una sensación aún más intensa de haber estado aquí antes, aunque solo fuera en sueños.

Pensé en Joss. En las fotografías es un hombre algo rechoncho, con ese aspecto afeminado que estaba de moda en los años veinte. No parece atractivo en blanco y negro: era evidente que había que conocerlo en carne y hueso para experimentar su fatal encanto. Había sido un «niño bonito» en su infancia, a lo cual no había ayudado que su madre, como era costumbre entre la aristocracia de la época, le dejara crecer el pelo y lo vistiera de niña. Hubo rumores de aventuras homosexuales en Eton, y más tarde su buena amistad con el abiertamente homosexual Fabian Wallace en los días de Happy Valley condujo a especulaciones acerca de que podría haber sido bisexual. Incluso se dice que usaba perfume de mujer.

Es posible que Joss, a pesar de despertar sexualmente a tantas mujeres, no se sintiera nunca satisfecho con ninguna, de ahí sus infidelidades en serie. ¿O era tan solo un misógino que necesitaba crear una red de seguridad de múltiples mujeres para asegurarse de que nunca estaría solo? Algunos psicólogos dicen que los hombres que tienen aventuras están resolviendo necesidades, miedos y conflictos de la infancia. Hoy en día se les llama adictos al sexo. Pero cualesquiera que fuesen las razones secretas de Joss para saltar de cama en cama, su éxito con las mujeres no debe ser subestimado. No queda nadie para verificar las historias de sus increíbles habilidades en la cama, ni ninguna mujer viva puede jactarse de haber penetrado esa fachada encantadora e insensible para descubrir un alma gemela. Habilidades entre las sábanas aparte, muchas mujeres tienen la «fantasía» de que serán las únicas que cambiarán a su hombre y harán que fije su mirada errante en un fantástico final de cuento de hadas. Pero es probable que Joss se acostara con tantas mujeres simplemente porque podía: al fin y al cabo, había muchas disponibles.

De pronto, Solomon me llamó desde detrás de la casa, donde las raíces arrancadas y el derrumbe de capas de tierra habían desenterrado algo. Entre los terrones rotos había un cartucho oxidado y un trozo de la hoja de un cuchillo, manchado de negro como si alguien hubiera sido apuñalado con él; luego, al empezar a cavar, apareció un frasco de perfume de cristal azul y muchos fragmentos de porcelana y cristalería rota, uno de ellos proclamando que había sido «fabricado en Inglaterra». Había un trozo que llevaba estampado «Grindley», otro con un diseño chino, otro más decorado a mano, un fragmento agrietado de una pintura floral sobre cristal. Nos habíamos topado con el antiguo vertedero de basura. Con los bolsillos llenos de trozos de platos y el bote azul de perfume en el bolso de mano, volvimos con Alfred, que nos invitó a su casa. Dentro de la fría lechería, con sus suelos de piedra y sus robustas puertas de madera, me senté en una enorme butaca agrietada, forrada de cuero, con apoyabrazos de madera: el tipo de butaca que hoy en día costaría un montón en una subasta de antigüedades.

—*Utirere!* [«¡Escuchen!» en kikuyu]. Rescaté esta butaca de la casa histórica, y esto también —Alfred me enseñó un armario ropero y una cómoda, ahora pintados de rojo. Decidí que no eran lo bastante elegantes como para ser piezas de Idina, a menos que hubieran estado en un rincón de una habitación oscura—. Soy un poco moderno —sonrió Alfred al percibir mi aversión por el color—. También había parras, árboles frutales y un montón de flores por toda la propiedad, pero todo desapareció. Y el tejado, ventanas y puertas, se lo llevaron todo. ¡La gente de por aquí no valora la historia!

Estaba sentado en una butaca de cuero de imitación más nueva, sobre la cual colgaba un calendario de dos años atrás que pregonaba el apoyo del presidente a la erradicación de la polio y el sida, y un cuadro de plástico de una pagoda con jardines ceremoniales. «Oriente u occidente», decía la inscripción, «el hogar es lo mejor». El resto de la pared estaba empapelado con recortes de periódicos viejos y viejos carteles electorales de un exmiembro del parlamento.

Visualicé partes de Slains repartidas por doquier: un trozo de tejado en un gallinero aquí, una sólida puerta de madera en una conejera allá, el humo que ascendía por el aire mientras valiosos muebles y marcos de ventanas de cedro ardían en el hogar.

La hija mayor de Alfred nos sirvió generosas raciones de pollo con patatas, zanahorias y arroz, acompañadas con tazas de sopa llenas de grasa. Solomon tomó un trago de sopa mientras ensalzaba los derechos de los monos colobos, indignado con el relato de Alfred de cómo habían atrapado y matado a uno en la zona. Se inclinó hacia adelante en su asiento bajo una hilera de estridentes adornos navideños. Detrás de su cabeza colgaba un brillante cuadro de un prado verde con fuentes, flores y pavos. «Lo más importante de este mundo», me decía el texto en negrita en la parte inferior, «no es dónde estamos, sino hacia dónde vamos».

Nuestro anfitrión estaba más interesado en discutir sus problemas financieros: tenía cinco hijos, «uno expulsado de la escuela por no tener dinero». Meneó la cabeza. Los propietarios no le pagaban su salario mensual de 500 chelines (unas 4 libras), y el río se estaba secando porque un proyecto hidráulico aguas arriba, finalmente suspendido, había bloqueado su paso. La radio, entre crepitaciones y chirridos, cantaba «Cuando las cosas se ponen duras los duros siguen adelante». «*Utirere*, todos queremos para nuestros hijos algo mejor que lo que tenemos», dijo Alfred con tristeza. Habló de su padre, Githuku, que había trabajado para Bill Delap como vaquero junto con el líder de la lucha por la libertad Dedan Kimathi. Cuando los británicos luchaban contra los terroristas kikuyu que se escondían en los bosques sin dejar rastro, Kimathi había sido el hombre más buscado. También había sido registrador lechero de Delap, explicó Alfred, y Githuku había sido uno de los primeros hombres en ir a esconderse en el bosque de Aberdare con Kimathi poco después de que empezara el Mau Mau. En *The Last Colonial Regiment: The History of the Kanya Regiment* (*El último regimiento colonial: La historia del Regimiento de Kenia*), Ian Parker afirma, sin mencionar a Delap o a Wanjohi, que Dedan Kimathi fue registrador lechero en Subukia hasta seis semanas antes del estado de emergencia.

Conté la historia de mi abuela. Había estado en una granja al borde del bosque de Dundori con una docena de jóvenes alumnos internos de las granjas europeas vecinas que asistían a su escuela en casa y que necesitaban quedarse porque todo el mundo vivía demasiado lejos como para hacerlo de otro modo. Mi abuelo había sido llamado a filas, así que andaba buscando a los guerrilleros Mau Mau en las profundidades de la selva de los Aberdare. Una mañana, cuando la cocinera trajo la bandeja con el té matinal, parecía agitada y las tazas tintineaban como castañuelas. «¿Qué ocurre?», preguntó mi abuela. La cocinera, temblando, balbució que había «un hombre» en la puerta de la cocina. Mi abuela fue en bata y encontró a un luchador por la libertad, con el pelo recogido en rastas desordenadas y la ropa harapienta y sucia. «¡Sus ojos eran como los de un animal salvaje!», me contó.

El hombre le enseñó un dedo, con un corte muy grave en la articulación, y ella se lo limpió, lo curó y lo vendó. Unas horas después de que el hombre se marchara, los alumnos descubrieron una extraña estructura bajo el jardín, al borde del bosque. Estaba diseñado para atrapar el viento, que haría chocar uno con otros dos robustos palos de bambú.

—No lo toquéis —advirtió el personal africano—. Ese hombre era el mismísimo Kimathi y ha dejado ese símbolo para decirles a los demás que dejen en paz esta casa —eso fue al menos a setenta kilómetros de la selva de los Aberdare, pero Kimathi, al parecer, era capaz de recorrer largas distancias corriendo.

—¡*Utirere*! —dijo Alfred—. ¡Cuando murió, a Kimathi le faltaba un dedo!

Mi abuela, por lo visto, no había podido salvarle el dedo a Kimathi, pero no tocaron su casa durante todo el estado de emergencia.

El propio Alfred había nacido en la granja de los Delap en 1954; un año después de que su padre fuera uno de los tres luchadores por la libertad que lanzaron el primer ataque contra los colonos británicos. Los tres hombres se habían acercado con sigilo a la casa de Charles Fergusson, el granjero blanco que llevaba en Kenia treinta años. Mientras el anciano se sentaba a cenar con su joven estudiante de agricultura, Richard Bingley, fueron atacados y asesinados.

Pensé en las coincidencias: uno de los sirvientes de los Delap había cometido aquel acto horrible, y ahora yo conocía a su hijo. Quizá Githuku había sido uno de los hombres que estaban escondidos al pie de las escaleras de Slains la noche en que Lyduska salió corriendo en camisón.

—Los cortaron en trozos —concluyó Alfred agitando un hueso de pollo—. Luego, años después, cuando los británicos mataron a Kimathi, mi padre regresó y se puso a trabajar para Delap y todos volvieron a ser amigos.

La canción que ahora sonaba en la radio era «Es una vida maravillosa».

7
FÚTBOL DESPUÉS DEL SUICIDIO

Los alumnos de la escuela de Happy Valley nos habían visto por las ventanas. Salieron en tropel de sus aulas y nos rodearon en el patio de recreo: al menos 400 niños entre los cinco y los quince años, sumamente emocionados. Se agolparon a nuestro alrededor, empujándose para tocar nuestra piel y nuestro pelo. Conmigo iba un amigo francés —también rubio— y ambos nos sentimos muy incómodos. Esa invasión de nuestro espacio se estaba volviendo amenazadora. La ruidosa turba incontrolada que nos rodeaba hacía imposible ver más allá del espeso muro de rostros oscuros.

—Estos niños son muy maleducados —Solomon apareció blandiendo un palo e hizo que se dispersaran entre gritos—. Muchos de estos niños nunca han visto a un blanco —explicó.

Estábamos visitando la antigua casa del tercer miembro del infame triunvirato de Happy Valley, la bella y extravagante Alice de Janzé, más tarde de Trafford. Representada por distintos escritores como desequilibrada e impredecible, Alice resultaba también irresistible: antes de quitarse la vida, no solo tocaba el ukelele, sino que cantaba de forma seductora y sabía mezclar cócteles excelentes a la vez que consumía drogas. En las fotografías siempre aparece exótica y sensual, incluso excéntrica: con un cachorro de león en el regazo o posando con la brigada de Happy Valley en la escalera principal de inverosímiles bungalós. Pero nunca sonríe. La antigua granja de Alice se encuentra más o menos a medio camino entre Slains y Las Nubes, en las laderas occidentales del Kipipiri. Su casa miraría al lago Ol Bolossat, ahora una brillante sábana de agua a la derecha de los muchos tejados de hojalata del pueblo de Ol Kalou, aunque por entonces no había ninguna casa que le arruinase la vista a Alice. El río Wanjohi, que fluía a nuestra derecha, le proporcionaba el suministro de agua. Todo lo que ahora queda de la casa de Alice son algunos cimientos medio enterrados bajo una extensión de hierba kikuyu. Solomon señaló el único nogal superviviente en medio de un campo, que parecía haber sido atacado más de una vez con un hacha. En la parte trasera había algunos edificios alargados y bajos: las antiguas dependencias de los sirvientes. A un lado, donde la carretera daba la vuelta y atravesaba un pequeño desfiladero, se encontraba la casa del administrador de Alice, construida con madera de cedro oscurecida y con techo de hojalata, aunque algunas partes aún conservaban las tablillas más antiguas.

Solomon conocía esta zona mucho mejor que cualquier otro rincón de Happy Valley.

—Harris —como él pronunciaba Alice, porque los kikuyu suelen confundir erres y eles— estaba enterrada por aquí, en alguna parte —señaló una portería de fútbol cerca del río—. ¡Y yo nací justo ahí! —señaló también la colina cercana. Quizá sus propias raíces tenían que ver con su fascinación por Alice: de todo el grupo de Happy Valley, era de ella de quien más hablaba.

Yo había leído un poco sobre Alice, un montón de sensacionalismo para desentrañar una historia de drama y desesperación. James Fox, en *Pasiones en Kenia*, junto con otros muchos escritores sobre los tiempos de la Kenia colonial, proporciona un caleidoscopio de detalles que parece cambiar a cada vuelta de página.

Nacida en los Estados Unidos y rica heredera, Alice Silverthone, que había perdido a su madre siendo muy joven, tuvo una temprana introducción en la «buena» vida tomando cócteles con su padre en los clubs nocturnos de Europa, desfilando como un joven y bonito florero por tugurios inadecuados. Se convirtió en una joven llamativa, que desprendía un poderoso atractivo sexual con su oscuro pelo corto y sus grandes ojos inocentes. En los círculos glamurosos de París conoció y se casó con el joven aristócrata francés Frédéric de Janzé, conde, político, piloto de carreras y aspirante a escritor que también se movía en la alta sociedad.

Después de tener dos hijas, Nolwen y Paola, Alice y Frédéric visitaron Happy Valley. Ya conocían a Idina y a Joss, que realzaban los círculos parisinos más exclusivos con aromas exóticos. Ahora los de Janzé podían probar el excitante estilo de vida de los Hay. Embelesados, decidieron formar parte de aquello: compraron una granja y se mudaron a Wanjohi.

Alice, como Idina, añadió un toque de escándalo a una comunidad de hacendados coloniales en la que la mayoría de las esposas vivían vidas difíciles, levantaban hogares y granjas en un territorio virgen, se manchaban las manos y vestían ropa cómoda y práctica. Idina y Alice podían permitirse contratar a otros para hacer el trabajo aburrido mientras perseguían sus propios intereses. Juntas introdujeron la nueva moda de los pantalones ligeros y ajustados, que ofendían a las *memsahibs* más conservadoras a pesar de que los pantalones resultaban muy prácticos para el frío Wanjohi. Su estilo de vida y su sexualidad libre no contribuyeron a mejorar su imagen: Joss no tardó en ir de Idina y Alice en Happy Valley a Mary Ramsay-Hill en las orillas del lago Naivasha. Entre tanto, si Alice desaparecía durante varios días con el marido errante de Idina, la propia Idina podía cabalgar hasta la granja de Wanhoji y consolarse con Frédéric, cuyas poéticas descripciones eróticas de ella en su libro *Vertical Land* sugieren que la pareja se confortaba uno en brazos del otro.

La mascota de Alice, el cachorro de león, probablemente un accesorio más excitante que cualquier cosa que pueda encontrarse en París, llegó a su vida una mañana en que los de Janzé habían salido a caballo. Se encontraron con una camada de cachorros cerca de unas rocas, pero los dejaron en paz, dando por hecho que sus padres andarían cerca. Más tarde, dos jóvenes princesas indias que estaban en un safari de caza invitaron a los de Janzé a cenar en su campamento. Allí los de Janzé observaron que dos de los trofeos eran pieles frescas de león: Alice, al parecer más sentimental en lo tocante a los animales que a los niños —los suyos los habían dejado en Francia—, se preocupó de inmediato por los cachorros. Resultó tener razón cuando al día siguiente se volvieron a encontrar con los cachorros huérfanos: uno ya había muerto y otro murió esa noche, pero Sansón sobrevivió y se hizo tan famoso como su nueva madre adoptiva por su mal comportamiento en las fiestas. Sin duda, las noticias de estas excentricidades circularon también en los cócteles parisinos.

Frédéric de Janzé, aunque le gustaban los leones, no se mostraba especialmente elogioso con los habitantes de Happy Valley en general. Los acusaba de ser unos tipos inquietos, nómadas, más que colonos: «buscadores infatigables de diversiones» e inadaptados con debilidades nerviosas «que carecían del valor para envejecer, la fortaleza para construir algo nuevo en esta tierra». De forma profética, escribió sobre su esposa Alice en *Vertical Land*: «Ningún hombre tocará su alma exclusiva, sombría de recuerdos, inestable, suicida».

Entonces, como relata Ulf Aschan en *The Man Whom Women Loved: The Life of Bror Blixen* (*El hombre al que amaban las mujeres: La vida de Bror Blixen*, 1987), se produjo otra aparición perturbadora, «en la forma demoníaca de Raymond de Trafford», que se lanzó a una turbulenta aventura con Alice. Procedente de una antigua y aristocrática familia inglesa de terratenientes adinerados, de Trafford conocía a la gente «adecuada», incluyendo a Idina y Delamere. Encajó de maravilla en el grupo de Happy Valley: un mujeriego disfuncional que bebía demasiado y discutía más aún, que incluso intentaba (sin éxito) aventajar al erudito Frédéric de Janzé en cuestiones literarias. Cuando el hermano mayor de Raymond, Humphrey, le ofreció 10 000 libras por ser castrado, Raymond, que siempre estaba sin blanca, dijo que ¡se dejaría quitar un huevo por 5000! Ulf Aschan anota la descripción que Evelyn Waugh hizo de Raymond, al que Waugh conoció en Kenia en 1931: «Algo complicado, muy agradable pero muy MALO, y se pelea y folla y juega y se emborracha todo el rato de forma repugnante».

Frédéric estaba menos encantado con Raymond (o Raymund, depende del libro que se lea). Se apresuró a llevarse a Alice de vuelta a París, pero ella siguió en sus trece y le exigió el divorcio. Raymond los siguió a París y se mudó con Alice. Era a principios de 1927: poco más de un año de vivir en Happy Valley había arruinado su matrimonio. Frédéric solicitó al Vaticano la anulación, con custodia de las hijas. Alice, que de todos modos le dedicaba más tiempo a un cachorro de león, no peleó por ellas. Raymond iba a ser otro cantar.

Tras una visita a Inglaterra en marzo de 1927, Raymond volvió a París para darle a Alice la cruda noticia de que su estricta familia católica le había prohibido casarse con ella. Si pensaba que simplemente la despediría en la estación después de un agradable almuerzo y luego seguiría tan feliz con su vida, la había subestimado: en la Gare du Nord, Alice sacó una pistola y disparó contra Raymond, alcanzándole en el pecho, el riñón o la ingle (los libros también difieren en este asunto), y luego disparó contra sí misma. El incidente fue recogido por la prensa internacional; las noticias llegaron a Idina y a Joss, que se apresuraron a salir de Kenia y dirigirse a Francia, donde visitaron a Alice en el hospital de mujeres de la prisión de Saint-Lazare. Raymond se lamía las heridas en Inglaterra mientras su familia respiraba aliviada por su doble fortuna: haber escapado del matrimonio y de la muerte.

El 23 de diciembre, esta auténtica *femme fatale* fue juzgada por intento de asesinato. Alice alegó que lo que intentaba era suicidarse, pero que se había dejado llevar por el impulso. Raymond testificó que había sido un accidente. Parecía que el juez parisino también había caído bajo el hechizo de Alice: se libró con una multa mínima.

Alice volvió a Kenia, pero en marzo fue deportada, un acto maquinado por una furibunda lady Grigg. No podía soportar la muy pública aventura de Alice con Joss, por si el escándalo de la estación en Francia no hubiera sido suficiente. Con el estigma y el descrédito de ser una divorciada perversa, cuya empañada reputación no contribuía precisamente a mejorar la de la colonia, Alice se vio de vuelta en París. Uno de sus primeros visitantes desde Kenia fue Joss, de camino a Inglaterra tras la muerte de su padre. Ahora llevaba a remolque a Mary Ramsay-Hill; es de suponer que ella ya se había dado cuenta de que su nuevo amante no era del tipo fiel. Raymond, que a su vuelta en Kenia se había dedicado al alcohol y a las mujeres y se estaba quedando corto de dinero, fue otro visitante habitual. En 1932, Alice se casó con Raymond: él necesitaba su dinero y ella deseaba volver a Kenia, algo que podía hacer como casada «respetable». Lady Grigg, por fortuna, se había mudado a otra parte.

A nadie pudo sorprender que, a los tres meses, los de Trafford se separasen. Alice reanudó su vida en Happy Valley con su mascota y un perro salchicha llamado Minnie, que debieron ser una agradable compañía después de Trafford.

A finales de los años treinta, Alice se administraba drogas con una jeringuilla de plata para calmar su dolor, ya fuera emocional o físico, este último un desagradable recuerdo de su propio balazo. En Naivasha, Mary, ya esposa de Joss, era adicta a la morfina. Pero ahora estaba la influencia menos frívola de la guerra.

Cuando Erroll fue asesinado, Alice cayó bajo sospecha. Al parecer, su sirviente había encontrado un revólver en su finca, junto a un puente, bajo un montón de piedras. El coche en el que le habían disparado apestaba a Chanel N.° 5: su perfume. Por encima de todo ya había hecho prácticas en la Gare du Nord. Otro admirador masculino de Alice, Julian Lezard (conocido como Lizzie), la llevó al depósito de cadáveres, donde ella sepultó sus recuerdos eróticos. Según James Fox en *Pasiones en Kenia*, Lezard aseguró que antes de poner una ramita de árbol sobre el cuerpo de Erroll, Alice le besó en los labios, retiró la sábana, la impregnó con sus fluidos vaginales y le dijo al difunto Erroll que ahora sería suyo «para siempre». Lezard también sospechaba de Alice, y sus sospechas quedaron selladas por este incidente.

Alice no fue arrestada esta vez: se suponía que estaba en la cama con Dickie Pembroke cuando tuvo lugar el crimen. Pembroke, un joven comandante, estaba al parecer obsesionado con Diana Broughton, que lo consideraba aburrido; menos mal, teniendo en cuenta los complicados triángulos amorosos que se producían. Era evidente que a Pembroke no le importaba un revolcón con otra hembra atractiva, mientras que esa conquista podría haber divertido a Alice, que odiaba a Diana.

Alice visitaba con frecuencia a sir Jock Delves Broughton en la cárcel y le llevaba provisiones y libros. Muchos de sus amigos dijeron que nunca se recuperó de la muerte de Joss, y que esta aumentó la infelicidad que ensombreció sus últimos años. Sabemos por sus cartas que siguió visitando la tumba de Erroll hasta poco antes de morir. Entre tanto, tenía problemas de salud y tuvo que someterse a cirugía; su preciosa perrita, Minnie, estaba enferma y Dickie Pembroke había sido destinado a El Cairo.

Al final, la propia Alice hizo dormir a su perrita y luego tomó una sobredosis, pero un amigo y un médico la resucitaron. Según su amiga y vecina Pat Fisher, estaba muy deprimida y había desarrollado un preocupante interés por lo oculto.

Alice le había escrito a Pat después de su primer intento de suicidio y le había dicho: «La vida ya no vale la pena de vivirse cuando ya no te importa si te quieren o no». Le pidió a su amiga discreción, y en una carta publicada en el capítulo «Cartas desde Wenjohi», de *Pasiones en Kenia*, le dijo que era mejor que la gente pensase que sufría de depresión postoperatoria: «Es más amable para Dickie y mis hijas y mejor para ti y Flo y William». William era el doctor Boyle, su cirujano y amante, padre de Alice Percival, que había visitado Las Nubes con nosotros. Flo era su ama de llaves.

Finalmente, Alice se pegó un tiro el 27 de septiembre de 1941, tras marcar sus muebles y todas sus posesiones para distribuirlos entre sus amigos, limpiar su habitación, llenarla de flores, vestirse y hacer la cama con sus mejores sábanas, bordadas con el escudo de De Janzé. Los relatos varían: algunos dicen que su cuerpo ensangrentado lo encontró una invitada que volvía de hacer compras; mientras que otros dicen que la descubrió, aún viva, su ama de llaves. Parece ser que Alice pidió que se celebrase un cóctel junto a su tumba. Nellie Grant, una pionera que había llegado al protectorado con su marido en 1912, escribió un epitafio adecuado en una carta a su hija, Elspeth Huxley: «Alice de Trafford se pegó un tiro el otro día, con más puntería, pobre criatura, que la que demostró con Raymond en la Gare du Nord. Era muy desdichada, se bebió toda la ginebra del mundo, había tenido una operación de cirugía mayor y había perdido a su querida perrita salchicha».

La primera vez que visité la antigua casa de Alice, su oscura atmósfera me afectó. De algún modo sentí que allí había vivido un alma perdida y solitaria. Imaginé que la acosaban temores y sentimientos enterrados, quizá hasta el punto de la paranoia. Había tenido una infancia extraña, tratada como «adulta» por un padre que ha sido descrito él mismo como inestable: no podía evitar preguntarme si Alice habría sufrido abusos sexuales. También parecía probable que Alice sufriera de una enfermedad depresiva que en aquel entonces no se habría entendido, ni siquiera reconocido. ¿O estaba sacando demasiadas conclusiones sobre ella? ¿Estaba Alice simplemente aburrida de todo, decidida a abandonar el escenario con una floritura dramática?

Cuando llevé a Alice Percival a Las Nubes, me habló sobre Alice de Trafford. Mientras avanzábamos por la antigua carretera de Wanjohi y atravesábamos el río Malewa, justo antes de la actual aldea llamada Demi, de reciente construcción, Alice dijo:

—Ahí era donde vivían Noel y Tom Eaton-Evans. Me quedé allí con ellos —miró hacia la derecha, hacia unas ruinas que quizá un día habían sido edificios de granjas junto a la curva del río—. Pero no puedo ver la casa —prosiguió mientras bordeábamos rocas y simas por la carretera llena de barro—. Noel Case de nombre de soltera. Era la administradora de Alice de Trafford cuando tenía veintitantos años. Alice nunca pagaba a su personal... ni a Noel, que tenía que pagarles a todos por ella.

Le pregunté si Noel estaba por allí en el momento de la muerte de Alice.

—Sí, claro. Vino alguien corriendo a avisarla. Noel decía que Alice todavía estaba gritando dentro de la habitación, pero para cuando Noel echó la puerta abajo Alice estaba muerta.

El padre de Alice Percival, el doctor Boyle, que era según se dice un hombre extremadamente atractivo, había tenido una cabaña de pesca cerca de Ol Kalou, nos contó Alice, aunque en realidad vivía en Muthaiga. Ahora no quedaba rastro de ninguna cabaña de pesca. Es de suponer que los pescadores también se vieran expulsados por el ruido y el ajetreo de la ciudad en rápido crecimiento, cuando antaño apenas tenía una iglesia, una *duka*, una sucursal de la Asociación de Granjeros de Kenia y una oficina de correos.

Alice de Janzé tenía muchos amigos: según la biógrafa de Beryl Markham, Mary Lovell, Beryl disfrutaba de las fiestas con Alice. Las cartas publicadas de Karen Blixen muestran que a ella también le gustaba Alice, lo suficiente para invitarla a quedarse mientras ordenaba sus asuntos antes de su expulsión de Kenia. En otra ocasión, Karen disfrutó con la incomodidad de algunos de sus invitados más puritanos y reprobadores cuando Erroll se presentó «para tomar una botella» y trajo a Alice. También se decía que el 5.º barón Delamere y muchos otros amigos le tenían cariño a Alice. Luego estaba Idina: había algo desconcertante en que Alice mantuviera relaciones sexuales regulares con el hombre que Idina amaba. Igual de extraño, al parecer Idina aprobaba ese arreglo liberal con la justificación de que Alice era su «mejor amiga». En ningún libro se menciona que Idina asistiera al funeral de Alice.

Entrevisté a los antiguos vecinos de Alice. Uno me contó que Alice debía de tener a una mujer policía viviendo con ella todo el tiempo. «Ya sabe que era alcohólica y debía dinero. ¡Y mandó cultivar lirios negros especialmente para su funeral!», añadió en voz baja. Lyduska Piotto dijo: «Recuerdo a Alice; tenía una voz profunda y hablaba mucho. Adoraba a sus perros y tenía un guepardo como mascota. Tenía un loro que decía: "¡Agujero en tu culo!"».

Parecía irónico que Alice, que abandonó a sus propias hijas pequeñas en Francia por Happy Valley, ahora yaciera bajo las pisadas de muchos miles de piececitos. Escuché el ruido del Wanjohi, que burbujeaba sin ser visto bajo la tumba sin nombre de Alice. Francis Bacon comparó una vez al tiempo con un río que «nos trae cosas ligeras e hinchadas, pero deja que se hunda todo lo que pesa».

Los escolares se habían alejado y ahora solo parecían un grupo de chicos presuntuosos con uniformes deshilachados de otra talla: camisa azul, jersey carmesí y pantalones cortos para los chicos, falda carmesí para las chicas. Los dobladillos estaban harapientos y la mayoría de los uniformes parecían al menos de séptima mano. Algunos llevaban zapatos muy gastados, pero la mayoría iba a la escuela descalza. Me di cuenta de que había un niño que parecía más pálido que los otros, como si su ascendencia hubiera que buscarla en algún momento del apogeo de Happy Valley. Los demás lo empujaban como si también sospechasen algo inapropiado.

El maestro kikuyu, que llevaba una gruesa gabardina negra, nos dio la bienvenida y nos preguntó si queríamos ver la escuela. Acepté, confiada en encontrar más pistas sobre Alice acechando bajo los pupitres o tras una puerta. En la puerta de atrás de madera de la antigua administradora de Alice estaba escrito con tiza, en grandes letras, «Escuela de Happy Valley». Entre aromas del pasado, una rosa sin podar trepaba por una esquina de la oscura pared de cedro, mientras un rígido desfile de lirios blancos crecía a su lado. El resto de los edificios de la escuela —más nuevos, aulas de construcción barata hechas con piedra gris y con techos de hojalata y contraventanas de madera— estaban a un lado y ocupaban lo que un día debió de ser el jardín delantero de Alice. Alguien había plantado más recientemente margaritas y caléndulas en hileras a lo largo de los caminos y alrededor de las oficinas de la escuela.

Mientras procuraba no escocerme con las ortigas camino a la cabaña de madera construida sobre la letrina de hoyo, Solomon había conseguido un puñado de grandes ciruelas de carne amarilla de la sala de personal. ¿Habría plantado los ciruelos uno de los jardineros de Alice?, me pregunté mientras el jugo de las ciruelas resbalaba por nuestras barbillas. Nos las comimos a escondidas, como escolares traviesos y ladrones.

De pronto Solomon dijo:

—Puedo concertar un encuentro con algunos *wazee* locales que recuerden a Harris. Ellos pueden contarnos la verdadera historia.

8
RECUERDOS Y SUEÑOS DE ALICE

Solomon mantuvo su palabra. Unas semanas más tarde salimos de Gilgil a primera hora y llegamos a Happy Valley a media mañana, tras hacer un alto en la pista de tierra justo detrás de la escuela para recoger a Paulo Ngugi, un anciano que vivía en una cabaña de barro y tejado de hojalata junto al río Wanjohi, cerca de la antigua casa de Alice. Un muchacho delgado que aparentaba diez años, pero probablemente tenía unos catorce mal alimentados y llevaba un alevín de trucha clavado en un junco, nos contempló con una sonrisa radiante.

—Ya no hay muchos peces en este río —dijo Solomon con expresión sombría—. ¡Los matan demasiado rápido y no nacen otros nuevos!

Mi Land Rover se abrió camino traqueteando por una empinada carretera, con muchos baches, de la ladera sur del Kipipiri hasta una aldea llamada Kiambogo. Aparcamos junto a un cobertizo de madera. «Es el *hoteli*», anunció Solomon, tan orgulloso como si acabáramos de llegar al Hilton. El hotel tenía una habitación angosta, una pequeña ventana con postigos de madera y una puerta estrecha que miraba a la antigua casa de Alice: franjas grises de los tejados de hojalata de la Escuela de Happy Valley junto a los meandros del río. Por detrás, la vista se extendía hacia el norte sobre una meseta densamente poblada, estrechándose hasta el lago Ol Bolossat y la casa en la que se había cometido el horrible crimen de Fergusson y Bingley. El pico más alto del Kipipiri se alzaba a nuestras espaldas, con sus oscuros pliegues que aún escondían algunos rincones secretos del bosque. A nuestra derecha, el humo de enormes incendios forestales oscurecía las paredes azul malva de los Aberdares.

—Son ustedes bienvenidos —dijo un joven con una camiseta blanca de un equipo norteamericano de baloncesto. Podía ser el director del hotel, el chef o tan solo un paseante amistoso. Como nunca volvió a aparecer, nunca lo supe.

Nos agachamos para cruzar la puerta de madera y entrar en la relativa penumbra del hotel de una sola habitación, donde nos recibió un grupo de hombres muy viejos y una anciana, sentados en duros bancos bajo un techo de arpillera de plástico. Los que no estaban ciegos me observaron con mucho interés. Pedí *chai* [té] y *chapati* para todos. No había mucho más en el menú (no es que existiera lo que se llama un menú) y Solomon dijo que necesitaban comida que fuera fácil de masticar: muy cierto, porque la mayoría no tenía dientes.

—Es mejor no confundirlos con demasiadas preguntas —me explicó—. Solo les he pedido que recuerden cosas y nosotros nos limitaremos a escuchar.

Me puse a escuchar mientras los *wazee* tomaban pellizcos de rapé y hacían memoria en una mezcla de kikuyu y swahili. Yo entendía el swahili, pero Solomon tenía que hacer de intérprete para las curiosas cadencias de su lengua nativa. Ngugi habló primero. Ya estaba acostumbrado a mi aspecto pálido y extraño, porque había ido en mi coche.

—Nací hacia 1928 y era el chico de Alice. Planchaba y limpiaba la casa para Alice —nos contó—. Era una mujer muy amable; adoraba a sus perros —añadió que solía dejarle al cargo de los perros cuando iba a ver al «señor Boli» (presumiblemente el doctor Boyle)—. Un día Alice nos dio instrucciones de cavar una fosa antes de que disparase a su perro y luego a sí misma —dijo con la mayor naturalidad, como si estuviera contando cosas sobre la rutina en la cocina—. Luego muchos *wazungu* [blancos] vinieron y la enterraron. ¡Incluso dejó una nota sobre la mesa en la que decía que no se culpara a nadie! —Ngugi debía de tener unos trece años cuando Alice murió, lo que significa que debía de ser el *toto* de la cocina.

La anciana, Wanjiru, nos contó que ella recogía pelitre para Alice y la ayudaba con sus viveros.

—Era una mujer muy buena —dijo con firmeza, y lo repitió mientras los demás asentían.

Su marido, Kariuki, ahora totalmente ciego, cuidaba las vacas de Alice. Alice era muy buena con su personal, insistió la pareja: los protegía y les daba medicinas cuando estaban enfermos. La llamaban *wacheke*, que Solomon explicó que significaba «delgada» en kikuyu; a sus ojos, al menos, Alice estaba por debajo de su peso, y una mujer delgada, para un hombre kikuyu tradicional, es una mujer inútil.

—La zona aún conserva el apodo de Harris —añadió Solomon con cariño—. ¡La gente de por aquí la llama Wacheke!

Esperaba obtener anécdotas un poco menos elogiosas, pero todos los *wazee* estaban de acuerdo en que Alice era una mujer muy «buena»; quizá las palabras kiswahili *mzuri sana*, que significan «muy buena», también se perdían en la traducción.

Nuestras paredes tenían oídos. El volumen de las voces aumentó a medida que la multitud curiosa se agolpaba afuera. La única ventana y la puerta estaban cerradas a cal y canto, así que era de suponer que estaban esperando a que saliéramos para echarnos un buen vistazo a los dos, o es más probable que a mí. Mujeres blancas rubias eran una rareza aquí.

—¡La gente joven no tiene ningún respeto! —protestó el único *mzee* que hablaba inglés—. Happy Valley se ha convertido en Problem Valley —habló de la presión sobre la tierra en esta zona ahora pobre, y de cómo algunas familias seguían teniendo diez hijos. Sin esperanzas de una buena educación o perspectivas laborales, muchos jóvenes se evadían de su desdichada situación consumiendo alcohol, marihuana e incluso heroína. Nos dijo con un suspiro—: Nuestros jóvenes imitan las modas extranjeras. Se vuelen rastafaris, van a la discoteca y bailan *reggae*.

Solomon se lanzó entonces a un discurso sobre la destrucción de los bosques y la desecación de los ríos.

—Sí —convino el *mzee* que hablaba inglés—, incluso los guardabosques talan árboles para vender la madera, porque ya ve que los salarios son demasiado bajos para sobrevivir.

—Pero seguirían haciendo lo mismo, aunque los salarios fueran muy altos —dijo Solomon con tristeza—, porque el problema es simplemente la codicia y la corrupción que imperan por todas partes.

Unos pocos *wazee* aún no habían hablado.

—Él no conoce otro lugar que este —dijo Solomon mientras señalaba a un anciano que miraba con aire ausente su taza de latón. En realidad, Kabiru parecía ajeno a todo, incluida nuestra presencia.

Karihe, que no tenía ningún diente, nos dijo de pronto que él culpaba del actual aumento de la población a las chicas jóvenes sin casar.

—¡Tienen hijos demasiado jóvenes y se niegan a escuchar a sus padres!

¿Recuerdan a Harris? —dijo Solomon para animarlos a hablar—. ¿Wacheke?

Tras dedicarme una mirada vacía, como si intentase establecer alguna conexión, Kerihe asintió.

—¡Wacheke! ¡Eeeeh! Tenía un coche, pero transportaba su pelitre en carros —meneó la cabeza, luego retomó el hilo—. ¡Wacheke! Tenía como mascotas varias gacelas, tres avestruces y hasta un león. Tenía un montón de vacas —hubo un significativo silencio y luego me miro, casi de forma acusadora—. Se pegó un tiro a las cinco de la mañana y su personal llamó a la administradora en la granja vecina. La enterraron Murango, Gatitu y otro hombre. ¡Eeeeh! Les dieron una vaca a cada uno como recompensa. Se pusieron muy tristes cuando murió, porque querían mucho a Wacheke —tras hacer su contribución, Karihe se sumió en un obstinado silencio.

Pregunté por la bebida, las drogas y las fiestas salvajes. Pero los ancianos menearon la cabeza. No, Wacheke no fumaba ni bebía.

—Cerraba la puerta y se quedaba totalmente aislada de otras personas —dijo uno.

—No tenía marido, pero tenía montones de amigos blancos —añadió otro.

—No disparaba a los animales —explicó un tercero. Era muy buena con todo el mundo.

La multitud afuera se volvía a veces muy ruidosa. Entonces Solomon se asomaba y les ordenaba que se alejasen y guardasen silencio. Resultaba efectivo durante un rato. Un rayo de luz cayó sobre nuestra mesa cuando la joven que parecía estar a cargo de los asuntos de la cocina entró por la puerta de atrás. Pude ver un retazo de cielo azul sobre una pequeña parcela de trigo dorado. Un par de zapatillas húmedas se secaban sobre un poste frente a la letrina de hoyo y absorbían el olor a humo de leña que salía de la cocina. La cocina era muy sencilla: había un fuego, rodeado por varias piedras grandes con una ennegrecida *sufuria* (sartén de aluminio) en equilibrio sobre ellas. Esta estructura se protegía de los elementos con unas planchas de hojalata por tres lados y un techo bajo también de hojalata. La muchacha que trabajaba en la cocina tenía que agacharse para entrar y remover la *sufuria*. Nuestros refrigerios parecían llevar su tiempo, pero la puerta había quedado abierta, lo que ofrecía algunas esperanzas.

De vez en cuando alguien se colaba por la puerta de atrás, tratando de pasar inadvertido, pero Solomon no se dejaba engañar: lo expulsaba de inmediato. Parecía que teníamos derechos exclusivos sobre el hotel. Solo se admitió a un hombre; resultó ser el hermano mayor de Solomon, Njuguna, que podía tener unos sesenta años.

—Wacheke murió en 1940 —dijo Kariuki—. Después de su muerte, otro blanco que llamábamos Ngororo vino a vivir allí; después John Ring, de la India; luego un hombre llamado Sterling.

Un mapa topográfico de 1954, publicado por la Oficina de Guerra británica y que me permitió ver el veterano topógrafo John Vaughan, muestra la casa de Alice en el río —al lado una iglesia— no con el nombre «Ring», sino «Laing». Joan Heath, que vivió debajo de Las Nubes en los cincuenta, recordaba a «John Lang» viviendo allí. De nuevo, «Ring» era un error de la lengua kikuyu.

Kariuki se metió un enorme pellizco de rapé en una fosa nasal que ya casi parecía en carne viva. Lo aspiró con dramatismo y dijo:

—En aquellos días nos pagaban treinta chelines al mes por nuestro trabajo. A las mujeres les pagaban veinte.

—A algunos nos pagaban *quince* chelines —gruñó Ngugi—. Siguió siendo duro después del Mau Mau, pero gracias a Kenyatta nos dieron a cada uno tres hectáreas de tierra. A algunos les dieron más.

Después de dividir aquella tierra entre muchos hijos y nietos, a la mayoría no les queda ni una octava parte. La tierra, tan preciosa para su pueblo, es cada vez más escasa.

Al final, la tercera ronda de té llegó acompañada por los *chapatis*, y yo saqué la lata de mermelada que

Solomon me había sugerido que comprase en la única tienda de Captain. A pesar de su apariencia sorprendentemente escarlata y su olor sintético, un poco perfumado, fue recibida con sincera aprobación, y los ancianos guardaron silencio mientras se daban un banquete. Solomon engulló su *chapati* con mermelada mientras les contaba a los presentes que cuando era niño había descubierto en la zona cuevas llenas de huesos y calaveras humanas.

Los ancianos asintieron: conocían esas cuevas de los Mau Mau.

—Había también un viejo cedro, el cedro de Kimathi —añadió Solomon—, y la gente grababa su nombre allí... ¡Kimathi incluido!

—Happy Valley era la mejor tierra, así que nos la dieron a los kikuyu como recompensa por nuestra lucha —añadió Njuguna—. El gobierno también nos entregó materiales de construcción, fertilizante, semillas, botas de goma, *pangas* [machetes], chaquetas, vacas y dinero. Tenías que devolver esos préstamos en treinta años para obtener tu título de propiedad, ¡así que ahora la mayoría no tiene título de propiedad!

Los ancianos estaban cansados. Unos pocos empezaron a deambular por fuera y se alejaron. Karihe se había dormido y Kabiru, de algún modo, encontró la puerta y se marchó en una dirección indeterminada. «Alguien lo llevará a casa», dijo Solomon.

Tenía razón y me sentí tonta por preocuparme. Todo el mundo conocía a todo el mundo y sabían que a Kabiru lo llevaría a casa sin problema cualquiera que pasara. Aquí arriba no existía ninguna institución para los mayores, solo extensas familias que aún seguían la antigua tradición de venerar a sus ancianos y cuidarlos hasta su muerte. Tradicionalmente, cuando un anciano kikuyu estaba a punto de morir, lo sacaban de la cabaña y lo dejaban afuera para que muriese y las hienas lo devorasen. Hoy en día los enterraban, por lo general en sus propias tierras.

Habíamos estado horas en el hotel, comiendo y bebiendo montañas de deliciosos *chapatis* y té muy dulce hervido con leche, pero la cuenta ascendió en total a menos de 200 chelines (como una libra y media).

Cuando la reunión llegó a su fin natural, observé a los ancianos mientras se alejaban cojeando y me pregunté si nos habían contado cosas buenas sobre Alice de Janzé por cortesía, porque pensaron que era lo que queríamos oír; o puede que ella fuera muy discreta delante de los criados, tal como era costumbre en aquellos días. En esa época nadie tenía amigos africanos, menos aún recibía africanos en sus casas... con excepción del 3.er barón Delamere, que invitaba a los masái a su casa para hablar de ganado. Ese hábito no era plato de buen gusto para sus amigos colonos blancos, que, al ir alguna vez, afirmaban haberse encontrado guerreros semidesnudos agazapados tranquilamente en su salón. Los colonos también murmuraban a espaldas de Delamere porque toleraba los frecuentes robos de su ganado y les «pagaba demasiado».

Esa noche íbamos a quedarnos con la prima de Solomon, Jane, que vivía en una casa de piedra pequeña y sencilla pero confortable que parecía el colmo del lujo al lado de las muchas cabañas de barro del vecindario. Jane vive al lado de la vieja casa familiar de Solomon, construida en la parcela que le adjudicaron a la madre de Solomon a principios de los sesenta: todo parte de las 250 hectáreas de Alice.

El marido de Jane estaba fuera, repartiendo hortalizas en la ciudad con su camión (a juzgar por el estado de las carreteras, eso podía llevar días), pero Jane no parecía estar sola casi nunca, porque también se quedaban numerosos visitantes y parientes. En la cabaña de madera separada que hacía las veces de cocina había docenas de niños sentados alrededor del fuego. El té estaba hirviendo y un pequeño gatito pelirrojo me espiaba desde debajo de un taburete. Me dirigí a la letrina de hoyo exterior, observada por una hilera de brillantes ojos negros que encontraban cada uno mis gestos de lo más divertidos. Cuando dije «jambo» a modo de saludo, los niños se murieron de risa, incapaces de disimular tapándose la cara con las manos. Al salir de la pequeña estructura de madera que me recordaba a la cabaña voladora del Abuelo Potts en *Chitty Chitty Bang Bang*, una niña muy delgada y tranquila de unos trece años me trajo un cubo de agua caliente para lavarme. Apartaba los ojos cuando le hablaba, no respondía y tampoco se rio antes de escabullirse con nerviosa deferencia. A menudo, en las familias kenianas muy pobres, se envía a una niña con parientes para que trabaje a cambio de comida y alojamiento básico. Es un arreglo susceptible de todo tipo de abusos.

Esa tarde, Solomon y yo fuimos a caminar por una loma que Solomon llamó «el paso elevado», por un sendero entre empinados campos de cultivo. Miramos abajo, a través de los campos de judías, patatas y maíz, hacia la antigua casa de Alice.

—Estamos en el lugar en el que Harris encontró sus cachorros de león —dijo Solomon—. ¡Recuerdo esta zona con mucho bosque y muchos animales! —añadió con tristeza.

Numerosos caminantes se detenían a saludarnos y estrecharnos las manos. Todos estaban asombrados de ver a una mujer blanca en la zona, así que Solomon disfrutaba alargando las explicaciones. Yo estaba en mi propio mundo, contemplando hacia el este una extensa y espectacular vista que había cambiado de forma dramática a lo largo de cuarenta años. Pero muy pronto la pantalla de humo de los Aberdares en llamas borró la mayoría de los detalles.

En el camino de vuelta, tras subir por otra pista de tierra, nos dirigimos a la parcela que poseía el hermano de Solomon, Njuguna. «Yo nací ahí, justo en esa *shamba*, en 1959», dijo Solomon extendiendo la mano hacia el campo de judías. Recorrimos un sendero, tratando de ignorar otro trasfondo de bosques en llamas en Kipipiri. Solomon señaló un momento el lugar en el que su cabaña había ardido hasta los cimientos; luego volvió su atención a los extensos fuegos que borraban en silencio nuestra vista de las montañas. Mientras nos reuníamos con un susurrante enjambre de moscas y más parientes de Solomon en la sencilla casa de barro de Njuguna, con su suelo de tierra y sus paredes empapeladas de periódicos viejos, me maravillé ante la evidente y asombrosa capacidad de Solomon para dejar el pasado atrás.

Esa noche, en casa de la prima de Solomon, Jane, nos cebaron generosamente con *irio* y estofado de cordero. Luego, los dos chicos jóvenes que parecían vivir allí también, aunque no eran hijos de Jane, se pelearon con sus deberes a la tenue luz de una lámpara solar. La noche era fría y, tras la visita del borracho local para ver un partido de fútbol en la televisión alimentada por energía solar, me sentí feliz de enrollarme en una colcha en el cuarto que me habían asignado. Me preocupaba estar ocupando el sitio de alguien y tuve la certeza de que la familia había sacrificado a un cordero para agasajarnos, pero en la Kenia rural —y desde luego en Happy Valley— la hospitalidad incondicional es la norma. Estoy segura de que, allá por los años veinte, la hospitalidad de Idina y de Alice no conocía límites, pero bien podían permitírselo.

Fue una noche ruidosa, por culpa del reloj con forma de corazón que se encontraba afuera, junto a la puerta de mi habitación: daba las horas con un lamento desgarrador y cada nota resonaba llena de angustia, seguida por un repique que recordaba a un gato siendo ensartado. Dio las diez a la una de la madrugada y continuó toda la noche hasta que me aulló como catorce veces. Desistí de dormir y me senté en la cama.

El cristal de la ventana brillaba y parpadeaba con un color naranja: podía ver las líneas dentadas de los incendios forestales mientras danzaban a lo largo de los Aberdares, algunos volviéndose hacia sí mismos, formando furibundos anillos rojos y ardiendo con furia contra la oscura masa montañosa. Imaginé a las muchas criaturas que huirían de las llamas presa del terror.

A las seis de la mañana, el jubiloso reloj explotó en un sonido que era una combinación de grito, aullido y lamento... quince veces. Solomon tampoco había dormido mucho, me dijo mientras acunábamos en las manos nuestras tazas de latón de té humeante en el cristalino amanecer y respirábamos el humo de las montañas en llamas.

—Tuve muchas conversaciones durante toda la noche y no pude descansar porque no paraba de pensar en ellas —explicó.

—¿Conversaciones? —pregunté suponiendo que se había sentado a arreglar el mundo con sus parientes.

—Sueños —dijo sombrío—, con gente muerta. Pero no estaba dormido —salí, algo envarada, al sol matinal, demasiado cansada para oír sus sueños.

Cambié el tema a los incendios forestales y ambos volvimos la cabeza hacia el cielo del este con sus tenues e inocentes espirales de humo, señal de fatalidad cuando los vientos matinales empezaron a soplar alrededor de estas montañas.

II

JUEGO SUCIO Y ASESINATO

9
EN EL CORAZÓN DEL VALLE

En su autobiografía, Solomon recuerda con nostalgia la espesura del bosque que rodeaba la sencilla cabaña de una sola habitación en la que creció, justo por encima del antiguo hogar de Alice. Fue allí donde nació su amor por los monos colobos: «Yo los miraba fascinado y solía pensar en ellos como otra tribu de gente que vivía en el bosque. Trataba de escuchar lo que se decían unos a otros».

El interés de Solomon por los animales, los pájaros, los insectos y las plantas convenció a los suyos de que estaba loco. Su madre, segura de que estaba poseído por un espíritu malvado, envió a su hijo más joven a vivir con unos parientes, a varios kilómetros de casa. Primero vivió con una abuela senil, y luego con una tía cruel que por las noches solía usar el suelo de la cabaña como váter y obligaba a Solomon a limpiarlo después con las manos.

Solomon, el inconformista, se negó a aceptar ese destino. Hambriento y flaco, pero no acobardado, se escapó y se coló en un *matatu* que se dirigía a Rift Valley. Cuando lo descubrieron, sin dinero para pagar el billete, lo echaron en la ciudad agrícola de Nakuru, más cerca de casa, pero todavía demasiado lejos para ir a pie. El joven Solomon mendigó durante un tiempo, y cuando los *memsahibs* blancos que hacían su compra semanal no le daban unos pocos chelines ni los tenderos indios tenían unas sobras para arrojarle, robaba comida de los puestos. Sobrevivir era arriesgado: estaba muy abajo en el escalafón de los niños callejeros, a los que la policía detenía y se llevaba con regularidad, algunos para no volver a ser vistos. Un día cogieron a Solomon, lo arrojaron sin miramientos a la parte trasera de un furgón policial, y luego lo encerraron en una celda maloliente con tantos chicos y adultos más que solo se podía estar de pie.

Por sus «crímenes» lo golpearon a conciencia antes de arrojarlo de nuevo entre los criminales.

Pequeño, flaco, astuto y afortunado, Solomon consiguió escapar y corrió como el viento hasta la carretera principal más cercana, que resultó ser la que llevaba a Gilgil. Un *matatu* se detuvo, y un hombre, que se apiadó del extraño muchachito de ojos desorbitados, le pagó el billete a Gilgil y luego le dio suficiente dinero para que pudiera seguir su viaje de Gilgil a Wanjohi. Así volvió Solomon a casa, tras hacer los últimos kilómetros a pie. Escribe con orgullo que el regreso a Happy Valley del «niño perdido» fue anunciado incluso en la radio local. Por suerte, su madre pareció aliviada de verlo de nuevo.

La fama local de Solomon lo animó a perseguir sus sueños: en la escuela primaria sus actividades de plantación de árboles crecieron hasta convertirse en un club medioambiental. Para cuando terminó la educación primaria, Solomon se había ganado el respeto de un profesor bondadoso que decidió que valía la pena patrocinarle. En Kenia no existe la educación secundaria gratuita, así que Solomon fue uno de los pocos afortunados que pudo asistir a un internado, donde trabajó duro con la esperanza de labrarse un futuro brillante. Pero, tras acabar la escuela, como muchos otros jóvenes kenianos, entonces y hoy, sus esperanzas de sufragarse estudios superiores o incluso de encontrar empleo eran muy pocas. Así que Solomon puso en marcha sus grupos de jóvenes voluntarios para la conservación y proyectos de viveros, y fue poco a poco ganando seguidores entre los jóvenes desempleados.

Para Solomon, nuestros viajes eran una buena oportunidad para revisar sus viveros de árboles por todo Happy Valley, y para averiguar cuántos monos colobos más habían atrapado, matado o perseguido. Dijo que ser visto en un vehículo, aunque fuera uno viejo y sucio, le proporcionaba un extra de credibilidad. En cuanto a mí, cada vez era más consciente de los problemas de conservación de la zona, junto con la historia de los colonos que un día habían ocupado fugazmente esta conflictiva región.

En uno de nuestros primeros safaris por Happy Valley nos detuvimos junto a un revoltijo de puestos a un lado de la carretera, con carteles siempre innovadores: desde el hotel Londres hasta la tienda de la Alegría. Mientras Solomon iba en busca de uno de sus ayudantes amigos de los colobos, vi a una gallina que entraba con la mayor despreocupación en un bar. La echó a patadas un borracho que salió, aunque tan borracho como para verme, cruzar la carretera y desplomarse sobre el capó de mi Land Rover y ponerse a transmitir a quien quisiera escucharle sus problemas económicos y las dificultades de criar a siete hijos.

—La maldad blanca se ha convertido en la maldad negra —protestó Solomon mientras se materializaba en el asiento del pasajero, tras haber retirado al borracho, que había empezado a golpearse la cabeza contra el capó.

Por el retrovisor, podía ver el humo de los fuegos descuidados de las carboneras, que los dejaban extenderse y devorar hasta lo más hondo del bosque, destruyendo más árboles y expulsando a las criaturas salvajes.

—Pero podemos regresar pronto —dijo Solomon— a la casa de los vecinos de Harris, Mary Miller y el comandante Bogosta. Su casa es muy antigua.

—¿Bogosta? —pregunté asombrada.

Solomon lo escribió: «Bockostone».

—¡Ah, Buxton! —dije.

Geoffrey Buxton fue el primer colono en Happy Valley, antes del Mau Mau y de ambas guerras, antes de Idina y de Joss. Según alguien misterioso que una vez vivió allí y dibujó con mano temblorosa un mapa que luego envió a un amigo de un amigo que hace poco me lo envío a mí, la granja Satimma [sic] del comandante G. Buxton tenía 1000 hectáreas. Más allá, en dirección norte hacia Ol Bolossat, siguiendo el borde de la Reserva Forestal de los Aberdares, se encontraba la granja Airdrie de David Leslie-Melville, de 2000 hectáreas, y lindando con ambas estaba la granja Ketai, la cual, anotaba el artista, había sido «comprada en 1927 a Hamilton, Harrison y Matthews, abogados, antes propiedad de Charles Gordon». Había sido el segundo marido de Idina, con el cual huyó a Kenia de rebote de su primer matrimonio. Luego, aun en dirección norte, estaba Rayetta, la granja de Delap, y más allá Slains. Esta zona, entonces, podría haber sido el hogar inicial de Idina en Happy Valley. Entre tanto, al otro lado de la granja de Buxton, hacia el bosque de Kipipiri, el mapa marcaba la granja Wanjohi de Alice de Trafford, que era de 250 hectáreas. Aparte del hecho de que el mapa está al revés si se colocan los polos en su sitio, los ríos eran los correctos y los nombres concordaban con mi investigación.

Nuestro siguiente safari nos llevó al corazón del valle para visitar las casas de los antiguos vecinos de Alice. Era la estación seca y la pedregosa carretera de Ol Kalou a Wanjohi estaba flanqueada por tierra llana y polvorienta de color *beige*, con espinas de hierba entremezcladas con los brotes rojo anaranjados de las robustas plantas de aloe. La masa azul de los Aberdares corría a nuestra izquierda. Avanzábamos entre el polvo muy despacio y con mucha dificultad, lo que nos dejaba mucho tiempo para distinguir un trozo de un viejo tejado o un muro o un repentino destello de color de algún arbusto o árbol exótico en floración ocultos tras las hileras de árboles no autóctonos de crecimiento rápido. Este era un safari planeado para durar varios días, así que no teníamos prisa.

Nos detuvimos ante una casa de paredes grises y tejado rojo, construido al estilo holandés del Cabo: la única casa superviviente que habíamos visto a la derecha. El hombre que vivía allí, dijo Solomon, «¡trataba a latigazos a su gente!».

—Un hombre muy cruel —explicó Bubbles Delap más tarde—. Tenía la costumbre de golpear a su personal —ella iba a menudo a verle a caballo (era una distancia de varias horas, pero a la joven Bubbles seguramente la entretenía)—. Siempre se mostraba muy agradable y me invitaba a tomar el té. Su mujer se apresuraba a esconderse en la cocina —explicó—. Pero un día él me dijo que no volviera por allí a menos que me invitaran. ¡No tramaba nada bueno!

Unos meses antes de que izaran la bandera de la Kenia independiente la medianoche del 12 de diciembre de 1963, J. M. Kruger, de Ol Kalou, escribió al *East African Standard* para quejarse del aumento de los delitos violentos, y concluía que no tenía solución porque en la región había demasiada gente desempleada, hambrienta y sin tierra que estaba esperando el regalo gratuito de la tierra prometida. Kruger terminaba así su carta: «En estas circunstancias, algunos de nosotros hemos decidido vender nuestros activos y abandonar el país antes de la independencia». Es de suponer que Kruger se uniera a los muchos granjeros bóer desilusionados que volvían a Sudáfrica, siguiendo a la inversa los pasos de sus ancestros, poco más de medio siglo después de que hubieran llegado para ganarse la vida en tierras nuevas. Estos hombres fanáticos no estaban preparados para vivir bajo el dominio negro.

Un paseo de jacarandas con aspecto de haber sido podadas conducía a la antigua casa de Kruger. El lugar parecía inquietantemente deshabitado mientras deambulábamos alrededor del estanque vacío y seco, y pasábamos junto a un seto de cipreses cubierto de maleza para rodear la casa y llegar a los demás edificios anexos, uno de los cuales había sido la cocina exterior. Había una puerta cerrada y un cartel que decía que era la Oficina de Distribución de Tierras. Los cristales de las ventanas estaban pintados de blanco, algunas selladas con periódicos desde el interior, lo que hacía imposible mirar dentro, aunque una ventana rota reveló una pila de archivos cubiertos de polvo y telarañas. Aunque era día de semana, el silencio lo invadía todo, como si la casa hubiera encontrado por fin la paz y simplemente se hubiera quedado congelada en esa dicha para siempre.

—¿Dónde está la gente que trabaja aquí? —le pregunté a Solomon, que sonrió con benevolencia como si hubiera hecho una pregunta estúpida.

Cuando nuestro coche se negó a arrancar, apareció de pronto un hombre, frotándose los ojos soñolientos.

—Soy el funcionario de distribución de tierras —anunció sin entusiasmo, aunque lo más seguro era que no tuviéramos pinta de pedirle que buscara nuestro expediente. Llevaba allí tres años, añadió, como si fuera una excusa para su agotamiento. Le explicamos lo que sucedía con el coche y le pedimos ayuda para empujarlo hasta que arrancase. Tras un vistazo desesperado al vacío que le rodeaba y comprobar que no había otra ayuda a mano, el hombre contempló el pesado Land Rover con aire de cansancio.

—Solo será un empujoncito de nada —dije para animarlo.

Me equivoqué, por supuesto, y, cuando dejábamos atrás al hombre, que parecía preferir quedarse dormido bajo una de las jacarandas a tener que recorrer a pie la distancia hasta la oficina, Solomon dijo:

—¡Solo se queda aquí para descansar!

Seguimos respirando polvo hasta llegar a otra casa a la izquierda que Solomon dijo que era «la casa de Gillett». Eso coincidía con el mapa topográfico de 1954, que difería de la versión dibujada a mano en mostrar los nombres de colonos más recientes. John y David Gillett eran dos hermanos sobre los cuales las historias variaban. «Solían ir a visitar a Idina», dijo Bubbles. Pero Joan Heath, que residía en los cincuenta en Kipipiri, me dijo que «John y David Gillett no eran muy sociables. Los veíamos alguna vez en Ol Kalou».

El *Up-Country Directory* me reveló que el comandante David Weham Gillett se casó con Myra, estuvo en Ol Kalou en 1948 y fue el segundo al mando en el Regimiento de Kenia, después de estar en los Fusileros Africanos del Rey de 1939 a 1946. Su hermano, el capitán John Stuart, se casó con Moerag. Ian Parker anotó en *The Last Colonial Regiment* que David Gillett terminó su servicio de guerra en los grados superiores y se reincorporó al Regimiento de Kenia como soldado raso, aunque fue ascendido de inmediato.

La casa de piedra de Gillett, con un tejado de hojalata verde cubierto de musgo y varios edificios anexos, se construyó en un cordón de tierra en forma de lengua, rodeado por un meandro del río casi circular. El lugar parecía desierto hasta que una bandada de niños descalzos con jerséis harapientos surgió al otro lado de las puertas y trepó por la verja para vernos mejor. No hablaban inglés, salvo por una palabra: «¡Dulces!», canturrearon mientras extendían sus manos sucias. Pude encontrar en el coche un manoseado medio paquete de caramelos de menta antes de partir.

Un poco más allá por la carretera, Solomon me dio instrucciones de volver a girar a la izquierda. «Hasta una casa grande», prometió. «Era la casa de Gibb».

El teniente coronel Alistair Monteith Gibb era hijo de un ingeniero escocés, el brigadier general sir Alexander Gibb, fundador en 1922 de la consultoría británica de ingeniería sir Alexander Gibb & Asociados. Entre sus muchos diseños estuvo el puente Kincardine a través del fiordo de Forth. En 1927, Alistair se casó con Rosemary, hija del conde de Lovelace; se divorciaron en 1940, después de lo cual se casó con la Honorable Daisy Yoskyl Consuelo Pearson, hija del 2.º vizconde de Cowdray (cuya madre era una Spencer-Churchill) en 1944.

Alexander Gibb era tío abuelo de la actual lady Delamere. Lord Delamere me informó más delante de que Alistair Gibb era pelirrojo, por lo cual la mitad de los niños de Happy Valley en aquella época nacieron pelirrojos. «Los domingos había intercambio de maridos», dijo. «Las mujeres se quedaban en casa y los hombres cambiaban de esposa». Lady Delamere se echó a reír: «Oh, bueno...». Los hermanos Rooken-Smith, antiguos vecinos, me contaron más adelante que John Gillett había administrado la granja de Gibb. El propio Alistair Gill, cuando estaba por allí, apoyaba con generosidad el incipiente club de polo de Ol Kalou, del que fue presidente (Joss había sido un gran jugador de polo, tras iniciar la actividad en un campo bastante árido en Slains en los años veinte). Irónicamente, murió en un accidente de polo en Gran Bretaña en 1955. La imponente casa era visible desde cierta distancia mientras nos acercábamos por un paseo largo y recto. Al aproximarnos más, pude ver que el edificio de piedra con un tejado inclinado de tablillas aún parecía razonablemente intacto para los estándares de Happy Valley. Por detrás, los Aberdares se alzaban muy cerca, con algunas cuevas a la izquierda, a medio camino, en las que el Mau Mau se había escondido alguna vez y en las que antes de eso, según Solomon, los vecinos de Happy Valley iban a beber y comer alrededor de espléndidos fuegos, con una flota de obedientes criados que cargaban con su comida de *gourmet* por los empinados senderos.

El riachuelo que entonces brotaba en los Aberdares y que fluía a borbotones para suministrar agua a la casa se había secado, dijo Solomon. Sin embargo, añadió, a pesar de ese suministro de agua fresca de montaña, un antiguo empleado de Gibb le había contado que el caballero inglés insistía en traer agua embotellada. Contemplé a nuestras espaldas la hendidura en la pared de la montaña y me la imaginé mucho tiempo atrás, brumosa por el rocío de las cascadas que caían. Ahora la garganta estaba seca y escaseaba la vegetación.

Aparcamos enfrente, sobre la terraza más baja de lo que un día debió de ser una vasta extensión de verde césped, inclinado hacia el dique y con una amplia vista. Un viejo árbol repollo crecía frente a la casa, pero, por lo demás, quedaba poco jardín. «Los colobos adoran este árbol», dijo Solomon. A diferencia del grupo de eucaliptos de la parte de atrás, que, se quejó, absorbían toda el agua tan valiosa e impedían que crecieran las plantas autóctonas.

Rodeamos la casa, pasando ante una escalera semicircular en la puerta trasera y las dependencias tapiadas del personal. Contamos cinco chimeneas. Había enjambres de abejas en el tejado. Seguí a Solomon a través de una puerta lateral abierta, incapaz de sacudirme la sensación de que era una invasora, y seguimos por un pasillo largo y oscuro con puertas cerradas a intervalos regulares. Al fondo del pasillo había un montón de carbón vegetal. Había plumas de gallina por todas partes; o había habido una pelea de gallos, como parecía, o habían matado a un pollo allí. Una alpargata vieja tirada en mitad del pasillo, como si la hubiera perdido una figura fantasmal al huir de algo. Aun así, todo el lugar parecía extraordinariamente vacío, incluso de atmósfera. Era como si lo hubieran construido y nadie hubiera vivido nunca allí.

Salimos otra vez al sol y nos dirigimos a la puerta principal, que miraba al oeste y hacia la distante cordillera azul que era el extremo más alejado de Rift Valley. Había un letrero en la puerta: «Oficina del Jefe Adjunto». Otro refugio para la apatía, al parecer.

Se había acercado un vecino, que nos dijo que la antigua casa era ahora parte de una escuela secundaria. Era periodo lectivo y el silencio tras las puertas cerradas resultaba patente. ¿Acaso los alumnos habían hecho voto de silencio? En respuesta a mi confusión, el director en persona apareció desde detrás de una pared y se presentó como Ngugi.

—¿Esto es de verdad una escuela? —no pude evitar preguntar.

—Sí, pero ya no se utiliza —nos dijo—. No hay dinero para renovarla, pero si encontramos dinero lo más probable es que la usemos como dormitorios para las chicas —me miró esperanzado, pero yo no veía la necesidad de renovar nada, solo de barrer y fregar, lo que tendría coste cero. No podía ayudarnos con ninguna información incitante, pero recalcó que éramos bienvenidos si queríamos volver a visitar la casa alguna vez y traer amigos, si eran ricos mejor, para ayudar con los fondos requeridos.

Continuamos por la carretera, pasamos junto a la hendidura que un día había sido la cascada que caía por encima de Slains y el bosque profanado que se extendía sobre Rayetta, y llegamos a las crestas del Kipipiri, que se alzaban a nuestra derecha. En sus laderas septentrionales, un pequeño altozano nos mostraba la situación de la antigua granja de Alice de Janzé, que allá en los años veinte y treinta se extendía sobre los bosques de la carta norte del Kipipiri. Ahora ese territorio mostraba un confuso batiburrillo de tejados de metal, estridentes bajo la luz del sol. Estábamos penetrando en el extremo superior del valle de Wanjohi, con sus pendientes amuralladas.

Hoy en día, el pueblo de Wanjohi, esa ruidosa adherencia en el valle, descansa entre las laderas del extremo norte del Kipipiri y la larga y protectora pared de los Aberdares. Este enclave verde, atrapado por montañas por los dos lados, es el único y auténtico valle, aunque, por supuesto, ninguna de las casquivanas mujeres originales de moralidad relajada vivieron realmente en él. Mientras me preguntaba qué adjetivo les correspondía a los hombres de similar moralidad, las sombras de las montañas circundantes cayeron sobre nosotros. Era temprano, pero el valle ya había perdido el sol. Solomon subió la ventanilla mientras yo me estremecía y buscaba mi jersey. Entramos en Wanjohi, con sus descuidadas tiendas de piedra, sus carnicerías que olían a carne de la semana pasada, los montones de ropa de segunda mano a la venta a los lados de la carretera y las verduras apiladas en improvisados estantes sobre palos en los puestos abiertos. La única señal de prosperidad era una iglesia católica con un campanario metálico y una vidriera bastante modesta (para los católicos).

—La construyeron cuando yo estaba en segundo curso —anunció Solomon, que seguía mi mirada—. Yo tenía diez años y era en 1971 —Solomon me había dicho que había nacido en 1959, así que era obvio que estaba haciendo mal la suma—. ¿Ves esos grandes árboles allí? —señaló a la derecha, ahora mucho más emocionado—. Esa era mi escuela y esos son los árboles que planté al mismo tiempo que levantaban esa iglesia. ¡Ahora mis árboles son más altos que la iglesia!

Resultaba sorprendente la forma en que Solomon podía hablar de su infancia y juventud con aquel entusiasmo. Las cosas habían mejorado algo al cumplir los veinte años; su madre, que ya estaba enferma, había suavizado su actitud hacia su hijo más joven, aunque siempre le advertía que bajara la cabeza. Pero cuando murió, Solomon se quedó a merced de sus hermanos, cuyo desprecio hacia él no había disminuido con los años. Durante uno de sus muchos safaris a pie a través de la región de Happy Valley, Solomon había conocido a Esther. Cuando aceptó ser su esposa, la llevó a casa, pero sus hermanos se opusieron a la relación y se negaron a aceptarla en la familia, en parte porque no estaba circuncidada.

Solomon y Esther se construyeron una pequeña cabaña en la linde de las tierras de su familia, donde siempre tenían que vigilarse las espaldas. Esther dio a luz a sus dos primeros hijos, ambas niñas, y cultivaron una pequeña parcela para alimentarse, mientras Solomon buscaba trabajo temporal en los campos de té de las colinas Nandi, en el oeste de Kenia. Mucha gente en Kenia deja sus casas y sus familias para trabajar en las ciudades o en grandes granjas, y mandan dinero a casa. Ahora Solomon podía enviarle a Esther su salario mensual, por pequeño que fuese, así que al menos ella tenía algo de dinero para lujos como té y azúcar, o por si alguna de las niñas caía enferma.

Solomon fue despedido de su trabajo después de que denunciara la quema ilegal de carbón que destruía a diario el bosque cercano. Tuvo suerte de encontrar otro trabajo y aún más suerte cuando sus constantes quejas acerca de la destrucción de la selva llegaron a oídos de un administrador expatriado. El hombre escuchó a Solomon, lo acogió bajo su protección, lo ascendió y creó un nuevo puesto para él: poner en marcha viveros con el objetivo de replantar los diezmados bosques de la zona que un día rodeaban las plantaciones de té. Solomon estaba extasiado por poder al fin embarcarse en una carrera medioambiental, además de disponer de más dinero para enviar a casa. Pero su suerte duró poco. Estallaron enfrentamientos tribales en la región, acompañados de asesinatos violentos, pillaje e incendios. El amigo expatriado de Solomon regresó al Reino Unido. Solomon trató de continuar con su tarea de plantación de árboles, pero sin el apoyo de su amigo pronto descubrió que no había dinero para proyectos de conservación «carentes de interés». Fue por entonces cuando Solomon recibió la cruel noticia de que habían quemado su cabaña y expulsado a su mujer y a sus hijos de su hogar.

Solomon me señaló dónde había estado su casa, en las laderas más bajas del Kipipiri, por encima de la antigua granja de Alice. Seguimos conduciendo y pasamos el río Wanjohi, que corre a través del pueblo, con sus prístinas aguas manchadas por un batiburrillo de basura plástica. A la izquierda estaba la carretera que subía a la casa de los Delap, atravesando primero el río. Seguimos adelante, porque Solomon quería enseñarme «una casa histórica». Justo después de cruzar el puente, a la derecha, una inhóspita ruina de ladrillos, desprovista de tejado, ventanas y puertas, se alzaba en mitad de un descuidado campo de hierba verde detrás de una cerca rota. Alguna vez debió ser una imponente mansión de dos plantas, y, a juzgar por el mapa dibujado a mano, tenía que haber sido parte de la granja Ketai de Charles Gordon.

—¿Alguna idea de a quién perteneció? —le pregunté a Solomon mientras contemplábamos las ruinas.

—Era la casa de alguien llamado Davis —Solomon solo la había conocido a principios de los sesenta—. Más adelante mi madre traía aquí su pelitre. Por entonces estaba la oficina de la junta de asentamiento. ¡Ahora se la han apropiado!

Volvimos a Wanjohi, torcimos a la izquierda y luego otra vez a la izquierda, hasta el hospital de Wanjohi. Una amiga de Solomon, Suzanne, voluntaria canadiense que investigaba el sida, estaba allí de forma temporal.

—A Suzanne le gustan mucho los monos colobos —se entusiasmó Solomon—, y me echa una mano.

Suzanne ya se había marchado, pero había dicho que podíamos quedarnos en su casa.

—Es una bonita casa —sonrió Solomon—. ¡Incluso tiene un lavabo con cisterna!

El hospital, relativamente nuevo, se encontraba entre dos ríos, uno de ellos seco. Hierba verde, llena de basura, rodeaba las amplias dependencias del personal, casi vacías. En una hilera a lo largo de un lado del hospital, se alzaban en posición de firmes unos rígidos lirios blancos. Recorrimos los largos pasillos abiertos que comunicaban los pabellones vacíos. De los árboles alineados a orillas del río llegaba un aroma a eucaliptos y pinos, pero no se notaba ningún olor a desinfectante, cloroformo o incluso comida de hospital. A través de una ventana pude ver una cama vacía con un raíl de cortina a su alrededor, pero sin cortina Aparte de un póster de un proyecto del Banco Mundial sobre enfermedades de transmisión sexual, no había ningún signo de vida... ni de muerte.

En algún lugar debajo de todo aquello, dijo Solomon, se encontraban los cimientos de la antigua casa de un granjero blanco que los locales llamaban *Murefu*, que significa «alto». Un anciano con el que hablamos dijo que «Ceaserone» había vivido allí: ¿sería el conde Cesaroni de Lyduska? El mapa de 1954 (que deletreaba mal o simplemente ignoraba del todo nombres de personas y granjas, pero que es de suponer que un día ayudó a las tropas británicas a discernir dónde estaba cada cosa durante el Mau Mau) señalaba la vivienda junto al río Wanjohi como «Turner, al lado de "Case"».

Pregunté a todo el mundo, pero nadie había oído hablar de ningún Turner que viviera en el valle del Wanhoji. Al final, Bubbles Delap llegó con la respuesta de forma inesperada:

—Oh, sí, los Turner se marcharon a Inglaterra —dijo—, así que arrendamos su granja. Se llamaba granja Flau —lo deletreó, por si acaso yo lo había deletreado mal, lo cual era cierto—. Estaba justo en el río; solíamos nadar allí. ¡Recuerdo una vez a un búfalo bañándose! Cultivábamos narcisos...

Otra de las amigas de Solomon amante de los colobos me fue presentada como Mama John, que usaba el nombre de su hijo mayor. Esto es habitual en Kenia: yo he crecido acostumbrada a que me llamaran Mama Michael. Mama John vivía al lado de Suzanne en otra de las muchas casas de personal del hospital, construido en lo que se supone que fue parte de la casa de los Turner y luego jardín de los Delap. A juzgar por el mapa dibujado a mano, más antiguo, estábamos en un terreno que había sido de Charles Gordon antes de la segunda ola de colonos posteriores a la Segunda Guerra Mundial, que llegaron para probar suerte en granjas más pequeñas, reducidas respecto al plan original de soldados-colonos.

El marido de Mama John era médico, contratado por el gobierno, pero se había ido a trabajar en otra parte, porque el hospital carecía de equipamiento, incluso de medicinas. El mismísimo John, su hijo mayor, de unos tres años, iba vestido de forma adecuada para el frío, con gorro de lana y anorak. Saltó a mi regazo con una deslumbrante sonrisa y dijo: «¡Kendal!».

—Kendal era una voluntaria de América que estuvo aquí hace un tiempo —explicó Solomon—, ¡y para nosotros todos los blancos se parecen!

—A todos nos gustaba Kendal —dijo Mama John desde la cocina.

—¿Por qué no hay medicinas en este hospital? —le pregunté a Mama John cuando volvió con unas tazas de latón llenas de dulce y humeante té.

Se encogió de hombros.

—Pero ¿qué hace la gente cuando enferma? —insistí.

—Encontrar medicinas es cuestión de *bahati* [suerte] —replicó—. La gente tiene que ir a las clínicas privadas. Allí es a donde mi marido se ha ido a trabajar.

El médico llegó más tarde. Explicó que el hospital lo había construido una organización misionera católica, y luego se lo habían cedido al gobierno.

—Pero ¿cómo podemos trabajar aquí si el gobierno no proporciona dinero ni equipamiento? —preguntó.

John me estaba enseñando su cuaderno de ejercicios, que había sacado de su mochila escolar. Alguien había escrito el alfabeto en letras mayúsculas, y él había garabateado sus propios dibujos debajo de cada letra.

—Kendal —repitió muy contento.

El médico me contó que Kendal y su marido, ambos del Servicio Voluntario, habían sido deportados por molestar a algún pez gordo que estaba vendiendo de forma ilegal madera en peligro de extinción del bosque «protegido». Historias como esa son tan comunes en Kenia que uno suele pasar por alto los detalles.

El agua caliente (para lavarnos, explicó Mama John) se calentaba afuera en un *jiko*, una pequeña estufa alimentada con carbón vegetal, y entre tanto nos sirvieron unas deliciosas tortillas amarillas hechas con huevos puestos por unas amistosas gallinas que deambulaban por la cocina. La casa de Mama John resultaba lujosa en comparación con la mayoría de las casas rurales de Happy Valley; sus muros de piedra contenían varias habitaciones, aunque muy pequeñas. En el angosto salón se amontonaban una cama, dos sofás, dos mesas bajas con fundas de ganchillo color rosa chillón, una cómoda brillante y muy moderna, y una máquina de coser. Las paredes lucían un ostentoso reloj, todo pintado de oro y rosas, y varios calendarios atrasados con escenas muy europeas: tulipanes y molinos de viento, ponis de New Forest y los Alpes.

Afuera, la hierba estaba salpicada de hojas de eucalipto y basura plástica.

—Esos eucaliptos los plantó Case —dijo Solomon señalando los gigantes de treinta metros, que mudaban en silencio sus hojas aromáticas a nuestro alrededor—. Recuerdo que aquí había una presa muy grande cuando era niño. Entonces había muchos pájaros.

La húmeda oscuridad descendió como una pesada colcha; desde los Aberdares soplaba un aire frío que nos pilló desprevenidos. Era hora de ir a acostarse en casa de Suzanne, donde había interruptores de la luz pero no electricidad.

—Antes había un generador, pero lo robaron —dijo Mama John mientras encendía una vela. En el hospital se veían algunas luces muy débiles. El pabellón de maternidad, explicó. Me consolé al pensar que, como las mujeres kenianas tienen tanta práctica en tener (y dar a luz) bebés, era de suponer que la falta de luz y de médicos no supondría un gran problema.

Las luces del pueblo de Wanjohi ya se habían encendido; la estrella vespertina estaba suspendida en el cielo como si fuera a guiar a los reyes magos. Se oían voces lejanas y en algún lugar ladró un perro. Agotados por el largo día en las duras carreteras, dormimos muy bien, agradecidos de disponer de un baño adecuado e incluso una ducha... con agua corriente fría. Preferí lavarme con el agua caliente que Mama John había calentado en una *sufuria*.

Mama John nos preparó más té dulce a la mañana siguiente. Yo me tomé el mío afuera, bebiendo bajo la tonificante brisa mientras me preguntaba si Idina habría estado en aquel mismo lugar cuando llegó a África por primera vez, una esposa joven por segunda vez, con sus dos pequeños hijos en Inglaterra. ¿Cómo se habría sentido ella en medio de la vertiginosa euforia de encontrarse en un valle precioso, virgen, en las tierras altas de Kenia?

10
EL PRIMERO Y EL MALDITO

Después de muchos adioses y la decepción en la cara de John al vernos partir tan pronto, como Kendal, condujimos pasando un camino a la izquierda donde Solomon señaló la casa recién construida que se escondía tras el seto de un elevado manzano kei.

—Esa era la casa de W. H. Case. Ahora solo queda la antigua chimenea.

En Kenia la gente suele tener letreros en sus puertas, por lo general con sus iniciales y apellidos, lo que explicaría por qué Solomon recordaba el nombre y las iniciales de sus días de infancia. Había algo ligeramente desconcertante en el lugar.

—Está maldito —dijo Solomon cuando lo dejamos atrás—. Toda la familia ha muerto, ¡y los que quedan están locos!

—¿Locos? —pregunté.

—¡Sííí! ¿Ve aquello? —Solomon señaló una borrosa figura en la carretera, delante de nosotros, que se zambulló en un seto y desapareció.

Debbie Case, que vivía en Naivasha y llevaba a cabo una incansable labor caritativa, era la nieta de William Case, que había venido desde Australia. Entusiasmada ante la posibilidad de obtener información de primera mano sobre otro colono, hablé con Debbie, que llevaba una vida difícil y moriría prematuramente de cáncer. Explicó que William y su esposa, Elizabeth, tenían tres hijos: dos chicos, uno de ellos el padre de Debbie, y su hermana Noey.

—¿Noel? —pregunté al recordar que varios libros sobre Happy Valley mencionaban a Noel Case.

—Noel no —insistió Debbie—. Noey. Los escritores lo anotaron mal.

Vi Case, tía de Debbie, había muerto hacía muy poco en Australia. Vivían en el río Malewa, más cerca de Ol Kalou. Vi Case había sido probablemente la última persona que conoció al conde Cesaroni y a los Turner. Tal vez incluso recordaba a Charles Gordon.

—Recuerdo que la estación se llamaba *stationi ya sanduku* [«la estación de la maleta» en kiswahili] —me contó Debbie. Ningún ferrocarril se había aventurado nunca en Happy Valley, así que es de suponer que se refería a una de las estaciones de la línea Gilgil-Thomson's Falls, ya en desuso, que se empezó a construir en 1928 y se completó en 1930, haciéndoles la vida un poco más fácil a los colonos que, hasta entonces, habían tenido que arrastrar carros de bueyes sobre el profundo barro, pegajoso como goma, que a menudo cubría la única carretera.

Los antiguos vecinos confirmaban que la familia Case no había estado ni remotamente interesada en las fiestas del grupo de Happy Valley, aunque Noey había llegado a conocer bien a Alice de Janzé. Cuando sus padres estaban construyendo su casa a finales de los años veinte, Noey se había aventurado por la colina para echar un vistazo a la granja de Alice. Estaba disponible para alquilar mientras Alice permanecía en el exilio. Los Case la alquilaron y Noey cuidaba el jardín y la casa; luego se quedó como ama de llaves cuando Alice volvió en 1933.

Siguiendo la búsqueda de Buxton, nos adentramos más en el valle. Con la granja de Alice ahora a nuestra derecha, Solomon me indicó que girase a la izquierda por un sendero, hasta que llegamos a una casa de madera a la derecha, justo al lado del sendero.

—¡Esta era la casa del señor Shaht! —dijo Solomon—. El administrador del comandante Bogosta.

Karihe, uno de los ancianos con los que habíamos hablado en el *hoteli* cerca de la casa de Alice, había mencionado al administrador de Buxton.

—Le llamábamos Kanyinya. Entrenaba caballos. Todo el mundo en Happy Valley compraba sus caballos allí, hasta que se marchó en 1939. También tenía vacas —Karihe añadió con mucho más entusiasmo que «su otro nombre era señor Shaht».

Era una casa pequeña, modesta, rectangular: paredes de cedro desmochadas, cubiertas por un tejado de hojalata. No había ventanas, solo contrafuertes de madera que parecía que no se habían abierto en mucho tiempo y producían la impresión de que la casa dormía profundamente. Un hombre mayor con una camisa desgarrada salió de ella y se quitó el sombrero, dejando al descubierto el cabello blanco. Estaba encantado de nuestro interés por su casa.

—Yo nací aquí —nos contó en kiswahili—. Me convertí en jardinero del señor Shaht. Era un hombre muy bueno. Ahora vivo aquí y cuido el jardín. Construí esta nueva cocina después de que Kanyinya se marchase —señaló la cocina exterior, que se erigía como un santuario moderno de las antiguas cocinas exteriores coloniales, donde las *memsahibs* enseñaban a los asombrados «chicos» kikuyu los intríngulis del suflé y de las galletas de brandi. Esta era una cocina básica, abierta por un lado, con un *jiko* de carbón vegetal, un taburete bajo para que se sentara la persona que cocinaba y un tendedero que se extendía desde el poste de la esquina hasta un árbol. El punto fuerte de esta cocina era probablemente té y maíz con guarnición de verduras.

El viejo jardinero señaló el camino irregular.

—La casa del comandante Buxton está justo ahí. Es incluso más vieja y está hecha de barro. Me dijeron que fue la primera casa que construyeron por aquí. Pero el comandante Buxton vivía en ella solo medio año; el resto del tiempo vivía en Inglaterra.

Un niño con unas chanclas varias tallas más grandes nos siguió tímidamente mientras explorábamos el jardín, donde, para nuestra sorpresa, había gran profusión de margaritas rojas y amarillas, dalias, una maraña de rosas e incluso un huerto bastante productivo, con tomateras y manzanos que se alzaban triunfantes sobre el maíz.

—Yo mismo planté estas flores y árboles, así que siempre me ocuparé de ellos —dijo el anciano con orgullo y los ojos súbitamente nublados. Luego resplandeció de nuevo—. Entrarán a tomar el té —dijo.

—Solo queríamos... —comencé, pero Solomon me lanzó una mirada. Nadie puede rechazar el té en la Kenia rural, menos aún tener ninguna prisa, así que entramos en tropel en la oscura casa, pasamos agachados bajo los canalones rotos, recorrimos un pasillo de madera y atravesamos una habitación con paneles hasta llegar a un salón oscuro con chimenea de ladrillos. Conocimos a la esposa del viejo jardinero, luego a otra esposa más joven —aunque no sabría decir de quién— y a una bandada de jóvenes que podían ser hijos o nietos. La esposa joven dijo en inglés: «¡A donde quiera que vayan tienen que desayunar!», y nos condujeron a un cuartito oscuro y nos invitaron a sentarnos en unas butacas de cuero de imitación con respaldos altos. El viejo jardinero, conocedor de las costumbres europeas, abrió por la fuerza las contraventanas. La casa, de pronto con un ojo abierto, se llenó de un haz de luz en el que danzaban pequeñas motas doradas de polvo. Estábamos contemplando la cara de los Aberdares iluminada por el sol, tan cerca que podías ver la extensión de páramo sobre los bosques plumíferos de bambú aferrados a las empinadas laderas superiores. La esposa joven no paraba de charlar y disfrutaba practicando su inglés con nosotros.

—Mi hermana está casada con un *mzungu* —explicó—. Yo soy maestra de guardería en Passenga. ¿Conoce el lugar?

Todos los hijos del viejo jardinero vivían allí, explicó con jovialidad. Los adultos tenían sus propias cabañas de madera, erigidas en el mismo campo, afuera. Había una maravillosa sensación de seguridad en todo aquello, y una felicidad que raramente se encuentra en nuestras familias fragmentadas y dispersas. Pero la vieja casa de madera iba camino del abandono, como si fuera demasiado vieja para seguir cuidándola. Las planchas del suelo estaban ennegrecidas por culpa del *jiko* en medio de la sala. El techo oscurecido por el humo estaba lleno de agujeros negros y vacíos.

El viejo jardinero habló del señor Griffin, que también había vivido aquí. Sus recuerdos iban y venían, y a veces se desvanecían como el rocío en la hierba.

Después de que nos cebaran generosamente con *uji*, unas deliciosas gachas de avena de maíz, y más té, les dimos las gracias a nuestros anfitriones.

—Ha sido una bendición tenerlos aquí —nos aseguraron.

—Dígale a la señora Shaht —dijo el anciano de pronto— que aún cuido del jardín todos los días —suspiró y se quedó en silencio.

Sus nietos se reían tapándose la boca, pero yo le estreché la mano y dije:

—Por supuesto, lo haré —en ese momento fue una promesa impulsiva, porque no tenía ni idea de dónde estaban los Shaht, en realidad los Chart.

A través de la hermana de Janie Begg, Sheila, pude contactar con Jean Konschell, de soltera Chart, en Zimbabue. Jean contestó a vuelta de correo, encantada de saber que el jardín que habían disfrutado desde 1930 durante al menos dos décadas aún florecía. Recordaba su infancia feliz «en ese precioso valle, jugando al polo y pescando en ríos repletos de truchas». Solomon ya me había señalado el antiguo campo de polo, todavía un espacio llano y abierto, como una conmemoración de aquellos corceles al galope.

Jean me contó que su padre, Fred Nye-Chart, tenía cinco años cuando su familia fue una de aquellas a las que el gobierno británico pagó para venir desde Sudáfrica antes de la Primera Guerra Mundial. La madre de Fred era la mayor de nueve niños Aggett, algunos de cuyos descendientes aún vivían hoy en día en Kenia. Fred se había convertido más adelante en administrador del coronel Buxton y su socio, sir Alexander Gibb. Después de que los Buxton volvieran a Inglaterra, a Fred lo hicieron socio en la granja Satima. Los Chart se habían mudado de la pequeña casa de madera a la casa más grande de Buxton, de estilo Tudor.

«A mi padre lo conocían como Bwana Siagi ["señor Mantequilla" en kiswahili]», escribió Jean, «porque hacía mantequilla que tenía que transportar a Ol Kalou en carros de bueyes, un viaje que duraba dos días. Luego el carro volvía con provisiones y el correo». Además del rebaño lechero, los Chart criaban caballos árabes. «De niños no teníamos cochecito, sino que nos llevaban a caballo, sujetos a una silla cesta. Nuestro padre viajaba a veces en calesa. Más adelante tuvimos un viejo Ford que a veces se usaba para llevarnos al internado en Nakuru. Pero los caballos eran nuestro principal medio de transporte y recreo. Mi hermana, mi hermano y yo solíamos cabalgar hasta la casa de los Miller, allí al lado, una casa y un jardín preciosos y con una encantadora niñera de Norland llamada Marjory Thompson».

Siguió contando: «A papá no le permitieron alistarse para la guerra porque se le necesitaba en la región para llevar todas las granjas de los alrededores en lugar de los que se habían alistado. Recuerdo que mi madre cultivaba verduras en aquella tierra negra y las empaquetaba en *kikapus* para ir a Nairobi. Era su esfuerzo de guerra». Como todas las demás familias en la colonia, los Chart escuchaban ansiosamente la radio para tener noticias de su familia en Inglaterra.

Más adelante, Fred Chart sufrió varios ataques al corazón y al final tuvo que mudarse a menor altitud, cerca del lago Elmenteita, donde se dedicó a cultivar, no muy lejos de mi casa actual, cerca del extremo sur del Soysambu de lord Delamere. El 5.º barón Delamere lo recordaba y me contó que una vez que lo invitó a comer Fred le trajo una hierba para plantar que se supone que era buena para alimentar al ganado.

—La había traído de lo que era entonces Rodesia del sur, y la hierba crece ahora por todo el país —dijo lord Delamere, que añadió que Chart le daba a la hierba un nombre científico equivocado.

—Fred Chart era *kali* —me contó Janie Begg usando esa maravillosa palabra kiswahili que pone el énfasis en el filo de un cuchillo, la potencia de un curri o la ferocidad de un perro... o de un *bwana* o una *memsahib*.

Otra dama que podía ser *kali*, la hermana de Janie, Sheila Begg, me escribió desde Sudáfrica. Recordaba haberse quedado con los Chart en la casa del administrador en 1936. Margery Chart había educado en casa a Sheila y a sus dos hijos mayores. Como las escuelas británicas eran pocas y muy alejadas unas de otras, la mayoría de las esposas de granjeros enseñaban a sus hijos hasta que estaban preparados para ir a los internados, aunque a los más desafortunados los enviaban con solo cinco años de edad. Sheila volvió para quedarse con su amiga de la infancia, Jean, hacia 1944, creía. Para entonces los

Chart se habían mudado a la casa principal de Buxton. Dormían arriba, la primera vez que Sheila había estado en una casa de dos plantas:

«Tenía un jardín precioso, bien cuidado, con un riachuelo que discurría por el medio y un molino de agua para la electricidad. Fred Chart era muy trabajador, un tipo decidido y con un carácter algo extravagante», añadió. «Uno de los hermanos Buxton era muy aficionado a jugar a los bolos, así que había construido la larga galería cerrada, a todo lo largo de la casa, para jugar a bolos en interior. Los hermanos Buxton también construyeron el Gilgil Club y la actual posada River Lodge. Para mí la familia Buxton era mucho más interesante que Alice de Janzé. Los Buxton hacían cosas constructivas para el país».

Después de que los Chart se marcharan en 1947, Satima fue administrada por John McLoughlin, que más tarde fue a administrar Ndabibi, la granja junto al lago Naivasha que Diana, por entonces lady Delamere, había heredado de su tercer marido, Gilbert Colvile. McLoughlin y su esposa Hilda se retiraron finalmente en Soysambu, donde Diana tenía un nido bastante espacioso. Sin embargo, después de la muerte de Hilda por un ataque de asma, John —incapaz de soportar la soledad— se pegó un tiro en las escaleras principales de la Casa Jolai, a solo unos pocos kilómetros de donde yo tendría mi casa treinta años después.

De camino a casa de los Buxton, avanzamos con lentitud por una carretera en la que se alternaban grandes rocas con profundos surcos. Era evidente que nadie circulaba por allí, ni siquiera en bicicleta: había una ruta a pie mucho mejor a nuestra izquierda. El resistente Land Rover rebotaba en un *crescendo* de traqueteos, hasta que llegamos a una encantadora casa antigua con yeso blanco desconchado que se aferraba a las paredes de barro: materiales de construcción similares a los de Slains, pero esta casa de estilo inglés tenía dos plantas, con aleros y ventanas aboardilladas primorosamente situadas en su inclinado tejado de tabillas cubierto de musgo.

—Es muy antigua —dijo Solomon—. La construyó el comandante Bogosta al mismo tiempo que la casa de Ramsden. La casa de Ramsden es una casa muy grande y muy interesante, pero es difícil acceder a ella.

No indagué más en el asunto de la casa de Ramsden. Podíamos oír ríos a ambos lados, con su burbujeo y su rumor, que proporcionaban un suministro constante de agua fresca de montaña al jardín lleno de vegetación. Un hombre estaba sentado en una silla baja de madera en el césped soleado, lavándose la cara en una palangana. Cuando nos acercamos para presentarnos, resultó ser el viejo maestro de Solomon, ahora muy viejo y apestando a alcohol. Más tarde le pregunté a Solomon si le gustaba su maestro, pero se encogió de hombros. En la mayor parte de la Kenia rural tienes que soportar a todo tipo de maestros... si con suerte tienes un maestro. No nos preguntó qué hacíamos deambulando por su jardín sin anunciarnos; simplemente nos recibió con amistoso interés.

—Sí, hay dos ríos. Sí, también un surco —dijo cuando le pregunté por los ríos. Varios suimangas de alas doradas revoloteaban entre las plantas que crecían a lo largo del río más cercano, y al otro lado había un par de ruidosos cálaos trompeteros, que me sobresaltaron con sus estridentes rebuznos. Detrás de los árboles frutales en floración que bordeaban el río, los Aberdares se elevaban con dramatismo hacia un cielo azul celeste. Qué lugar tan fabuloso para una casa; y los alrededores eran lo que una podía imaginar que sería el jardín del Edén.

El maestro retirado se mostraba relajado en nuestra compañía, aunque no habíamos sido invitados.

—El garaje fue demolido —explicó—. Ese espacio... —señaló el largo corredor de madera para los bolos adosado a un lado de la casa— ¿sería para los animales?

Geoffrey Buxton era nieto de sir Thomas Fowell Buxton, un miembro del Parlamento conocido como «el Libertador», que continuó la ingente tarea de William Wilberforce tras la muerte de este e impulsó en la Cámara de los Comunes la ley para la abolición total de comercio de esclavos en los dominios británicos. Sir Thomas murió en 1845.

Geoffrey nació en Inglaterra y estudió en Eton. Allí entabló buena amistad con Toby Finch Hatton, hermano mayor de Denys, que era a su vez gran amigo del hermano más joven de Geoffrey, Guy: fueron juntos a Eton y Denys pasó muchas vacaciones con los Buxton. En 1906, Geoffrey Buxton, en vez de ir a la universidad, se marchó de casa para labrarse un futuro en el África Oriental británica. Errol Trzebinski, en su biografía de Finch Hatton, *Silence Will Speak* (*El silencio hablará*, 1977), dice que el entusiasmo y la confianza del alto, moreno y apuesto Geoffrey en África Oriental inspiraron a muchos otros amigos y familiares para ir también allí, incluido Denys. Cuando, más tarde, Denys conoció a la baronesa Karen Blixen y se enamoró de ella, esta también se hizo buena amiga de Geoffrey Buxton. En 1920, Karen escribió a casa y adjuntó algunas fotos de la casa de Buxton en Wanjohi: «Ya veis el tipo de paisajes que hay allá arriba; es como una pintura antigua o un tapiz», dice en una carta publicada en *Isak Dinesen: Letters from Africa 1914-1931* (*Isak Dinesen: Cartas desde África 1914-1931*, 1982).

Me moría por ver la casa Buxton por dentro, pero el maestro había vuelto a la tarea de afeitarse, así que nos marchamos.

Solomon parecía aturdido esa mañana. Dejaba las frases sin terminar: «Oh, qué adorable... Es un precioso...».

—¿Te encuentras bien? —le pregunté.

—Tuve una pesadilla horrible anoche —dijo meneando la cabeza—. Un sueño muy muy malo. Te lo escribiré. Soñé que Jean venía a verme y me decía que mi hijo había muerto.

Para entonces, Solomon y Esther tenían cuatro hijos: dos chicos habían seguido a las chicas. Se refería a Jean O'Meara, una artista de mediana edad que había sido un sólido apoyo para Solomon. Ella le había enseñado a hacer papel a partir de varios arbustos autóctonos, juncos y excrementos de elefante, así como cestas para sus plantaciones de árboles con tallos secos de maíz. Cuando murió de neumonía el 12 de enero de 2000, un mes antes de nuestro primer viaje a Happy Valley, Solomon quedó devastado. Plantó un bosque en memoria de Jean en su casa. Sus vecinos, que llamaban a Solomon *Karuru* («amargo» o «de sabor desagradable» en kikuyu), meneaban la cabeza ante su chifladura. La sequía de este año estaba pasando factura a sus árboles.

Esto sucedía antes de los teléfonos móviles. Era a media mañana, y le pregunté a Solomon si quería que volviéramos derechos a casa.

Meneó la cabeza muy despacio.

—Volveremos después de esto... veremos una casa más. La casa de Mary Miller.

11
LA CASA DEL TERROR

La primera vez que oí hablar de «la señorita Miller», como la llamaban, fue cuando estábamos charlando con los *wazee* sobre Alice de Janzé. Uno de los ancianos, Karihe, la conocía desde que era niño, cuando él vivía en la granja Case. Estaba sorda, dijo, y desde 1941 cuidaba sus vacas Jersey. Se había marchado después de la independencia.

Solomon fue dándome indicaciones: primero retrocedimos hacia la ciudad de Wanjohi, luego giramos a la derecha hacia los Aberdares. La casa se encontraba a unos dos kilómetros subiendo por otra mala carretera. Yo tenía una mala sensación con el lugar antes incluso de verlo. Cuando tomamos la curva pude ver parte de una casa: una chimenea, una porción de tejado y un muro medio derruido. Parecían emerger de ella unos tentáculos invisibles, fríos como el hielo. Miré a Solomon, que estaba inclinado hacia adelante en su asiento, con expresión ansiosa.

—Este es un lugar muy malo —dijo—. ¿Te he hablado de los juramentos?

No había un alma cerca. No pude ver ni un pájaro, ni escuché cantar a ninguno. Cuando, de mala gana, nos bajamos del coche, la temperatura del aire parecía haber descendido. Vimos la vaga línea de terrazas en el frente y un antiguo rosal trepador que se había desplomado sobre un muro roto. Caminamos hasta la parte de atrás de la vieja casa, sobre los restos de algunos escalones. Como Satima, estaba hecha de ladrillo, enyesada con una sustancia de aspecto fangoso.

—Boñiga de vaca —dijo Solomon.

Los restos de un tejado de tablillas colgaban de las vigas astilladas. Todos los cristales de las ventanas estaban rotos y habían dejado huecos dentados, con sus distorsionadas formas de estrella mirando la ominosa oscuridad de dentro. Me mantuve alejada, inquieta por la repentina sensación de que habían lanzado un objeto punzante desde el interior y que la persona invisible, o incluso criatura, que empuñaba el arma estaba esperando allí. El silencio empezaba a ponerme nerviosa y tuve un momento de terror cuando me di cuenta de que Solomon, que pensaba que se encontraba a mi lado, había desaparecido.

Recordé la parte de las memorias de Solomon en la que hablaba de las ceremonias de juramento a las que se vio forzado a asistir en 1969. Se habían creado como expresión de solidaridad kikuyu. «Mi madre y otras personas hablaban en secreto», escribió. «Iba a haber un té preparado por el presidente Jomo Kenyatta y toda la comunidad kikuyu tenía que ir beber ese té. Si alguien se negaba sería asesinado».

Una banda de hombres enmascarados había ido a la escuela de Solomon blandiendo palos, machetes y bastones. Les dijeron a los niños que los siguieran. El instinto de Solomon le hizo cuestionar aquello, por lo que lo azotaron con un palo y lo ataron a otro chico. Así desfilaron hasta la casa vacía de Mary Miller. Al llegar, volvieron a golpear a Solomon, lo desnudaron y lo obligaron a ponerse en una larga fila. Cuando finalmente llegó su turno, el grupo de niños entró en la casa, donde un hombre con una túnica blanca presidía la ceremonia. Solomon recuerda que pasó bajo un arco de hojas de banana, que le enseñaron un cuchillo ensangrentado y que le contaron el significado de los colores de la bandera keniana: negro por la gente, rojo por la sangre derramada combatiendo al hombre blanco, verde por el campo. Les hicieron cantar: «Esta es nuestra tierra y no se la venderemos a otro pueblo ni nos dejaremos gobernar por otro pueblo; perdonaremos a nuestros enemigos, pero no entregaremos nuestro pueblo dos veces a las hienas. ¡Derramaremos nuestra sangre por este país!». Tras hacer este juramento, escribe Solomon, «nos dieron un trozo de carne tierna para comer y un trozo de banana y caña de azúcar como señal de que habíamos jurado. Nos untaron la cara con cenizas mezcladas con algo y nos advirtieron de que no habláramos».

La antología de Elspeth Huxley *Nine Faces of Kenya* explica el poder del juramento, que era una parte integral de la sociedad kikuyu. Donald Barnett y Karaji Njama, en *Mau Mau From Within* (*El Mau Mau desde dentro*, 1966), describen la ceremonia de juramento del Mau Mau, no muy distinta de aquella a la que asistió Solomon después del fin del Mau Mau: hombres armados en una cabaña, un arco de banano, el despojamiento de cualquier prenda de ropa o adorno europeo y después la iniciación. A siete hombres les pusieron una banda de piel de cabra en la muñeca derecha, luego los ataron juntos con los intestinos de un chivo y los rociaron con cerveza y mijo. Les pincharon la yema de los dedos y con la sangre embadurnaron el corazón y los pulmones de un macho cabrío, antes de marcarlos con sangre de una calabaza, obligarlos a lamerse la sangre unos a otros y finalmente hacer su juramento y pasar bajo el arco siete veces. Juraron no revelar el secreto y morir si violaban las reglas del juramento. De cara al monte Kenia, con una bola de tierra rodeada de intestinos en la mano, juraron de nuevo mientras pinchaban siete veces el ojo de un chivo con un cuerno de manzana kei. Para terminar con la ceremonia, se les dibujó en la frente una cruz con sangre y aceite, y se les comunicaron las correspondientes advertencias.

No sé si era el juramento lo que daba a la casa de Mary Miller su amenazadora atmósfera de mal augurio, pero me sentí presa de un pánico injustificado que se volvió más intenso cuando perdí de vista a Solomon. Con el corazón desbocado, volví corriendo al coche.

—¡Solomon! —grité.

—¿Señora? —dijo apareciendo de pronto detrás de mí. Estaba lo bastante nervioso como para llamarme señora en vez de Juliet, como si se hubiera encontrado con Mary Miller y nos hubiera confundido—. No me gusta este lugar. Creo que debemos marcharnos cuanto antes.

Al día siguiente, Solomon me llamó para contarme que Caleb, su hijo más joven, de doce años, había muerto a las diez la mañana anterior... a la hora exacta en que habíamos estado en la casa Miller.

El entierro fue dos días después. Solomon había colocado carteles, pero algunos los arrancaron el viento o un malvado. Tras el desvío de la vieja carretera de Wanjohi a Happy Valley desde Captain, las carreteras eran casi inexistentes, y Solomon siempre había confundido la derecha con la izquierda, incluso sin estar confuso por la pena.

Perdida en mitad del campo seco y desolado, me detuve junto a la única persona que vi en la carretera. Era una mujer a la que habían picado terriblemente las abejas y tenía los labios muy hinchados. Llevaba envuelta la cabeza en un *leso*.

—¡Conozco la casa de Solomon! —se subió de un salto al Land Rover—. Hay gente mala por aquí —dijo de pronto—. Solomon está en peligro.

Había bastante distancia desde la carretera principal, puede que dos horas de caminata. La pequeña finca estaba rodeada por una cerca bien cuidada y llena de los árboles de Solomon, los que no habían muerto con la sequía. Había una casa modesta, con paredes de barro, y otra más pequeña a continuación, de madera, a la que me condujo un familiar. Solomon llevaba su gorra habitual, con pantalones blancos y una camisa blanca holgada.

—Gracias por venir —dijo con la voz quebrada.

Su esposa, Esther, parecía más delgada y más vieja. Solo nos habíamos visto una vez, no mucho antes, cuando llevé a mis hijos de visita; su carretera de acceso me disuadía de ir con mayor regularidad. Me cogió la mano mientras las lágrimas rodaban por sus mejillas. Llevaba una sudadera blanca, pañuelo blanco en la cabeza, una falda marrón y botas de goma. Sus dos hijas adolescentes, Naomi y Julia, permanecían sentadas en silencio, con las cabezas también cubiertas, ambas vestidas de blanco. El niño más joven, Adam, sollozaba.

Era hora de salir, bajo unas redes y lonas que normalmente protegían los árboles más jóvenes. Alguien había colocado asientos.

—Por favor, siéntese con la familia —dijo Esther, todavía cogiendo mi mano.

Iba llegando la gente y se ocuparon los asientos, el jardín, incluso mi Land Rover, el único coche. Compañeros de clase de Caleb, parientes y ancianos se congregaron en la finca. Las mujeres llevaban a la espalda bebés dormidos. Esther parecía arrastrada por una ola de dolor, con los ojos borrosos, como si no viera nada.

Primero, un grupo de niños se levantó para cantar una inquietante canción kikuyu, y aun así las palabras (que yo no entendí) parecían inspiradoras, como si hablaran de un lugar mejor que este. Yo era la única persona blanca, pero mi madre y algunas de las otras artistas habían enviado postales y cartas que me pidieron que leyese. Alguien iba traduciendo mis palabras al kikuyu. Todos los demás discursos fueron en kikuyu. Un hombre se puso en pie con una Biblia y leyó en inglés un fragmento del libro del Apocalipsis. Luego me pidió disculpas por la descortesía, pero iba a leer el resto en kikuyu, lo que hizo durante una hora. La única palabra que entendí fue *Jerusalén*.

Los bebés lloraban, los niños seguían sentados y quietos como estatuas, la gente iba y venía, y un incesante viento seco soplaba por toda la finca, nos llenaba a todos de polvo y pasaba por encima del cuerpo sin vida de Caleb, con el féretro de madera abierto. Un niño pequeño se detuvo junto a él y lo tocó durante un instante.

Al final, un hombre tomó una fotografía de la familia posando todos juntos... sin su miembro más joven. El calor ya era sofocante cuando cerraron el féretro y lo bajaron a la fosa. Me quedé de pie mientras respiraba polvo y aroma de pimentero y derramaba lágrimas por un niño que no había llegado a conocer, deshecha por el dolor al ver la aflicción de Solomon y Esther. Todos arrojamos un puñado de tierra, como es costumbre.

Me senté con ellos durante un rato y compartí su té y su *irio*; luego los dejé a solas con su dolor. Llevé a dos bonitas chicas de la escuela de Naomi, a dos mujeres silenciosas y a un hombre muy parlanchín que dijo que hacía investigación «como Charles Darwin». Casi ni reparé en los baches del camino, dolorosamente consciente de la ausencia de mis dos hijos, que estaban con su padre y su nueva esposa. Nuestro reciente y desagradable divorcio seguía escociendo. De pronto, la vida parecía demasiado corta para tanta amargura.

Más adelante, Solomon puso por escrito su extraña experiencia: justo antes del funeral de Caleb, Solomon estaba acostado, medio despierto, cuando vio a Caleb sentado en la cama. Con letra convulsa por la aflicción, Solomon cuenta que Caleb le dijo que no se preocupase: estaba en un lugar en el que no había hambre ni dolor y con todos sus ancestros. Había intentado hablar con su madre y su hermano, pero no podían verle. Justo después de morir, dijo Caleb, vio a su familia y amigos llorando alrededor de su féretro. Solomon concluía: «Comprendo que aquellos que mueren solo cambian... siguen vivos, pero han cruzado las barreras de la naturaleza».

La siguiente vez que vi a Solomon me contó que creía que a Caleb lo habían envenenado.

—Tengo muchos enemigos —dijo—. Quisieron hacernos esto tan terrible para asustarme. Pero no dejaré que se salgan con la suya.

Me quedé atónita y en silencio, sin saber muy bien cómo tomarme aquello, y me pareció que durante un tiempo debíamos interrumpir nuestros safaris por Happy Valley.

Le pregunté a un par de ancianas *memsahibs* de Happy Valley por Mary Miller. Bubbles Delap la llamaba «la viuda alegre». Su tercer marido había sido *jockey*, dijo Bubbles, «aunque ella tenía muchos novios y nunca supe quién era quién. Le gustaba bastante Bill».

Mary Miller estaba «completamente loca», según la otra *memsahib*. «Había consumido montañas de champán y alcohol antes de pegarse un tiro».

«¡Oh, sí! Era muy depravada», dijo otra anciana con los labios fruncidos. Se había casado con David Leslie-Melville tras la muerte de su esposa; ella era la institutriz, «muy por debajo de él», resopló otra, que añadió que Mary se había convertido en la madrastra de los hijos de David, Gillian y Jock.

La verdad es bastante diferente. Mary Miller no era la institutriz, sino la verdadera madre de los hijos de Leslie-Melville. Según la guía de la nobleza, el capitán Honorable David William Leslie-Melville nació en 1892, uno de seis hermanos. Sus padres eran la Honorable Emma Selina Portman —hija de lord Portman, un miembro liberal del Parlamento británico— y Ronald Ruthven Leslie-Melville, 13.er conde de Leven. David se casó con su primera esposa en 1914, fue condecorado con la Orden del Imperio británico en 1919, se divorció en 1928 y en 1929 se casó con Eleanor Mary Barrell Abrahall, hija de Arthur John Abrahall. David y Mary tuvieron dos hijos —Gillian Mary, nacida en 1930, y John David (más conocido como Jock), nacido en 1933—. David murió en 1938, a la edad de cuarenta y seis años. Ocho meses más tarde Mary se casó con el capitán Arthur Miller, que murió en 1942, en acto de servicio. Mary vivió hasta 1974.

Jock Leslie-Melville se casó con una chica de Baltimore, Betty, y se convirtió en su tercer marido. Habría encajado en Happy Valley (si aún existiera) como encajó en Kenia, como una mano en un guante hecho especialmente para ella; como lo expresó un perfil suyo publicado en el *Baltimore Sun* de su ciudad natal, había «correteado a través de dos continentes como la heroína de una novela picaresca, dejando una brillante estela de historias alocadas y glamurosas». Ahora, salvar jirafas en Kenia se convirtió en la nueva *raison d'être* de Betty. Tras la muerte de Jock en 1984, Betty volvió a los Estados Unidos y se casó de nuevo. Una vez le comentó al periodista Peter Marren: «Tengo una filosofía. Solo tienes que lamentar lo que no has hecho, así que pruébatelo todo y viste lo que te quede bien».

El hijo de Betty Leslie-Melville de otro matrimonio, Rick Anderson, dirigió más tarde el centro para jirafas de Betty en los alrededores de Nairobi con Bryony, su esposa. Bryony pudo proporcionarme alguna información adicional sobre Mary Miller. Al parecer, en 1919 Mary se había casado por poderes con un granjero de Uganda. Durante la travesía en barco a Mombasa, conoció al apuesto oficial de caballería David Leslie-Melville, que volvía a Kenia para cultivar. Se hicieron amantes. Al llegar a Mombasa, Mary viajó en tren y luego en carro de bueyes con su enorme piano para reunirse con su marido en Uganda. Poco después de su llegada, se dirigió al valle de Wanjohi —con dos burros— en busca de David. Mary contrajo malaria durante su épico viaje y unos misioneros le dieron una fuerte dosis de quinina; le salvó la vida, pero, como secuela, le quedaron problemas de audición, así que no podía escuchar su amado piano, que había acarreado todo el camino hasta Wanjohi. Mary y David tuvieron tres hijos, pero uno de ellos murió de leucemia. El propio David murió de peritonitis, dijo Bryony, mientras que el tercer marido de Mary, Arthur Miller, murió en un accidente a caballo al cruzar un río.

«Recuerdo que cuando conocí a Mary me sentía intimidada por sus ojos muy azules y su evidente fortaleza», escribió Bryony por *e-mail.* «Mary fue una de esas mujeres realmente duras que tanto hicieron por el desarrollo de Kenia». Según Bryony, Mary estaba demasiado ocupada como para formar parte de la escena de Happy Valley, aunque una vez le habló a su nuera, Betty, sobre las fiestas de «escoge-una-polla». Se supone que Mary no tomaba drogas, aunque es probable que más adelante abusara de lo que Jock llamaba sus «cócteles de morfina», si bien tenía la excusa genuina de haber sufrido terribles dolores antes de morir de cáncer.

También oí decir que Betty le había hecho a su suegra la inevitable pregunta del millón de dólares: ¿quién disparó a lord Erroll? Mary no tenía ninguna duda. ¡Fue su vecina, Alice de Trafford, por supuesto!

12
LOS HUESOS DE ALICE

Un año después de nuestra reunión con los *wazee* en Kiambogo, Solomon descubrió a otro *mzee* que vivía cerca de la escuela y que había conocido a Alice. Así que volvimos a conducir todo el largo camino hasta la escuela de Happy Valley, ahora rebautizada como «Primaria Satima» por un nuevo maestro. Dejamos el coche junto al arroyo seco, en la carretera en desuso que una vez había sido el paseo de Alice y caminamos a través de un campo verde salpicado de boñigas de vaca para encontrarnos con Danson Mwaura, que vivía en una pequeña casa de madera. Podíamos oír los gritos distantes de los escolares.

Mwaura resultó ser el antiguo vaquero de Alice. Nos enseñó un andrajoso recorte de periódico con algunas fotos manchadas de Las Nubes y Alice con su cachorro de león en el regazo, en actitud defensiva, como un escudo, pero no podía recordar quién se lo había enviado.

—Pero les mostraré algo mejor —dijo.

Ya era por la tarde y los escolares volvían a casa, con los últimos grupos riendo por el camino. Atravesamos el puente roto, pasamos ante la casa del antiguo administrador de Alice y nos detuvimos ante los cimientos de su propia casa.

—Era una casa grande —explicó Mwaura mientras nos enseñaba los alrededores con el mismo orgullo que si aún conservaran su esplendor de los años treinta—. Ahí había plantas que trepaban por los muros y el tejado, allí flores preciosas y allá muchos árboles frutales. Esos eran los parterres para decoración y esta era la piscina... —(Posteriores preguntas revelaron que en realidad se refería a un estanque ornamental de jardín, alimentado por un surco desde el río)—. Aquí, la habitación donde tenía una fotografía junto a la cama; aquí, la cocina —caminamos sobre las piedras desmoronadas que se extendían en líneas apenas discernibles, pisando como fantasmas los espacios que un día habían ocupado las paredes. Uno de los antiguos vecinos de Alice me había dicho que las habitaciones estaban divididas, pero no tenían techo, lo que producía algunos efectos sonoros interesantes cuando la gente se emparejaba en las fiestas...

Hacía frío, a pesar de los rayos oblicuos del sol, y la atmósfera fresca resultaba desconcertante. Solomon no dejaba de vigilar por encima del hombro, como si alguien lo siguiera. Nos detuvimos entre una hierba verde y corta, con matas de cardos, en un espacio que había sido el patio.

—Por allí —continuó Mwaura— había pocilgas con cerdos, pero acabaron destruidas y usaron los materiales en estas aulas. Esa era la casa de su secretario —señaló la casa de madera—. La casa grande también era así, con muros de madera y un tejado de tablillas de madera—. La casa de Alice fue una escuela durante algún tiempo, pero luego la echaron abajo para ampliar los campos de juego. Y luego construyeron nuevas aulas. Eso fue hacia 1987.

Dejamos atrás un aula que tenía algunos de los viejos marcos de ventana de Alice y puertas encajadas en materiales más modernos, hasta que llegamos a una orilla cubierta de hierba donde nos sentamos con el anciano, por encima del río, y contemplamos la masa enorme de los Aberdares, de color añil bajo la luz que declinaba. Los fuegos abandonados de los carboneros emitían un humo brumoso que se retorcía alrededor de las crestas y valles sombríos como una garra de fatalidad.

Mwaura señaló algo:

—Aquí están enterradas Alice y su perra Minnie. La perra era muy pequeña. —La tumba sin nombre, irreconocible como tal, se encontraba más o menos a medio camino entre la portería de fútbol y las letrinas de la escuela—. Yo mismo cavé el hoyo también para el perro, junto a la fosa de Wacheke... ¡En 1941, cuando se mató!

A efectos dramáticos recreó la tragedia. Sus dientes secos y amarillos brillaron mientras se apuntaba al pecho con un arma imaginaria, y luego hizo un ruido de explosión y se dejó caer de espaldas sobre la hierba. Tres ibis hadada que habían estado picoteando cerca de nosotros, con sus oscuras alas salpicadas de un verde reluciente, echaron a volar de pronto mientras emitían el ronco aullido que les da nombre. Sopló una ráfaga de viento frío y la atmósfera perturbadora que yo siempre sentía cerca de la vieja casa de Alice se intensificó hasta convertirse en algo casi siniestro.

—El campo de fútbol estaba entonces cubierto de árboles —dijo Mwaura, poniéndose derecho otra vez.

Varios niños habían aparecido a la luz dorada del atardecer, y jugaban al fútbol con un fardo de bolsas de plástico y plumas atado con cordeles, al parecer ajenos a cualquier vibración extraña.

—Son el equipo de la escuela —explico Mwaura.

Mientras permanecíamos sentados contemplando el ocaso, los futbolistas decidieron de pronto que mirarnos a nosotros resultaba más divertido. El ruido y los gritos insolentes se estaban volviendo irritantes, pero ignoraron las quejas de Solomon.

—¡Esos niños no son buenos! —protestó—. Están influenciados por los malos espíritus de este lugar.

—¿Vivía Alice sola aquí? —le pregunté al anciano.

—Wacheke tenía un secretario —dijo Mwaura—, pero un día se enfadó y lo mandó a Nakuru. Le dijo al personal que se mantuvieran alejados de la casa y escribió una carta, y luego envenenó a su perra y se envenenó a sí misma. Pero no murió, y a las dos de la tarde volvió el secretario y llamó pidiendo ayuda. Vinieron tres personas. Recuerdo que una era una mujer de la casa de los Chart, pero no era la mujer del señor Chart. Le prestaron a Wacheke los primeros auxilios. La llevaron al hospital, primero a Nakuru y luego al King George, pero a los seis meses estaba de vuelta. Cuando la siguiente vez murió, la pusieron en un ataúd de cedro y vino mucha gente de luto. Encendieron un fuego.

Miré el horizonte irregular: eucaliptos, pinos y unos pocos cedros apuntaban al cielo. La luz menguaba y los ojos de Mwaura parecían nublados.

—Era muy reservada en su casa —dijo cuando le pregunté sobre la afición de Alice a la bebida y las drogas—. Era muy buena. Su marido era un piloto alto, pero se fue a Uganda, se estrelló y murió.

No, no sabía su nombre y ella nunca tuvo otro esposo, ni tuvo hijos.

Solo partes del relato de Mwaura concordaban con lo que había leído. Era un anciano y quizá su memoria no era siempre precisa. De pronto dijo con orgullo:

—Wacheke provenía de la familia real: tenía coronas en sus tazas y su ropa. —Tras la muerte de Alice, añadió, hubo otra dama que vivió en la casa durante cinco años—. La llamábamos Nyakaroki porque se levantaba temprano y hacía que todo el mundo trabajase duro. Luego vino Sterling.

Tomé una nota mental y cuando volví la siguiente vez les traje a los niños un balón de fútbol. Se apelotonaron a nuestro alrededor, casi aterrorizando a mi visitante de Inglaterra, hasta que los espanté con un severo rapapolvo sobre las buenas maneras. Luego saqué el balón. Retrocedieron un poco con una variedad de sonrisas avergonzadas y muecas menos respetuosas. Todos los ojos estaban fijos en el balón, que fue puesto en circulación en cuanto nos alejamos.

«Mwaura ha muerto», me dijo Solomon mientras rodeábamos la casa de madera. Nos dieron la bienvenida en el despacho del director. Me llamó la atención una vieja fotografía de la escuela en medio del desorden —cajas de aspirinas, montones de papeles, un bote de pintura, un calendario de mesa atrasado—, en una estantería sobre su mesa. La foto había sido tomada en 1966, con un grupo de alumnos en primer término, ante la casa original de Alice. El director, servicial, se levantó para alcanzarla. Algo indefinible que emanaba de ella me deprimió de forma inexplicable. Parecía oscura en todos los sentidos de la palabra.

Tras firmar en el libro de visitas, que en las escuelas rurales de Kenia usan para asegurarse de tener tu dirección y así invitarte al siguiente evento de recaudación de fondos, me asomé a un aula en la que los niños se apretujaban en una extraña variedad de taburetes y bancos, compartiendo mesas y lápices. La maestra, ella misma antigua alumna, les dijo a los alumnos que se pusieran en pie y saludaran a la visitante; luego salió a charlar mientras los alumnos se volvían, se ponían en pie y atisbaban por las ventanas para echarnos un mejor vistazo. Recordaba la antigua casa de Alice: tenía forma de U y era algo oscura, pero había cumplido su propósito de edificio útil, lo bastante grande para albergar a toda la escuela.

—Hoy en día es más difícil porque hay muchos problemas —explicó la maestra—. Hay escasez de maestros públicos. Nos pagan muy poco, menos de ocho mil chelines al mes [unas 65 libras]. Hay escasez de fondos. Los padres tienen que pagar los libros y los uniformes, al igual que las tasas de actividad, la tasa de la junta de educación del distrito, la tasa de reparto de costes, los tests de evaluación, las tasas de inscripción de exámenes y los fondos de desarrollo.

—¿Y si no pueden permitírselo? —pregunté.

—Intentamos ayudar a algunos niños, sobre todo a los que son huérfanos —me dijo—, pero hay demasiados niños. La mitad asisten por la mañana y la otra mitad por la tarde, porque no tenemos espacio para todos a la vez.

Después de obtener su Certificado de Educación Primaria de Kenia (si sus padres pueden permitirse las tasas de exámenes) alrededor de los catorce años (aunque algunos pueden tener hasta dieciocho al final de su ciclo de primaria), estos chicos, aunque sean brillantes, tienen pocas esperanzas de ir a la escuela secundaria.

—La secundaria cuesta ocho mil chelines el curso o más, así que tienen que quedarse en casa sin hacer nada —dijo la maestra.

Kiswahili, inglés, matemáticas, ciencia, GHCR (geografía, historia, civismo y educación religiosa) son asignaturas obligatorias, explicó, animada por mi interés, mientras que música, arte y manualidades y educación empresarial son extras. Pero no hay pianos ni flautas ni materiales de arte, y en cualquier caso la mayoría de los padres no pueden permitirse tales lujos, así que cualquier talento que estos niños puedan tener en esos campos permanece latente, como ocurre con tantos otros jóvenes por todo Happy Valley, y de hecho por toda Kenia y África. Entretanto, los miembros africanos del Parlamento y sus compinches envían alegremente a sus hijos a carísimas escuelas privadas británicas y universidades en los Estados Unidos.

Unos meses después, recibí una carta del director de la Escuela de Happy Valley, o Primaria Satima, como se llamaba ahora, invitándome a un evento de recaudación de fondos. «Por favor, asista y participe», decía la tarjeta verde de invitación que también enumeraba a los invitados de honor y alumnos de renombre que esperaban. La carta que la acompañaba decía: «Quiero asegurarle que las partes interesadas de la Primaria Satima están muy contentas con ustedes».

—No debes darles dinero —me advirtió Solomon—. Si quieres darles algo, es mejor que lleves lápices y demás equipamiento práctico.

Recibí una llamada inesperada de una amiga que me preguntó si podía llevar a una dama de Francia a Happy Valley; estaba relacionada con alguien de allí que había muerto en los años cuarenta. La invité a visitarme, encantada cuando resultó ser la nieta de Alice de Janzé: Angelique era una mujer encantadora y elegante y pude distinguir en sus facciones delicadas y de pronto familiares algunos rasgos de la Alice que había estudiado en las fotografías. Nos caímos bien al instante, mientras bebíamos nuestro té en medio de la excitación de un búfalo contrariado que apareció en el camino cercano.

Después de que Angelique regresara a París, me escribió con algunas pinceladas de la abuela que nunca conoció. De manera formal, quizá adecuada también, la llamaba Alice:

> Según mi madre, Alice estaba loca por los animales, parte de su atracción por Kenia... supongo. En París tenía un mono... para deleite de mi madre y mi tía. Hacía muchas trastadas y un día se quedó encerrado en el cuarto de baño, donde decidió abrir todos los grifos a tope y tirar de la cadena del inodoro, ¡de manera que el agua corrió por todo el suelo! También le gustaba verter minuciosamente el agua de un jarrón que había sobre el piano por el cuello de algún invitado sentado debajo tan tranquilo.

Según Angelique, Alice también tenía «pequeños caimanes en acuarios». Me pregunté si esas infortunadas criaturas serían realmente cocodrilos capturados en algún lago o río de Kenia para acabar viviendo en París una vida de encarcelamiento. Hay algo perturbador en desear una mascota que puede arrancarte una mano.

La tía de Angelique, la otra hija de Alice, se llevaba mejor con su madre, según Angelique, porque tenía una afinidad parecida con los animales. Ambas jóvenes solo veían a su hermosa y esquiva madre de forma ocasional, en sus visitas anuales a París para abastecer su glamuroso guardarropa... y besar de forma fugaz a sus hijas cada vez mayores. Angelique me contó la historia de cuando su madre, la hija mayor de Alice, Nolwen, le escribió a Alice para contarle orgullosa que iba a ir a Vassar en los Estados Unidos, pero cuando Alice la llamó «marisabidilla» cambió de opinión y fue a una universidad más vanguardista y menos académica, algo que siempre lamentaría. Al parecer, Nolwen hablaba muy poco sobre Alice, aunque una vez admitió que su madre debió de haber sufrido mucho con la pérdida de su propia madre a la edad de cuatro años. La madre de Alice había muerto de neumonía después de que su marido borracho la echara a la calle una noche de invierno. Angelique escribió: «Él se sintió culpable el resto de su vida, lo que no iba a resultar beneficioso para Alice».

Entre tanto, Solomon anunció de repente que había encontrado la «verdadera tumba» de Alice, que estaba «en otra parte». Esto no es algo sorprendente en África, donde las supuestas verdades se desintegran de pronto ante tus ojos y oídos. Angelique me visitó de nuevo, esta vez mientras yo estaba fuera, y acompañó a Solomon a visitar la última tumba de su abuela. Luego le dejó a Solomon dinero suficiente para erigir una lápida sepulcral y acordar los pagos consiguientes a la escuela para el cuidado del pequeño jardín que habría de plantar alrededor de la tumba. Todo lo cual Solomon hizo con gran entusiasmo, visitándome regularmente con las novedades, para que yo pudiera contárselo por *e-mail* a Angelique, de vuelta en París.

—Pero —le pregunté con cautela— ¿cómo sabemos que esta vez es la tumba de Alice?

—Porque —dijo Solomon bajando de pronto la voz, con aire conspirativo— los tipos que contraté para cavar y dejar la tumba bonita cavaron demasiado hondo y encontraron a Harris. ¡He visto los huesos!

13
EL HOMBRE MONO Y MÁS MALDADES

Durante nuestros primeros vagabundeos por la región, Solomon había dicho que me llevaría a casa de «Patricia Bowles». Yo no sabía nada de ella, aunque recordaba que se la mencionaba en *Pasiones en Kenia*.

—Era amiga de Harris —dijo Solomon—. Su granja se llamaba Munungu porque Patricia Bowles plantó muchos árboles *mununga*.

Estos preciosos árboles forestales son autóctonos, con lo que Patricia se había ganado la admiración de Solomon. Mi libro sobre árboles deletrea el nombre kikuyu así, «mungnga», distinto de como lo hacía Solomon, que me lo deletreó de una forma que facilitaba la pronunciación.

Mununga estaba entre Las Nubes y la casa de Alice: a quince kilómetros de Las Nubes y a solo siete de la casa de Alice, aunque habría resultado más fácil ir a caballo campo a través a un galope sostenido que dando saltos en mi Land Rover en primera.

El nombre se había mantenido. Pasamos ante la Escuela Secundaria Femenina de Mununga con la excitante sensación de «caliente» de jugar al escondite. Algunas de las aulas, aunque no eran muy antiguas, tenían tejados muy viejos de *amabate* (hierro corrugado), de un rojo descolorido, como si los hubieran arrancado de edificios de granjas más antiguas.

Justo al final de la carretera, un par de postes de cerca cubiertos de musgo, unos pocos graneros de piedra con muros sucios y descascarillados con descoloridos tejados rojos de hojalata y un abrevadero para el ganado en desuso indicaban una vieja granja. Allí estábamos por fin.

—Hay quien dice que ya no hay casa —dijo Solomon—. Pero hay una vieja casa de madera dentro de la misión, justo ahí, ¡así que tal vez sea la casa de Patricia Bowles!

Nos adentramos en el recinto amurallado y cerrado de una enorme escuela secundaria católica, donde esperábamos que la casa de Patricia estuviera oculta en alguna parte entre la profusión de edificios nuevos. Escolares vestidas con elegancia nos miraban con curiosidad mientras decían «Buenos días» y se apresuraban a ir a clase. Un amistoso administrador estaba sentado dentro de una oficina verde botella; nunca había oído hablar de Patricia Bowles, ni tampoco la subdirectora, la hermana Theresa. Pero nos dieron la bienvenida y nos hicieron una visita guiada por las instalaciones.

—Hay un edificio antiguo —dijo finalmente la hermana Theresa llevándonos por un camino que discurría a lo largo de un surco hacia un bosquecillo de árboles *mununga* llenos de hojas—. Creo que antes era la casa de unos blancos.

Pasamos junto a ropa tendida en unas vallas y vislumbré una chimenea y un tejado descolorido; de pronto estábamos ante una casa antigua, construida con recortes de cedro. Esta casa antigua era probablemente muy similar a la de Alice. No era distinta de la de su administrador.

—Este es nuestro politécnico St Peter's para chicas —explicó la hermana Theresa.

Más allá de los troncos de los viejos árboles *mununga* podíamos ver parcelas de nuevos cultivos y columnas de humo mientras los agricultores y los carboneros seguían comiéndose su camino hacia los bosques del Kipipiri. A nuestras espaldas, la vista se extendía a lo largo de la meseta hasta Rift Valley, para terminar en la pálida línea azul de la escarpadura del Mau Mau. Aquellos antiguos colonos sabían escoger los mejores lugares para construir sus casas: aislados en aquellos días y probablemente solitarios, pero preciosos.

Un antiguo rosal trepaba por una esquina de la casa, y había una hilera de flores de luna caídas, parte de la mortífera familia de la belladona, con sus capullos en forma de trompeta que brillaban blancos bajo la sombra plomiza de los árboles *mununga*.

Caminamos por la vieja casa sobre la tarima crujiente, abrimos pesadas puertas con preciosos pomos de latón y contemplamos las habitaciones con paneles de madera y chimeneas. El agua se había filtrado por la parte de atrás de la chimenea en una esquina de lo que debió de ser la sala de estar. La cocina estaba separada, situada al fondo. Las habitaciones del dueño y los invitados eran ahora dormitorios llenos de literas. Todo estaba barrido, ordenado e impecable; no había pósteres ni fotos, ningún indicio de la presencia de las jóvenes que dormían y estudiaban allí.

En una habitación grande y alargada que una vez pudo ser una galería interior o un cuarto de juegos para los niños, filas de chicas con pulcras corbatas negras y chaquetas inmaculadas estaban sentadas frente a antiguas máquinas de coser a pedal. Se pusieron en pie cuando entramos. La hermana Theresa les hizo una señal a las dos chicas que estaban más cerca de la puerta y estas se apresuraron a salir para volver al poco rato con sillas para nosotros. Luego las chicas nos cantaron una canción («de bienvenida», explicó la hermana Theresa), y recitaron un poema antes de volver a sentarse mientras me miraban expectantes. Al darme cuenta de que era mi turno, sin ningún recurso poético o musical en mente, pronuncié un titubeante discurso de agradecimiento y expliqué que estábamos allí para ver la vieja casa que ahora era su escuela, porque quería escribir sobre ella.

Solomon lo hizo mucho mejor cuando se levantó con toda confianza para hablar de conservación. Señaló que la casa estaba orientada al lago Old Bolossat, un importante humedal en urgente necesidad de protección, enfatizó el atractivo de sus hipopótamos y sus aves y explicó que debía preservarse para las futuras generaciones y que podía representar un activo económico si se explotaba de forma adecuada. Las chicas escuchaban cortésmente, pero me miraban a mí, fijándose en mi pelo alborotado y cubierto de polvo, mi camiseta y pantalones cortos desaliñados y mis viejas chanclas. Yo solía ponerme mi ropa más tosca y cómoda para esas arduas expediciones. Lo más probable es que pareciera que estaba a punto de pedirles limosna a las monjas.

—¿Quién sabe lo que es un mono colobo? —preguntó Solomon. Ahora estaba hablando sobre el bosque del Kipipiri.

Nadie se movió.

Solomon dijo el nombre en kikuyu. Entonces varias asintieron.

—¿Quién ha visto uno? —preguntó Solomon. Se alzaron unas pocas manos.

»Cuando yo era niño había muchos monos colobos —dijo Solomon con tristeza cuando salimos. Pasábamos ante una presa, atascada de maleza: unos pocos ibis sagrados, un avemartillo marrón y un par de patos correteaban por la mullida superficie. Solomon se revolvió con desesperación—. ¡Y mira cómo han descuidado esta presa! —Tuve un súbito recuerdo de mis propias lágrimas de rabia siendo adolescente, cuando visité la antigua granja de mis abuelos a finales de los setenta, esperando revivir felices recuerdos de la infancia. La granja había quedado reducida a un solar estéril, sin árboles, sin el menor rastro de la vieja y encantadora casa, ni siquiera de la gran variedad de árboles frutales.

Gracias a mis frecuentes visitas a Happy Valley con Solomon, era inevitable que me fuera involucrando en su vida y en su trabajo, que están relacionados de forma inseparable. Su vida, en los días en que la familia aún vivía en la antigua granja de Alice de Trafford, seguía obsesionándome.

Por supuesto, Solomon se había visto obligado a abandonar la casa de su infancia en Happy Valley después del cruel incendio sin sentido de la sencilla casa en la que vivían Esther y él, que había destruido sus pocas posesiones. Tan pronto como Esther le comunicó la nefasta noticia, Solomon corrió a casa. Para Esther había sido un desafío contactar con él: había tenido que ir al pueblo más cercano a hacer una llamada de teléfono o poner un telegrama. Pero las malas noticias suelen viajar a gran velocidad, y Solomon se enteró de la pérdida de su casa poco después de que ocurriera.

Mudarse debió de ser un alivio en cierto sentido, pero eso no significa que su vida se volviera más fácil. Le compró algo de tierra a otro de sus hermanos, cerca de Captain, y se trasladó allí con Esther y los niños; construyó una nueva casa a partir de cero y retomó su trabajo de conservación. Pagó a su hermano el dinero estipulado, pero el título de propiedad no llegó. Solomon se encogió de hombros sin darle al asunto mucha importancia; sabía que esas cosas llevan tiempo y siguió adelante de todos modos. Pero la policía descubrió muy pronto su paradero y, una vez más, empezaron a vigilarlo y hostigarlo, como si fuera un disidente político o un criminal convicto. Sus nuevos vecinos mantuvieron las distancias: era obvio que se trataba de un alborotador y no estaban dispuestos a que los asociaran con él.

Los conflictos de Solomon con las autoridades terminaron de forma abrupta y extraña cuando conoció a dos artistas, una de las cuales fue la que lo llevó a mi casa. Él había oído hablar de estas «damas de los árboles» y fue a visitarlas. Astrid von Kalckstein, que al principio parecía otra huraña *memsahib*, escuchó la historia de Solomon en las escaleras traseras, le invitó a seguir hablando y desde entonces se convirtió en su amiga y defensora. Luego conoció a la amiga de Astrid, Jean O'Meara, que también se involucró en los proyectos conservacionistas de Solomon.

Me dejó perpleja que dos intrépidas pero inofensivas artistas blancas de cierta edad, ambas ligeramente excéntricas, aunque fervientes conservacionistas, que se entretenían pintando acuarelas de paisajes y recogiendo arbustos para hacer papel casero, pudieran «proteger» a Solomon. Pero él se sentía seguro y empezaba a ganar credibilidad, y puede que sus enemigos y las autoridades pensaran que Astrid y Jean tenían conexiones poderosas. O quizá simplemente se acobardaran ante dos personas comunes y corrientes que no tenían miedo en su honradez e integridad. Tras la muerte de Jean, justo antes de que yo conociera a Solomon a principios de 2000, Astrid continuó con su apoyo a los proyectos de Solomon. Luego, después de la muerte de Caleb, yo también me involucré. Hacia finales de 2000, aunque no conseguí despertar interés en la historia de su vida, me encontré apoyando sus causas.

Hojeé un expediente que Solomon me prestó y que contenía un montón de cartas y muchos recortes de viejos periódicos que había guardado: un caótico resumen de su notable carrera. Allí estaba la carta de mi madre al periódico *Nation* en febrero de 1998, en la que pedía ayuda para los esfuerzos de Solomon por salvar a una docena de monos colobos: el Servicio de Vida Salvaje de Kenia (KWS) no le prestaba ningún apoyo, ni siquiera cuando se enfrentó a dos «extranjeros» que compraban las pieles. Había un montón de respuestas preocupadas de grupos e individuos, la mayoría de los cuales pedían «fondos», supuestamente para ayudar a Solomon, aunque no hubo ninguna ayuda financiera, aparte de un abogado del oeste de Kenia que envió un cheque para contribuir a la compra de una bicicleta para que Solomon pudiera moverse con mayor libertad. La columna «Cutting Edge» del mismo periódico comentaba: «¿Por qué cada vez que vemos la carta de un lector titulada *Salvemos nuestros bosques* o *Protejamos a nuestros monos* ya sabemos que estará firmada por un *mzungu*?».

En 1996, Solomon recurrió al KWS en busca de ayuda después de que mataran a dieciséis monos en Happy Valley. Le dijeron que alimentara a los monos para mantenerlos juntos antes de capturarlos y trasladarlos, pero no hubo ninguna asistencia y no se volvió a saber de ellos durante más de un año. Y no es que Solomon tuviera dinero para comprar sin parar racimos de plátano para los monos: incluso ahora tiene que encontrar cuanto antes a alguien que le compre una carga de papel casero solo para tener dinero con el que llevar a su hijo pequeño al hospital.

Finalmente se produjo el traslado, aunque muy despacio y después de una batalla con la maraña de trámites burocráticos que acompañan a la necesaria investigación científica y coordinación de un proyecto como ese. Desde la visita inicial al área a mediados de 1998, llevó un año y cuatro meses mover a cuatro grupos de colobos, algunos al bosque de acacias junto al lago Elementeita, en Soysambu, con la ayuda de una ONG llamada Amigos de los Colobos Wakuluzu, a la que Solomon estaba muy agradecido. Pero a muchos de los monos los habían matado durante la larga espera. Había también otro asunto que lo atormentaba: creía que una investigadora del proyecto muy bien pagada había ignorado el hecho de que una jaula abandonada tras el traslado ahora se usara como trampa.

Durante un tiempo, *Nation* publicó regularmente artículos sobre Solomon que elogiaban la salvación de los colobos en peligro del Kipipiri «impulsada por Solomon Gitau». Publicaron un artículo señalando a los dos extranjeros, que usaban un vehículo con matrícula de Dubai y que compraban pieles y pagaban entre 300 y 500 chelines, al igual que criticaba al KWS por su absoluta falta de ayuda. Citaban a Solomon y comentaban lo preocupado que estaba por los veinte monos asesinados en solo dos meses, y preguntaban por qué el KWS era totalmente incapaz de combatir a los furtivos.

Las muchas cartas que Solomon guarda en una bolsa de plástico constituyen una variada colección: algunas son de gente que quiere ayudar, otras de granjeros que le piden que se lleve colobos de sus granjas. Hay una circular, escrita por Astrid, que cuenta la historia de terror de un colobo hembra en una trampa, incapaz de alimentar a su cría, que murió de hambre; Astrid la escribió con la esperanza de recaudar fondos para ayudar a Solomon, pero el goteo inicial de dinero no tardó en detenerse. Hay innumerables solicitudes de Solomon al KWS y notablemente pocas respuestas. Una carta escrita a mano, de Sylvia, de Sagana, pedía los nombres de los extranjeros que compraban las pieles de colobos ¡porque ella podía ofrecerles pieles de leopardo y cuernos de rinoceronte!

Hacia 1999, tras el primer traslado exitoso, un número creciente de propietarios kikuyu locales empezó a exigir recompensas económicas por los daños que los monos habían causado a sus cosechas. Estaban de acuerdo con Solomon en que los monos supervivientes tenían que ser trasladados, incluso si la motivación de algunos de esos propietarios era la perspectiva de una mordida de alguna ONG que esperaban que se involucrase. Pero no hubo fondos. A principios de 2000, Solomon escribió una circular, que Astrid y Jean movieron entre sus amigos.

Solomon escribía con vehemencia: «Me nombro portavoz de los monos colobos, ya que ellos no pueden hablar por sí mismos». Enumeraba las amenazas contra esos preciosos monos y suplicaba ayuda para ellos.

Para intentar recaudar el dinero necesario, un grupo de artistas y conservacionistas locales empezaron a reunirse en Gilgil para discutir un programa patrocinado a través del valle de Malewa, que se extiende desde los Aberdares por el borde de Happy Valley hasta el lago Naivasha, también con el objetivo de concienciar a los jóvenes kikuyu que vivían en la zona y enseñarles algo sobre conservación. Solo había dos miembros kenianos negros en el grupo: uno era Solomon, que solía llevar informes funestos a las reuniones: tres colobos más muertos, otra madre y su cría apedreados hasta la muerte, trampas, maíz envenenado, incluso fuegos encendidos bajo los árboles para librarse de esa «plaga». Como señalaba con frecuencia, el traslado solo era una solución a corto plazo. El panorama general era la continua invasión de los bosques. Sus informes al funcionario de distrito y al jefe de área habían caído en saco roto.

En medio de todas estas actividades y viajes a Happy Valley, Solomon también rescató y cuidó a monos atrapados, a un pato silbante con una pata rota e incluso a una cría de bongo que llevaba tres días junto a su madre muerta. Este último es un raro antílope de Kenia que aún se puede encontrar en lo más profundo de los Aberdares y algún que otro bosque, pero que no se avistan casi nunca. Legalmente, Solomon estaba obligado a entregar cualquier tipo de criatura salvaje al KWS, pero para entonces su fe en la organización ya se había visto defraudada en demasiadas ocasiones, cada vez que buscaba su ayuda y no conseguía ningún apoyo.

Solomon siguió monitorizando a esas criaturas supervivientes y trató de motivar a otros para protegerlas

A finales de los noventa había creado la Sociedad de los Niños Buenos, para enseñar a los jóvenes —como Jean le había enseñado a él— a hacer bolsas biodegradables a partir de tallos de maíz secos con los que cultivar plantines de árboles. Si se cuidaban de forma adecuada se podían vender, o sencillamente plantar por el bien del medioambiente. Solomon animaba a sus Niños Buenos a recoger la basura de los bordes de las carreteras, y predicaba con el ejemplo, porque hacía papel casero usando toda una variedad de plantas, como vainas de maíz, hierba, papiro y junco. Por encima de todo, pregonaba el respeto por todas las criaturas salvajes. Al camaleón, por ejemplo, lo matan a menudo por traer «mala suerte», o en el mejor caso se le teme. Solomon enseñaba a sus Niños Buenos que el camaleón no muerde, sino que en realidad se come las moscas que transmiten enfermedades. Me informó con orgullo que en una escuela primaria tenía veinte Niños Buenos —entre 645—, esta última una cifra increíble si se tiene en cuenta el limitado espacio de las aulas.

En medio de todo esto, Solomon se enfrentaba otra tragedia familiar. Desde la muerte de Caleb, su amada esposa y alma gemela, Esther, no se encontraba bien. Como la amiga y patrocinadora de Solomon, la difunta Jean O'Meara, Esther tenía el pecho débil y era propensa a episodios de neumonía. Poco más de un año después de perder a su hijo, ingresó en el hospital de Nyahururu, donde más tarde murió.

Solomon, devastado por el dolor, tuvo que enfrentarse a una cuantiosa factura del hospital —que no podía pagar—, y el centro se negó a entregar el cuerpo de Esther hasta que hubiera sido satisfecha. Como resultado de estas políticas, hay muertos almacenados en las morgues hospitalarias por toda Kenia.

La familia de Esther, aunque estaba económicamente en situación de ayudar a Solomon, se negó a hacerlo: nunca habían aprobado el matrimonio. Entre tanto, los amigos europeos de Solomon hicieron una colecta para permitirle enterrar a su esposa. Sus vecinos kikuyu se mofaban de él: «Ahora veremos cómo el medioambiente cría a sus hijos», dijo uno. Otro se burló: «Se casará con los monos colobos y conseguirá que le hagan sus gorros». Se refería al pequeño pero lucrativo negocio casero de Esther: recogía bolsas de plástico y las tejía para hacer bonitos gorros, esterillas y cestas. Astrid los había vendido en la Liga de las Mujeres y en otras reuniones para ayudar a Esther y Solomon a pagar las tasas escolares de los niños.

Solomon ignoró los comentarios de sus vecinos. Escribió el último capítulo de su peripecia vital en un nuevo cuaderno de ejercicios. *The Black Days* (*Los días negros*) contaba la desgarradora historia de la muerte de Esther. El libro está dedicado «a los niños nacidos en este país, que crecerán y preguntarán a dónde se han ido los árboles y los animales».

Al entierro de Esther asistió una gran multitud de simpatizantes y amigos kikuyu, varios miembros de la familia y algunos amigos europeos de Solomon y Esther. Solomon aprovechó la ocasión para dar un paso adelante con su habitual espíritu indomable y abrió un centro educacional de conservación en su memoria: el Centro de Conservación y Estudios de Campo Esther Wairumu. La gente escuchaba en silencio mientras Solomon hablaba en un inglés entrecortado sobre el profundo amor de Esther por los animales y el medioambiente, sobre el trabajo incansable que había llevado a cabo junto a él a la vez que se involucraba en otras tareas voluntarias, como la Cruzada de las Mujeres Rurales, para empoderar a otras mujeres en diversas formas de ayuda. Estas incluían alimentar y vestir a niños cuyas madres eran alcohólicas o adictas a las drogas. Esther también había alimentado con biberón a varios niños huérfanos que Solomon llevó a casa. Durante toda la ceremonia, el rollizo perro pinto llamado Hippo se paseó entre los concurrentes. Los Niños Buenos de los «Clubs de la Bondad» de Solomon cantaron canciones que habían compuesto ellos, incluida una muy emotiva titulada «Madre Esther». Algunos de los niños leyeron poemas. La ceremonia fue una celebración conmovedora y generosa de una vida bien vivida.

Plantamos árboles en memoria de Esther. Mientras levantaba la tierra dura y áspera con mis manos y la apretaba alrededor de un retoño de olivo africano, un estornino azul iridiscente se posó sobre un arbusto cercano y se puso a observar mi tarea con sus pequeños ojos amarillos y brillantes. Me puse en pie y suspiré. En la Kenia rural se venera a los ancianos, sus extensas familias cuidan de ellos, imparten sabiduría y cuentan historias maravillosas a sus nietos y bisnietos. Esther no iba a envejecer nunca, ni a conocer a los hijos de sus hijos.

Una sombra pasó sobre nosotros e hizo que alzara la vista. Un águila enorme trazaba círculos sobre nuestras cabezas, oscuro contra el cielo azul. El estornino levantó el vuelo.

14
HISTORIAS DE TORTURAS Y MUCHAS TAZAS DE TÉ

Solomon mostraba un extraordinario valor a la hora de rehacerse y seguir adelante con la vida. Nuestras exploraciones en Happy Valley continuaron, aunque nuestras misiones divergían: mientras yo esperaba descubrir más datos sobre Ramsden y su casa al parecer grande e interesante, Solomon tenía una agenda más amplia. En nuestro siguiente safari tomamos la carretera desde Captain y giramos a la derecha al poco rato por el «atajo» a Las Nubes, que probablemente nos llevó más tiempo porque era muy abrupto. Pasamos ante una sombría casa de piedra en una cresta, expuesta a los vientos, con todos sus árboles y setos cortados en escuálidos tocones. El letrero al fondo del paseo decía «Escuela de Primaria de Ihiga».

—Esa era la casa de David —dijo Solomon. Mientras tomaba una fotografía, una ráfaga de viento sopló a nuestras espaldas y me azotó la espalda antes de oscurecer todo el camino hasta la casa, tragándose los árboles secos y la casa desnuda en una nube de polvo.

—Los espíritus dicen que no —murmuró Solomon.

Un poco más allá por la polvorienta carretera nos detuvimos a charlar con un hombre que iba en bicicleta y al que Solomon conocía de vista. Sospeché que Solomon también quería que le vieran en un Land Rover, especialmente uno conducido por una mujer blanca. He ahí un mito que aún sobrevive en Happy Valley, de hecho en gran parte de la Kenia rural: que los blancos significan dinero, inmensas cantidades de dinero. Ello a pesar de que la clase adinerada actual la componen en su mayoría políticos negros que poseen todas las ostentosas viviendas palaciegas, rodeadas de verjas de seguridad y vallas eléctricas, vigiladas por guardas mal pagados. A veces incluso hay muros coronados por trozos de vidrio, por si acaso alguien quiere destrozarse manos y pies al tratar de colarse para robar lo que quiera que tengan esos peces gordos kikuyu y que protegen con tanta ansiedad.

El ciclista tenía unos dientes tan grandes, amarillos, triangulares y sobresalientes que no podía cerrar la boca. Era el delegado de educación de adultos, lo bastante respetado como para ordenarle a uno que pasaba que se hiciera cargo de su bici y poder así viajar con nosotros. Cruzamos la curva en S del río Kimuru, conocido como *daraja tatu*, literalmente «tres puentes». En los años veinte, a alguien se le ocurrió que la manera más fácil de atravesar el barranco era por sus partes más estrechas: dos meandros. Así que se construyeron dos pequeños puentes con grandes troncos para que pasaran los colonos y sus pertenencias hasta el Kipipiri y hacia Happy Valley desde Gilgil. Estos viejos puentes aún eran practicables a pie, pero se añadió uno nuevo de cemento (en 1972, dijo Solomon). En realidad, el mapa nombraba el río Kimuru como el Olokoronyo. Solomon explicó que era un nombre masái, otro recordatorio de que los masái habían estado allí antes y que los kikuyu habían llegado más tarde, con los colonos blancos. Este y muchos otros ríos que nacen en los Aberdares y en el Kipipiri desembocan en los ríos principales: el Wanjohi se une al Malewa, que alimenta el lago Naivasha. Al sobrevolar la zona una vez, pude ver que estaba cortado por muchas gargantas empinadas, algunas de las cuales aún proporcionaban refugio selvático a los monos colobos. Pero los sacos de carbón vegetal en los portabultos de las bicicletas y los tejados de *matatus* cuentan la historia del destino que espera a esos árboles y advierten sobre su futuro.

Más adelante por la carretera, nuestro pasajero se apeó junto a otra casa antigua, ahora la Escuela de Primaria de Malewa. Era la casa de Columbus, dijo Solomon, y la zona también había mantenido el nombre de Columbus.

Los mapas topográficos confeccionados en 1947 por la RAF señalan esa zona como Granja Colobus, con dos casas que pertenecían a Ori y Vetri. El mapa señalaba la casa «de David» como perteneciente a Davies.

Un profesor salió y se presentó. Me dijo que estaba escribiendo un libro sobre el Mau Mau. «Se titula *Kimathi*», dijo. ¿Podía yo buscarle un editor? Tenía la cara deformada y llena de cicatrices por algún accidente del pasado. En Kenia se produce un número abrumador de accidentes de carretera, pero también muchos niños se queman en incendios de las cabañas, como le ocurrió al propio Solomon. Uno de los primeros recuerdos de Solomon es de cuando era muy pequeño; recuerda vívidamente el dolor insoportable que sentía mientras sus antipáticos hermanos le frotaban las quemaduras con aceite de coche. Si este profesor se había quemado, parecía como si alguien hubiera intentado reparar el daño con un rastrillo. La cirugía plástica no es una opción en los hospitales rurales. Y si lo fuera, ¿cuántos podrían permitírselo?

Se nos unieron una dama con un fuerte estrabismo y un anciano con la pierna amputada por la rodilla. Yo empezaba a preguntarme si aquello no sería en realidad un asilo, hasta que me di cuenta de que estaba actuando como el Flautista de Hamelín para cientos de niños que habían salido en tropel de un aula para ir detrás de nosotros en silencio y con la mirada fija. La mujer bizca se presentó como la profesora de inglés y me pidió que les impartiera a los niños una clase de inglés allí mismo, en el árido patio de juegos detrás de la escuela, con Solomon, el delegado de educación, el maestro-escritor, el hombre con una sola pierna, y ahora ella y varios cientos de niños me miraban con expectación.

El inglés de la maestra era tan pobre que decidí que podía al menos hacer que sus alumnos escucharan hablar un inglés materno, así que les conté que era escritora, que en mi trabajo no se ganaba mucho, pero que estaba persiguiendo mis sueños. Mis palabras eran frecuentemente interrumpidas por gritos de «¡Sí!». Una niña valerosa se las había arreglado para acercarse lo suficiente a mí como para acariciarme el pelo, tan extraño para ella, tan pálido y suave.

—¡Me gustaría leer su libro! —dijo un niño de ojos brillantes en su mejor inglés.

Pasamos pisando baches ante varias presas secas. Una, alimentada por un arroyo estacional, tenía un charco de agua y un par de fochas chapoteaban en él.

—Aquí solía haber agua para las vacas y los animales salvajes —se lamentó Solomon—. La había hecho Gordon, y esta es su casa.

¿Gordon? Me pregunté si sería familia política de lady Idina Gordon, como se llamaba cuando llegó a Kenia por primera vez.

Le seguí hasta una solitaria torre de piedra, de tres pisos de altura, evidentemente construida como protección fortificada durante el Mau Mau, pero ahora muy agrietada (Bubbles Delap me contaría más adelante que era muy similar a las fortificaciones construidas en Rayetta). Solo un ala de la casa permanecía en pie: piedra gris polvorienta y rodeada de basura. Sus austeras ventanas uniformes tenían un aspecto muy de los cincuenta, construidas con muy escasos recursos.

El actual propietario de la torre y de los restos de la casa, Silas Karoga, tenía unas pocas gallinas raquíticas y una vaca vieja y escuálida que parecía que no iba a dar ni para un buen *biltong*. El viento levantaba el polvo y lo esparcía a través de los pasillos de maíz muerto. La numerosa familia de Silas, de aspecto famélico, había salido del piso bajo de la torre, donde era evidente que vivían hacinados. Las escaleras de madera de la torre se habían podrido, así que no había sección superior, y la casa, lo que quedaba de ella, la ocupaban las gallinas y la vaca. Los niños vestían harapos, pero mostraban anchas sonrisas, incluso antes de que les diéramos dulces.

Condujimos hasta Machinery, una pequeña aldea de chozas con techo de hojalata, donde nos detuvimos ante una cabaña con suelo de tierra llamada café Destination. La propietaria, que me fue presentada como Mama Maina y que colaboraba con Solomon en sus proyectos con los colobos, nos ofreció *ugali* (masa de maíz) y *sukuma wiki* (un acompañamiento de verduras de hoja verde, aunque el nombre significa en realidad «apurar la semana», en referencia a la capacidad de la planta para echar hojas contra viento y marea y alimentar a cinco mil). Seis jóvenes estaban ya dándose un festín y Solomon se unió a ellos, sentado en un banco desvencijado bajo un póster groseramente ilustrado que proclamaba: «Yo lloraba por no tener zapatos. Pero di gracias a Dios cuando me encontré con alguien que no tenía piernas. JESÚS ES REAL», concluía. Desde una radio invisible, una voz norteamericana canturreaba: «Tenemos que dejar de agraviarnos el uno al otro», solo que pronunciaba «arrearnos».

A mí me dolía la barriga, y que rechazara la comida provocó un gran regocijo. Me senté en un taburete junto a una pared pintada con flamencos, y me atreví con un té muy dulce servido en una taza con un muñeco de nieve pintado en ella, no sin aprensión, porque allí no había retretes con cisterna, solo letrinas de hoyo en las que había que agacharse y apuntar con precisión. Un gallo pinto se reunió conmigo y cagó bajo la mesa mientras miraba de reojo mi zapato. A través de las cintas de plástico que se agitaban bajo la puerta distinguí ovejas que se abrían paso por la parcela de brillante hierba verde cubierta de basura. Apareció una bandada de niños descalzos que se detuvieron en la puerta y soltaron unas risitas al verme dentro. De pronto se dispersaron y corrieron cuando entraron tres ancianos. Vestidos con chaquetas harapientas y sombreros de fieltro, me saludaron en kiswahili y entablaron una animada conversación en kikuyu, un idioma que cuando lo escuchas sin entenderlo parece que carece por completo de vocales. Se sentaron en un rincón y Mama Maina les sirvió tazas de té. Los jóvenes parecían haberse marchado sin pagar, y me pregunté si nuestra anfitriona regentaba el café Destination dando crédito ilimitado o si aquella gente eran parientes a los que se invitaba. Quizá sencillamente Mama Maina no fuera una buena mujer de negocios, porque se negó a cobrarnos e ignoró mis protestas mientras llenaba de fruta la parte posterior de mi Land Rover e insistía en que nos sentáramos de nuevo y tomásemos otra taza de té.

—Aquí son visitantes —dijo con firmeza—, y son bienvenidos.

Derrotada, humilde ante su generosidad, asumí que no iríamos a ninguna otra parte y me senté de nuevo a ver pasar el mundo. Una mujer estaba sentada afuera, al lado de la puerta, tejiendo a gran velocidad una prenda de lana sintética de un color naranja chillón. Junto a ella pastaba una oveja necesitada de que la esquilasen.

Solomon siempre parece conocer a todo el mundo. No paraba de salir para recoger más noticias sobre colobos o preguntar por viveros. Las paredes que me rodeaban estaban decoradas con recortes de periódico sobre temas que iban de la salvación a la malaria y que ofrecían material de lectura para acompañar al té. Mientras leía sobre cómo los productos Nice and Lovely podrían cuidar mi piel y mi cabello, me pregunté por qué aquel lugar se llamaba Machinery, ya que no había señal alguna de nada remotamente mecánico.

Nos desviamos a Las Nubes para dejarles a los nietos de Nuthu algo de ropa que a mis hijos les había quedado pequeña. Desde el Gilgil Club hasta Las Nubes, vía Captain y *daraja tatu*, con sus viejos puentes, había menos de 55 kilómetros, y se llegaba en diez minutos menos de dos horas quitando las paradas. Luego dimos la vuelta hacia Wanjohi y la casa de Alice, y nos detuvimos antes de Mununga en una escuela de primaria en la que Solomon quería ver a algunos de sus Niños Buenos.

Cuando salíamos de la escuela, casi tropezamos con un alumno desaliñado y descalzo que esperaba para ver al director, de pie, con aire desdichado, bajo el cartel que decía: «El compromiso es la respuesta». El niño parecía llevar días sin comer, y que nadie había lavado o remendado su ropa durante meses. Tenía la mirada fija en el agrietado suelo de cemento y su actitud, encorvado, resignado, sugería que estaba esperando para que lo azotasen. Solo podía desear que no le castigasen por su apariencia.

Solomon quería enseñarme la «casa Hall», así que me guio de vuelta al pueblo en expansión de Miharati, que se encontraba entre Machinery y la granja Mununga, justo debajo de la de Gordon. Como Machinery, Miharati había pasado de ser tierra de cultivo a convertirse en una ciudad ruidosa, mugrienta y concurrida, todo en menos de cincuenta años. En las afueras de Miharati, una vieja casa de madera se alzaba adusta al borde de una estrecha quebrada, sin tejado desde hacía mucho tiempo.

—Esa fue la primera casa de Hall —me dijo Solomon.

Nos adentramos en la ciudad hasta el segundo hogar de Hall, otra casa de estilo europeo: piedra gris con un tejado rojo de tablillas, rodeada por un seto descuidado. Hileras de lirios africanos bordeaban el paseo. El Kipipiri se alzaba detrás y más allá los Aberdares, que se extendían hacia los picos del Kinangop, moteados por la luz de la tarde. El edificio era ahora una comisaría de policía.

Condujimos a través de Miharati, por una calle polvorienta e irregular, para tomar más té en un «hotel» cercano. Adornos de Navidad rojos, plateados y dorados proyectaban sobre las paredes estampas surrealistas mientras danzaban bajo la ligera brisa y nosotros bebíamos nuestro té en tazas decoradas con ositos pescando con chalecos rojos. Nos sirvieron unos *mandazi* fríos y curtidos, el equivalente keniano a los donuts, pero plano y habitualmente triangular. Cuando están frescos son deliciosos, pero estos habían sobrado de ayer. El otro único cliente saludó con la cabeza y volvió a su periódico, pero los niños afuera siguieron atisbando desde la puerta. Cuando hice un gesto con la mano, salieron corriendo muertos de risa. Luego volvieron, a rastras, desafiándose unos a otros, como si fuera el juego de no asustes a la abuela. Entraron los jugadores de un equipo de fútbol, se sentaron y se me quedaron mirando como si fuera un bicho raro. Los niños afuera huyeron y el hombre del periódico nos ignoró a todos.

Solomon estaba sentado bajo un cartel escrito a mano con un tosco dibujo de un hombre tumbado en una cama en el exterior de una choza. «El que confía en sus familiares muere pobre», era el mensaje de advertencia.

—Esa comisaría de policía es el lugar donde me encerraron la primera vez —me dijo Solomon—. Los policías me pegaron muchísimo y después de eso tenía miedo incluso de dormir en mi propia casa, porque siempre volvían a por mí.

Durante el régimen represivo del partido único a finales de los setenta, la mayoría de la población estaba a merced de políticos codiciosos que ya aceleraban a tope por las autopistas de la corrupción y provocaban desconfianza y sospechas a su paso. No fue ninguna sorpresa, por tanto, que Solomon fuera acusado de tener motivaciones políticas: prohibieron sus actividades conservacionistas y lo amenazaron una y otra vez hasta que no le quedó otro remedio que marcharse. Encontró un empleo en el oeste de Kenia, pero lo perdió por protestar ante el uso de mano de obra infantil por parte de la compañía. De vuelta en casa, no tardaron en arrestarlo por su supuesta postura contraria al gobierno y encerrarlo durante una semana sin comida.

Solomon, ingenuamente quizás, siguió creando clubs conservacionistas, a cuyos miembros animaba a formar equipos de fútbol. Era su solución para mantener a los jóvenes desempleados como él ocupados y motivados, con la ventaja de la competitividad. Pero las autoridades locales y la policía no dejaban de acosar a Solomon. Bajo tales circunstancias, si tienes algo de sentido común respondes como se espera de ti o te arriesgas a más palizas, pero Solomon se negó a mentir y dijo que sí, que tenía motivaciones políticas. Así que lo retuvieron en la comisaría de Miharati sin razón alguna. Después de que lo golpearan brutalmente; al final lo dejaron ir, no sin advertirle que la próxima vez lo matarían. El mensaje era claro: no vuelvas a fastidiarnos y no llames la atención...

Preocupado y molesto, Solomon cogió un *matatu* a Nairobi para visitar a la profesora Wangari Maathai, coordinadora del Movimiento Cinturón Verde, la mujer que más adelante ganaría el Premio Nobel de la Paz por sus esfuerzos de conservación. Maathai llamó al comisionado de distrito local, le dio dinero a Solomon para que cogiese el autobús y le garantizó su seguridad.

Pero Solomon no tardó en volver a aventurarse en los bosques de Kipipiri para investigar los fuegos que dejaban los carboneros. Allí se topó con una plantación ilegal de marihuana y alguien lo vio. Su última «injerencia» puso precio a su cabeza, porque se había pasado de la raya: les había pisado los juanetes a los peces gordos de la política que obtenían beneficios de la empresa. Ahora, al parecer, lo estaban vigilando.

Un día claro, tras las prolongadas lluvias que habían alfombrado Happy Valley de abundante hierba verde y flores silvestres, Solomon había estado bregando para despejar una vieja presa y proporcionar agua a sus viveros. Necesitado de un descanso, fue al pueblo cercano, Ol Kalou, a encontrarse con unos amigos. En cuanto se bajó del *matatu* y echó a andar por la calle, dos policías de paisano se materializaron a su lado, le apuntaron a la cabeza con una pistola y le ordenaron que fuera con ellos. En sus propias palabras en su autobiografía:

> Me llevaron a la cabaña de hierro cercana a la comisaría, donde había muchos policías esperándome. Me hicieron preguntas y me dijeron que contestase que sí, pero yo dije que no. Luego me golpearon y me cogieron por mis partes y me quemaron la mano con cigarrillos. Luego me llevaron a la morgue del distrito de Ol Kalou. Encendieron las luces para que pudiera ver los cuerpos de los muertos. Luego me quitaron la ropa y me esposaron al cuerpo de una chica muerta. Cerca de mis pies había más cuerpos. Me dijeron que practicara el sexo con el cadáver de la chica... Luego los policías apagaron la luz y dijeron: «Muy bien, disfruta, Solomon». Me dejaron allí tres horas, luego volvieron y dijeron: «Bueno, Solomon, ¿estás disfrutando con tu amante?».

Los del equipo de fútbol escuchaban con una especie de cansina resignación mientras la historia de Solomon me helaba la sangre en las venas.

—La gente me preguntaba por qué no me rendía —dijo—. Me preguntaban si quería que me matasen

—algunos miembros del equipo de fútbol sentados en el *hoteli* con nosotros asintieron con intención.

Aunque ya había leído la historia de Solomon en su libro, me pareció más directa escuchada ahora, tan cerca de una de las comisarías de policía implicadas.

Finalmente, el equipo de fútbol se marchó, pero ni siquiera los vi salir. Con el rabillo del ojo, percibí que un hombre que empuñaba un palo de metro y medio entraba y se sentaba frente a nosotros. Llevaba un gorro hecho con pieles de animales y su traje, desgastado en las rodillas y los codos, estaba adornado con numerosos imperdibles. Era demasiado joven para ser un héroe de guerra de la época Mau Mau. No parecía demasiado interesado en nosotros, ni en realidad en nada que no fuera su valioso bastón.

—No pasa nada, está loco —dijo Solomon para tranquilizarme, al ver que yo intentaba no encogerme de miedo cada vez que levantaba el palo y lo examinaba.

El cuadro que tenía delante representaba a un chimpancé vestido de traje, comiéndose un plato de salchichas. Mi cabeza daba vueltas con las alarmantes historias de Solomon de torturas brutales, y tenía un ojo puesto en el bastón de metro y medio. Me sentía un poco demente yo también.

El loco nos siguió afuera y se quedó en medio del camino, sin mirar nada en particular mientras nos alejábamos.

Nos detuvimos frente al Quickserve Duka, flanqueado por la sastrería Ebenezer y el café Popular. Solomon había visto a un espíritu afín. «Es un hombre colobo», me dijo mientras saltaba del coche. Al fin y al cabo, nuestras excursiones por Happy Valley eran también viajes para contar colobos. Solomon siempre tenía sitios a los que ir y personas a las que ver.

Pelé y me comí una naranja importada de Sudáfrica que había encontrado entre el desorden de mi coche mientras contemplaba a través del parabrisas polvoriento un mundo que no podía comprender: un batiburrillo de baches, basura, cabras, gallinas y gente que deambulaba. Una dama se detuvo a hablarme y recorrió con la mirada todo el interior de mi coche, lo que me puso muy nerviosa.

—Yo tengo un bar —me dijo, y añadió—: También soy funcionaria de la sanidad pública.

Fijó los ojos en mi naranja, así que le di la otra mitad y se alejó masticando tan feliz, arrojando las cáscaras a la calle.

Nuestra última parada ese día fue en la casa de paredes de barro y suelos de tierra de un anciano llamado Njogore, el cual, junto con Solomon, había organizado un encuentro con un puñado de ancianos kikuyu para que desempolvasen sus recuerdos. La esposa de Njoroge trajo leña para hacer té mientras nos sentábamos a escuchar. Njoroge no sabía su propia edad, pero calculaba que había nacido «hacia 1927». Muchos kenianos, especialmente los mayores como Njoroge, nunca han celebrado un cumpleaños en toda su vida. No pueden porque no saben ni el día ni el mes, menos aún el año. Njoroge había trabajado para «un *bwana* llamado Barker», ayudándole con las gallinas y los patos. Recordaba a «otro *bwana* llamado Dowson» que había llegado al mismo tiempo.

—Después de eso —confirmó—, los blancos se marcharon y los grandes graneros de heno se utilizaron para almacenar maquinaria del gobierno al distribuirse la tierra entre los kikuyu —eso debió de ser cuando Kenia consiguió la independencia.

Muthoki, muy viejo e igualmente vago acerca de su edad, había nacido «hacia 1920», pensaba él. Trabajó para varios *bwanas* y *memsahibs* como jardinero, albañil y *fundi* (que puede traducirse más o menos como manitas o chapuzas).

—Dowson —dijo— conducía muy rápido —sus recuerdos llegaban más atrás, a cuando Ramsden, a los que ellos llamaban Kimondo, vivía allí—. Tenía una casa muy bonita, hecha con barro y ladrillos. Tenía un jardín precioso y muchos estanques, y hierba verde muy corta en la que no se permitía pastar a las vacas —recordaba que de niño le sobrecogía aquel blanco rico y poderoso—. ¡Kimondo era muy alto y muy rico! —dijo. Al parecer, el nombre local *Kimondo* había sido acuñado porque Ramsden llevaba una bolsa llena de clavos y otras piezas que podían ser de utilidad. Significa literalmente «el que lleva una bolsa de piel de cabra».

Yo ya había leído algunas cosas sobre sir John Ramsden, amigo y vecino de Joss e Idina, así como de Alice; y luego otra vez de Idina, cuando ella más tarde fue a vivir a Las Nubes. Rico propietario de vastas extensiones de tierra, había sido coetáneo del 3.er barón Delamere.

También me acordaba de que un amigo piloto que había sobrevolado Happy Valley y sus alrededores en avioneta me había hablado con mucha excitación sobre una casa muy bien conservada en la ladera del Kipipiri, con grandes setos ornamentales muy bien podados.

—Tiene que ser Las Nubes —había dicho.

—Las Nubes no tiene setos —le había replicado yo—. ¿De qué color es el tejado?

—Rojo.

—Entonces no es Las Nubes.

—Se llama casa Aberdare —me dijo Solomon—. Es una casa muy bonita.

—Pertenece a un pez gordo de la política —añadió alguien más—. ¡Nunca entrarás ahí!

Había todo tipo de historias sobre a quién pertenecía en la actualidad la casa de los setos. Pertenecía al presidente. Pertenecía al poderoso ministro. Pertenecía al jefe del CID...

—Moi estaba escondido aquí cuando la gente decía que había muerto —me contó Solomon más adelante. Se refería al sucesor de Kenyatta, el presidente dictatorial Moi, que fue el dueño y señor hasta 2002. Se suponía que llevaba muriéndose de cáncer de garganta desde hacía décadas, pero en el momento de escribir estas líneas aún tenía buen aspecto—. Se supone que nadie lo sabía, pero todos lo sabíamos.

Les pregunté a los ancianos sobre el asunto.

—Era la casa de lord Ramsden, antes de Dowson —asintió Muthaki—. Era el padre de lord Erroll.

Njoroge se lo discutió:

—No, Kimondo era padre de Idina.

—¡Sí! —convino Solomon, menos interesado en la prole que en la propiedad—. ¡Era la casa de Ramsden! ¡Está cerca de Las Nubes!

Njuguna, que no tenía dientes ni pelo, estaba muy sordo y casi ciego. Parecía el más viejo de todos. Nadie tenía ni idea de cuándo había nacido, pero lo cierto es que recordaba a Idina, al igual que a Kimondo.

—Idina no siempre tuvo un marido —dijo—, pero nunca estuvo sola —eso hizo reír a Solomon. Njuguna también se echó a reír, y añadió—: Pero nosotros siempre estábamos en la cocina, haciéndoles comida; a veces hasta cincuenta comían allí. —Solomon preguntó si alguna vez había visto fiestas salvajes, esperando probablemente una descripción escabrosa de una orgía, pero Njuguna negó con la cabeza—. No, no conocíamos sus asuntos.

Una mujer joven —otra esposa, o quizá una hija o incluso una nieta— nos sirvió el té, con los ojos bajos mientras posaba las tazas de latón humeantes; luego se fue en silencio con sus pies desnudos.

Los ancianos sorbieron su té mientras bromeaban sobre la comida que les gustaba a los blancos, y recordaron de pronto las palabras inglesas para cosas extrañas como «jamón», «asado» y «algo llamado pudín».

—Había una col parecida a verdura que se comía fría y sin cocer... con zanahorias —dijo Njuguna, y todos se rieron.

—¡A la salsa la llamaban ADEREZO! —rio otro anciano.

El caso Erroll había pasado de largo por ellos, pero, cuando empezó el Mau Mau, Njuguna y Muthoki fueron detenidos y trasladados a Fort Hall, donde permanecieron hasta 1957. Njoroge se había unido en la selva a sus camaradas luchadores por la libertad. Ya había aprendido un montón sobre los blancos y sobre pelear en Birmania, dijo, cuando se libraba allí la guerra de los blancos.

Era hora de volver a casa. Como siempre, parte de mí quería quedarse en Happy Valley. Los rayos oblicuos del sol de media tarde realzaban los capullos rojos, parecidos a bayas, que se asomaban entre las puntiagudas plantas de aloe, calentaban la hierba dorada e insuflaban rasgos a las montañas color añil que sobresalían hacia el pálido cielo. Las lluvias habían sido fuertes y el estado de las carreteras era horrible. A medida que las nubes que habían inspirado a Idina el nombre de su casa se deslizaban desde Rift Valley, el cielo se volvió de un gris pétreo y los colores empezaron a desvanecerse. De pronto, el cielo negro y encapotado arrojó sobre nosotros una prematura y ominosa oscuridad, y las primeras y enormes gotas empezaron a caer sobre el parabrisas. Y los cielos se abrieron y derramaron sobre nosotros su lluvia ecuatorial. Y entonces tuvimos un pinchazo. Solomon y yo luchamos con mi flamante gato hidráulico, que de la forma más testaruda se negó a elevarse y descender o hacer algo de lo que se supone que hacía. Maldije la lluvia, que originaba que nuestras manos, la carretera y el gato se volvieran cada vez más resbaladizos, pero, como descubrí más tarde, no eran solo los elementos: la pintura del gato era excesiva e impedía que los dientes se agarraran. Ni con tiempo seco y mayor experiencia habríamos conseguido algo distinto.

Todo lo que podíamos hacer era encerrarnos tiritando en el coche y esperar. Contemplamos la lluvia que avanzaba sobre la meseta y de pronto volvió a salir el sol, refulgente y danzando sobre los campos como un bufón. Estábamos en una carretera por la que no circulaba nadie, a juzgar por su estado, así que no teníamos demasiadas esperanzas de que alguien viniera a rescatarnos; y aunque lo hicieran, ¿tendrían un gato lo bastante sólido para elevar el pesado Land Rover? Varios paseantes se acercaron a ofrecer consejo. Un anciano, menos interesado en el gato, me preguntó si conocía a los Barker.

—Bueno… creo que no —dije—. He oído hablar de ellos. ¿Los conoció usted?

—Era su cocinero —respondió.

Alguien vino con una pala y alguien más trajo un machete. Entre los dos cavaron un hoyo bajo mi rueda pinchada. Ahora que la lluvia había amainado, pudimos sentarnos sobre la hierba húmeda. El viejo cocinero me contó que durante el Mau Mau los luchadores por la libertad habían espiado la antigua casa de Ramsden, Casa Kipipiri, desde un cedro alto.

—Podían ver a los blancos, y sabían cuándo salían y cuándo volvían. Pero los *bwanas* no sabían que estaban allí, ¡vigilando desde el árbol!

Nos sentamos al borde del camino, el viejo cocinero de los Barker y yo, y contemplamos las encantadoras montañas, unidos en nuestros pensamientos separados por la visión de los espías invisibles en el árbol. Como media hora más tarde, tras cavar lo suficiente bajo la rueda delantera para quitarla y cambiarla, proseguimos el camino. Entonces mi rueda trasera empezó a hacer un terrible ruido de chirrido que traté de ignorar.

—Oh —dijo Solomon en tono ominoso, asomándose por la ventanilla para escuchar—, quizá sean esos malos demonios de Happy Valley.

Por extraño que parezca, cuando llegamos a Captain, con sus arcenes relucientes de bolsas de plástico, y tomé el camino a casa, el ruido cesó.

15
LA CASA DE LA PUERTA DORADA

Después de la charla con los ancianos sobre Ramsden, estaba decidida a visitar su casa de Happy Valley, se supone que la mejor conservada de toda la zona.

Así que Solomon y yo condujimos hacia Las Nubes una vez más y atravesábamos una profunda garganta por una carretera empinada y llena de curvas, donde aún había algunos árboles autóctonos, desnudos y expuestos, con sus ramas más bajas cortadas. Un poco más adelante, Solomon me dijo que girase a la izquierda, con la intención de colarse a través de la verja de la granja de flores, aunque el guarda empezó a abrir la cancela en cuanto vio a una mujer blanca al volante: mi color de piel y mi sexo me hacían sin duda inofensiva. El Kipipiri se alzaba detrás, con sus laderas más altas aún densamente boscosas, mientras conducíamos entre hileras marciales de invernaderos de plástico.

—Mi amigo Peter es el administrador aquí —dijo Solomon—. Puedes preguntarle si podemos ver la casa Ramsden.

El apuesto joven holandés se asomó a la ventanilla de mi coche y nos estrechó las manos. Parecía muy dispuesto, pero pronto me di cuenta de que solo era un empleado del rico propietario keniano. Tras él había un enorme e impenetrable seto de ciprés. Debió de pensar que yo era una de esas personas que no paran de mirar por encima de tu hombro durante la conversación, esperando ver a alguien más interesante. Lo cierto es que solo intentaba encontrar una abertura en el seto para echar un vistazo a la casa escondida tras su espléndida poda, tan cerca y a la vez tan lejos. Pero el seto resultaba tan opaco como un apagón a medianoche en medio de la niebla.

Solomon y yo usamos todos nuestros poderes de persuasión, pero fue en vano.

—Son bienvenidos a mi casa cuando quieran —dijo Peter a modo de consuelo, mientras señalaba la casa del administrador, de nueva construcción, a un lado del camino—, pero no puedo dejarles visitar la casa grande: no estoy autorizado.

—De acuerdo —dijo Solomon—, entonces vamos a dar la vuelta allá arriba.

Peter desapareció en los viveros mientras conducíamos hacia el lugar donde dar la vuelta, que Solomon señaló con un triunfal «¡Ahí la tienes!». Una puerta lateral de madera en el seto se abría a una vista de los amplios jardines, contenidos por vastos setos que se extendían grandiosos hasta la propia casa. Un largo bungaló de una planta, blanco y negro, de falso estilo Tudor, con su tejado rojo de tablillas cubierto de musgo. Mientras contemplaba la extensión de césped color esmeralda, la elegante línea de setos perfectamente recortados y sus torneados árboles exóticos, de pronto me pareció ver una cara mirándonos desde una de las ventanas de la casa.

—Rápido, vayamos al jardín —susurró Solomon cogiéndome el brazo—. Allí no hay nadie.

Ni hizo falta más para convencerme de apagar el motor, saltar del coche y acercarme llena de excitación a la verja baja. De detrás de un seto apareció un vigilante, que llevaba gabardina y un garrote en la mano. Mientras se dirigía a paso rápido hacia nosotros, pensé: «Bueno, se acabó el plan»; pero, para nuestra sorpresa, se mostró amigable. «Karibu!», dijo sonriendo, que en kiswahili significa «acércate» y también «bienvenido», así que saltamos la verja.

—¿Está aquí el dueño? —pregunté.

—No —dijo—. Aquí no hay nadie.

Decidí no mencionar la cara en la ventana.

—¿Podemos ver el jardín?

—Por supuesto.

Intrigado por nuestro interés, nos acompañó por los jardines exquisitamente cuidados, el suave y verde césped que descendía en terrazas hasta estanques y jardines de agua, con árboles ornamentales, arbustos recortados y setos de 10 metros de altura, envolviendo aquel parque encantado entre sus protectores brazos verdes. Había dos leones de piedra vigilando inmóviles la puerta principal. La imponente puerta lateral era de madera pulida de color dorado claro, tallada con diseños florales y un escudo familiar que también incorporaba a un león.

Me acerqué indecisa a la preciosa puerta, seguida por el intrigado vigilante.

—¿Vienen de América? —preguntó—. ¿Suecia?

De pronto Solomon me dijo con un susurro dramático:

—Tenemos que irnos enseguida; ahí está *esa* mujer en la ventana.

—¿Quién...? —comencé.

Pero Solomon ya se dirigía hacia el coche a paso rápido.

—Pero son bienvenidos si quieren volver —dijo el vigilante con tristeza mientras abría el portón para que no tuviéramos que saltar.

—Entonces ¿quién era la mujer? —pregunté mientras nos alejábamos a toda prisa.

Solomon estaba ensimismado.

—¿Solomon? —dije.

Levantó la vista.

—Pero es una casa preciosa —dijo con tristeza, y añadió con misterio—: Estuve aquí hace mucho tiempo, pero ahora hay una mujer kikuyu dentro que está loca, ¡con una *panga*!

Condujimos hasta Las Nubes, a unos pocos kilómetros carretera arriba, y pasamos ante una pequeña y pulcra hacienda rodeada de setos recortados en formas triangulares y esféricas, algo tan insólito en la zona como podría serlo Papá Noel.

—El *mzee* que ahora vive ahí es uno de los antiguos jardineros de Ramsden —dijo Solomon para despejar mi confusión, como si me hubiera leído el pensamiento.

Tras dejar Las Nubes y conducir de vuelta a Machinery, pasando de nuevo ante la Casa Kipipiri, en mi mente aún contemplaba la cara de la ventana, y aun así estaba segura de que era pálida, fantasmal: una visión del pasado.

Me sentía emocionada con la casa; después de todo era la primera casa antigua que se conservaba intacta y con un jardín bien cuidado en todo Happy Valley.

Sir John Frecheville Ramsden, como se llamaba correctamente, había hecho su fortuna con las plantaciones de caucho en Malasia. Luego compró vastas propiedades en Kenia: la Hacienda Kipipiri en Happy Valley y Waterloo, a orillas del lago Naivasha, ahora llamada Marula y todavía una granja próspera, hoy en manos italianas. La Hacienda Kipipiri flanqueaba toda la ladera oeste del monte Kipipiri, limitando al norte con la granja de Alice y al sur con Las Nubes y la zona de las tierras altas blancas llamada North Kinangop. Una vez que se aseguró el corredor para sus ovejas, sus tierras se extendieron hasta las playas bordeadas de acacias del lago Naivasha. Poco más de una década antes, aún no había estallado la Primera Guerra Mundial, a lord Delamere le denegaron su solicitud de 40 500 hectáreas de tierra que se extendían desde los Aberdares a Rift Valley, aduciendo que eran terrenos de pasto intermitentes de los masái. Delamere ya había hecho una solicitud anterior para apropiarse de las tierras de Laikipia (entre los Aberdares y el monte Kenia), rechazada por estar demasiado lejos del ferrocarril. Al final, según Elspeth Huxley en *White Man's Country*, volumen 1 (*El país del hombre blanco*, 1930), tuvo que conformarse con tierras desocupadas en Njoro, antes de arreglárselas para comprar Soysambu. Pero después de la guerra el panorama cambió de forma dramática. Los masái y todos los demás tuvieron que hacer sitio a los nuevos colonos-soldados, incluso a gente como lady Idina Gordon, sin olvidar al más respetable sir John Ramsden.

Uno de los vecinos de Ramsden en Naivasha era Delamere, el otro Ewart Grogan, que había dejado embarazada a la madre de Bubbles Delap. Grogan poseía la granja Longonot y también estaba desarrollando fincas en Taveta, cerca de la frontera con Tanzania, a la sombra de las altas cúpulas nevadas del monte Kilimanjaro; allí construyó una casa palaciega —algunos dicen que una locura— en una pequeña colina, donde permaneció desierta, y con la reputación de estar encantada, durante décadas, hasta que alguien la convirtió en un hotel. Que los ríos de Happy Valley se poblaran de truchas fue en gran parte gracias a Ewart Grogan: en 1906 importó a Kenia 40 000 ejemplares.

Según Edward Plaice en *Lost Lion of The Empire: The Life of Cape to Cairo Grogan* (*El león perdido del Imperio: La vida de Grogan de El Cabo a El Cairo*, 2001), a finales de 1938 Grogan necesitaba fondos, así que persuadió a dos grandes derrochadores, Ramsden y Maurice Egerton (4.º barón de Tatton y granjero de Njoro, en Rift Valley), para que se unieran a él como socios. Elspeth Huxley afirma en *El país del hombre blanco*, volumen 2 (1935), que en 1925 se creó Colonist Ltd, una agencia de tierras en el sur de Tanzania, con un capital de 6000 libras esterlinas proporcionadas en su mayor parte por Ramsden, Egerton y Delamere. Ramsden fue sin duda uno de los peces gordos. El Kenya Up-Country Directory de Tim Hutchinson lo sitúa en la finca de Kapipiri en 1926, y también hace constar que fue presidente del Gilgil Club de 1926 a 1933.

Errol Trzebinski se refiere a la finca de 3000 hectáreas de Ramsden que se extendía desde el Kipipiri. Añade que un constructor de Norfolk había levantado una casa y que «Chops» Ramsden, como le conocían sus amigos, también construyó Slains antes de la llegada de Idina y Joss. Ramsden, de haber estado cerca, probablemente habría tenido mucho que decir sobre el asesinato de Joss. Últimamente había aprendido mucho sobre el Mau Mau y esos crímenes más recientes, pero la cuestión de quién había asesinado a Joss continuaba obsesionándome.

Unos pocos meses después, Solomon me llamó para una entrevista.

—He encontrado a un hombre muy muy viejo. ¡Tiene más de ciento diez años! ¡Construyó la casa de Ramsden! —gritó excitado a través de la línea telefónica llena de chirridos.

Condujimos durante kilómetros a través de la alta meseta abierta a lo largo de la cordillera de Kiambaga, entre Gilgil y Wanjohi, hasta que llegamos finalmente a la sencilla granja. Nos recibió un hombre de pelo y barba blancos —era cierto que aparentaba un siglo de edad— que se presentó como Amos. Di por hecho que Amos era el anciano con el que íbamos a hablar, pero Amos dijo: «Mi padre está listo para recibirles». Añadió que él había nacido hacia 1930, pero su padre había nacido en los años ochenta del siglo anterior, ¡lo que lo hacía tan viejo como Broughton y Colville, e incluso más viejo que Idina, de haber estado vivos!

Seguimos a Amos por una senda hasta una choza de barro redondeada con un tejado cónico de hierba: la forma de construcción tradicional que evita esquinas donde puedan esconderse los malos espíritus. Al otro lado, apoyado en su bastón, un anciano estaba de pie en la puerta como una estatua agrietada y polvorienta. Amos dijo algo en kikuyu y el anciano extendió su mano. La sentí seca, como si fuera de cuero desgastado, y casi temí quedarme con ella en mi mano.

Cuando el anciano usó su bastón para encontrar el camino hasta el taburete bajo y acomodarse en él, me di cuenta de que estaba ciego. Sus ojos eran lechosos pero brillantes, mientras que sus uñas eran como largas y retorcidas extensiones de sus dedos engarfiados. Sus pies desnudos estaban tan agrietados y secos como viejas raíces de árbol. Mientras se calentaba al sol como una vieja tortuga, inclinado hacia adelante sobre las rodillas porque no podía enderezar la espalda, de pronto pareció cobrar vida. Nos dio la bienvenida en kikuyu, que Amos cortésmente me tradujo al kiswahili, y nos dijo que, aunque ya no venían por allí, recordaba la llegada de los primeros hombres blancos a la región.

Contemplé al anciano. En estas comarcas remotas, un hombre que ha tenido una vida dura parece viejo con sesenta años: ¿de verdad había nacido este *mzee* en la década de los ochenta? Como si percibiera mi escepticismo, Amos explicó que podían determinar la edad aproximada del anciano por el momento asignado a su circuncisión y lo que había hecho antes de eso, aunque no tuvieran ni idea de qué edad tenía exactamente.

El anciano hablaba con lentitud, con voz ronca y burbujeante de flemas, que escupía con frecuencia a un lado del taburete. Recordaba de niño la emoción de su gente cuando pasaron los primeros hombres blancos.

Luego llegaron los primeros granjeros, dijo; después la Primera Guerra Mundial, durante la cual fue con los blancos a luchar en Taita y luego en Tanzania. Mucho después, tras la siguiente guerra, en la que también luchó, aunque para entonces ya era viejo, empezó el Mau Mau. Pero en ese momento era demasiado viejo para hacer algo más que mirar y esperar.

—Pero yo sí —añadió Amos—. Yo luché contra los blancos.

El anciano había ido a la tierra de los masái para ser circuncidado después de la Primera Guerra Mundial, momento en el que ya había construido la Casa Kipipiri.

—Por eso trajo a su novia muy tarde —explicó su hijo en referencia a la antigua costumbre de pagar con ganado u otros bienes valiosos a la familia de su futura esposa—. Así que era viejo cuando tuvo a sus hijos.

—¿Cuántos hijos tiene? —preguntó Solomon.

Eso dejó en suspenso al anciano, y finalmente, tras contar con sus dedos nudosos y la ayuda de su hijo, el veredicto fue que solo tenía cuatro hijos y dos hijas.

—Pero yo tengo quince hijos —dijo Amos con orgullo. Se volvió hacia un lado y se sonó la nariz sobre la hierba, usando una mano para aplicar presión sobre una fosa nasal mientras se aclaraba la otra.

—¿Así que construyó la casa de Ramsden? —lo apremié, porque no quería que se fueran por la tangente.

El hombre asintió, con sus brumosos ojos brillantes mientras hablaba de sus habilidades como albañil y carpintero. Era jefe de construcción, añadió. Después de eso, también construyó el club de golf de Gilgil y la casa que se convertiría en la Casa Escuela Preparatoria de Pembroke. Pero seguía dividiendo su tiempo entre Gilgil y Wanjohi y también estaba construyendo, para entonces, la casa de Alice de Janzé.

—Construí la casa de Wacheke con madera, pero tenía suelos de piedra. Ella vivía allí en una tienda de campaña, sola... —dijo usando para Alice el mismo nombre que los ancianos de Kiambogo. En una ocasión, cuando volvió a Gilgil para instalar las ventanas y acabar el tejado del club, alguien había hecho en su ausencia una chapuza.

—El tejado se desplomó y mató a tres constructores —tradujo Amos con crudo realismo.

Le pedí que nos contara más cosas sobre la construcción de la casa de Ramsden.

—Era una casa muy grande y teníamos que hacerla exactamente como él quería —explicó—, pero Kimondo no vivía allí. —Ramsden, que estaba ocupado en Naivasha, se mudó cuando la terminaron, siguió contando el anciano, pero incluso entonces dividía su tiempo entre su granja de Kipipiri y la de Naivasha. De pronto sonrió sin dientes—: Era un hombre muy bueno. Aquellos primeros hombres blancos eran muy buenos, pero los últimos, los bóers de Sudáfrica, eran muy malos. Pegaban a sus trabajadores.

Llegó el té, preparado en una tetera de latón. Cogimos nuestras humeantes tazas de latón, con las asas casi demasiado calientes para sujetarlas, y trasladamos nuestros taburetes a la sombra de la cabaña para huir del creciente brillo del sol. El anciano se quedó donde estaba para seguir calentándose y siguió hablando mientras su hijo traducía.

—La casa de Kimondo fue muy cara. La gente estaba asustada. Decían que la puerta estaba hecha de oro —no podía recordar con exactitud cuándo se construyó, pero su hijo dijo que pensaba que a principios de los años veinte.

—Por entonces yo no era tan joven, aunque fue antes de mi circuncisión —confirmó el *mzee*—. Así que aún no había tomado a mi primera esposa. Kimondo tenía una esposa, pero nunca vi ningún niño.

»Construimos la casa con tierra y piedra y madera, con un tejado de tabillas —continuó—. Hacía mucho frío allí... y era peligroso: vimos leones, elefantes y hienas en la selva cercana. Kimondo solía venir a inspeccionar nuestro trabajo, pero no se quedaba más de tres días antes de volver a Naivasha.

Yo escuchaba la rasposa entonación del anciano, y a su hijo que rellenaba los huecos en kiswahili con voz baja y grave. Podía imaginármelo sentado en su taburete bajo el sol del atardecer, entreteniendo a sus bisnietos —debía de tener un montón— con sus historias, como es costumbre.

Hubo una pausa y pensé que tal vez debíamos marcharnos: el anciano estaría cansado. Pero de pronto golpeó el suelo con el bastón y se echó a reír:

—Los blancos tenían demasiadas tierras. ¡Toda la tierra era de Delamere y de Ramsden! —El *mzee* miró con sus ojos ciegos hacia un cielo azul vacío en el que un águila leonada volaba en círculos—. Si uno fuera a caballo desde un extremo a otro de la granja del hombre blanco, el caballo moriría de agotamiento.

—Debemos hallar la manera de entrar en esa casa de Kimondo —dijo Solomon pensativo mientras brincábamos de vuelta sobre las ásperas y polvorientas carreteras.

16
DE LAS CUEVAS A LA GRANDEZA

Poco después de eso, al pasar por Karen, el suburbio de Nairobi, me encontré con Janie Begg. Le hablé del anciano.

—Mi padre —dijo inesperadamente— era el encargado de las ovejas de Ramsden. También se encargaba de las ovejas de Cartwright. Su hermano era otro *fundi* de ovejas, allá en Escocia —insertar palabras swahili en la conversación cotidiana es algo habitual en Kenia.

La miré sorprendida, pero cambió de tema.

—¿Te conté que tengo una silla de Idina?

Acepté su invitación a tomar café en su pequeña casa alquilada en Karen, parte de un establo reformado, donde me enseñó una silla de comedor de madera tallada y respaldo muy alto.

—Probablemente un juego de doce; de época, dicen —prosiguió mientras yo me sentaba en la silla con cautela e imaginaba las conversaciones que debieron tener lugar a su alrededor en aquel turbio pasado. Idina se la había dejado a James Bird, más conocido como Jimmy, que Janie describió como el «último novio» de Idina. Qué curioso dejarle a alguien una sola silla, pensé mientras Janie decía con aire acusador que él se había ido a Sudáfrica, dejándosela a Lily Begg para que se la cuidase, pero que nunca había vuelto ni contactado otra vez con los Begg—. Recuerdo a Jimmy Bird —dijo Janie sombría—. ¡Bebía como una esponja!

Cerré los ojos una vez más y me imaginé a Idina sentada en la silla, saboreando un vino excelente. Me pregunté lo que pensaría la última vez que se sentó en ella, tantos amores y pérdidas a lo largo de los años...

Janie estaba diciendo algo sobre una cueva cerca del río Kimuru en la granja de Ramsden.

—Mi padre solía llevar las ovejas a los pastos altos —dijo entre profundas caladas a su cigarrillo—, así que íbamos todos: ¡vivíamos en la cueva!

Me quedé parpadeando, pero ella dijo:

—Yo era muy pequeña, pero mi hermana la recuerda muy bien.

A petición de Janie, su hermana, Sheila, me escribió desde Sudáfrica:

> Mi memoria se remonta a cuando tenía cuatro años y vivíamos en la cueva y solo tengo un recuerdo preciso de ello. Yo estaba en cuclillas y miraba hacia la entrada mientras mamá preparaba nuestra comida en una cacerola sobre tres piedras. A mi espalda estaba el río Kimuru con un peligroso precipicio al borde. Como era tan pequeña tal vez no eran tan empinado y peligroso como me parecía.

Janie estaba entusiasmada ante la idea de encontrar la cueva, así que nos dirigimos de nuevo a Happy Valley con un emocionado Solomon; tomamos la carretera de Captain a Machinery y nos detuvimos en *daraja tatu*.

En algún lugar, en ese río que Janie, como Solomon, llamaba Kimuru, estaba la cueva.

Le preguntamos a un anciano que araba su campo junto a la carretera qué sabía de unas cuevas.

—Eeeeh —dijo—, hay algunas cuevas del Mau Mau colina arriba.

Dejó su *jembe* y se unió a nosotros en la ascensión de un camino empinado y lleno de curvas, bordeado por puntiagudas plantas verdes de aloe y penachos de hierba seca de un rubio ceniciento. El anciano, encantado con el fluido kikuyu de Janie, dijo:

—¡Recuerdo que una vez, hace mucho tiempo, había unos blancos viviendo en una cueva!

Pero no sabía con exactitud qué cueva. Janie traía su péndulo en el bolsillo. Estaba convencida de que sería de gran ayuda. Examinamos un par de cuevas, incluida una muy espaciosa que fácilmente podría haber sido el hogar de una familia, pero al parecer el péndulo dijo «no».

Río arriba, llegamos a una hendidura horizontal en la ladera a nivel del suelo.

—Tenemos que entrar en esta —dijo Janie. La miré con incredulidad, pero ella ya estaba entrando a gatas seguida por Solomon. El hombre también se arrastró dentro, así que los seguí mientras me decía a mí misma que aquella no era una cueva adecuada. La voz de Janie se oyó desde el túnel, incluso más grave de lo habitual—. ¡Parece que se ha llenado de barro!

Cuando todos estuvimos dentro, pudimos sentarnos... lo justo. Solomon, el más alto, tenía que agachar la cabeza.

El péndulo de Janie se volvió loco.

—¡Sí! —dijo encantada—. ¡Es esta!

Miré de soslayo a Solomon en la penumbra, con escepticismo, pero el péndulo era muy de su cuerda y dijo:

—¡Ah, sí, muy bien! —el anciano añadió con admiración en kiswahili que Janie era realmente una *muganga* [chamán].

Nos sacudimos la tierra y, con nuestra misión cumplida, nos dirigimos de vuelta a Gilgil, mientras Janie nos deleitaba con historias de los años cuarenta y cincuenta, y nos distraía agradablemente del tedio de la áspera carretera. Mover las ovejas de Ramsden entre sus fincas de Kipipiri y Naivasha habría requerido certificados veterinarios. Era un inconveniente, así que Ramsden compró también el pasillo.

—Es una larga distancia para llevar ovejas —dije.

Pero Janie, cuyo padre lo había hecho muchas veces, se encogió de hombros.

—No tanto.

Yo aún ansiaba entrar en la Casa Kipipiri. Pensaba en ello a menudo e incluso soñaba que estaba allí, tras despistar a la loca, que miraba por la ventana el verde césped y los altos setos...

Le pregunté a Janie al respecto.

—Sí, recuerdo la Casa Kipipiri: era preciosa —respondió—. Chops Ramsden trajo a un arquitecto de Norfolk para diseñarla.

Le expliqué que no habíamos podido entrar.

—Oh —dijo Janie—. ¡Yo puedo llevaros!

Me pregunté si pensaba conjurar al fantasma de Ramsden con su péndulo o realizar algún otro hechizo inquietante, pero ella dijo con naturalidad:

—Yo solía darle clase a un chico muy majo que es amigo de Kanyoto, el dueño. Me pondré en contacto con él. De todos modos, allí no vive nadie; la usan solo de forma ocasional.

Janie localizó a su exalumno, un joven kikuyu encantador, de voz suave, llamado Peter Mutua. Nos encontramos todos en el Gilgil Club y nos embarcamos en otro largo día de safari por Happy Valley. Durante el trayecto, Solomon señalaba gente y lugares de interés para entretener a Peter.

—Esa es la casa de Beth Mugo —se refería a un político keniano muy conocido—. Ese hombre que corre por la carretera es el atleta John Kagwe... Solía haber colobos en aquel valle.

Había 80 kilómetros desde Gilgil a la Casa Kipipiri, una buena distancia para transportar materiales desde la estación de tren más cercana. Lo cierto es que Ramsden, como presidente del club, tenía que viajar muy lejos para asistir a reuniones y fiestas allí.

Peter, el holandés, había dejado la finca. Quien quiera que lo reemplazase no nos vio cuando pasamos a hurtadillas junto a los viveros y subimos por el camino que nos permitía vislumbrar de forma tentadora el verde césped, los setos repeinados y la encantadora y antigua mansión. Dimos un rodeo hasta llegar a la verja posterior, la entrada oficial de la casa, donde nos detuvimos junto a un vigilante tuerto. No era el amistoso guarda de nuestra visita anterior, y me pregunté si habíamos contribuido a que lo despidieran. Entre tanto, su sustituto nos miró con hostilidad.

—¿Podemos aparcar aquí? —preguntó Solomon. Ahora estábamos cerca de la casa; podría dar una carrerita y tocar sus viejos muros.

El vigilante se mantuvo firme y su único ojo nos miró con suspicacia.

—¡No pueden entrar! —dijo.

Peter Mutua dijo algo en kikuyu, pero incluso él, con sus útiles conexiones políticas, parecía condenado al fracaso.

Como una visión, una mujer con un pañuelo en la cabeza, anorak y una larga falda se materializó junto a él, y yo recordé una canción que mi abuela solía cantar sobre la dama «con un ojo en la olla y otro en la chimenea». La mujer bizca también sujetaba una *panga* que traía preparada. Todo parecía muy *Jane Eyre* y me pregunté si sería la esposa loca y encerrada de algún importante personaje que quizá utilizaba aquel lugar como refugio.

Peter había sacado del bolsillo un impresionante y caro teléfono móvil —habían instalado hacía poco una antena en la zona— e hizo una llamada. Al cabo de unos minutos, el vigilante habló con quienquiera que estuviese al otro lado de la línea en un rápido kikuyu. Luego nos miró de arriba abajo y abrió la puerta mientras le decía algo a la loca antes de que esta levantara más su *panga*.

Me lanzó una mirada asesina.

—¿Conoce a Jesús? —preguntó. Asentí débilmente. Parecía imprudente decir que no.

Miró a Janie, que dijo algo en kikuyu. Dirigió a Solomon una mirada torcida que fue suficiente para incendiar el bosque que tenía detrás; luego pareció decidirse. Se dirigió hacia la puerta posterior sin dejar de mirar por encima del hombro a ver si la seguíamos.

Así fue como conseguimos finalmente entrar en la Casa Kipipiri, recorriendo de puntillas pasillos que flanqueaban patios abiertos, sin acabar de creernos nuestra suerte, sin atrevernos a hablar más de la cuenta, no fuera que la loca levantara su *panga* o el vigilante nos maldijera. La mayoría de las habitaciones estaban cerradas, pero el comedor estaba abierto. Admiré en silencio las paredes con paneles de madera y la chimenea de piedra, aunque el mobiliario moderno resultaba demasiado ostentoso para mi gusto. Entonces Janie dijo: «Me pregunto si esta lámpara de techo es original...». Sacó el péndulo y, antes de que tuviera tiempo para decirnos la edad de la lámpara, la loca se opuso a tales adivinaciones y empezó a chillar, lo que derivó en una especie de ataque durante el cual emitió algunas declaraciones religiosas. Janie, resultaba evidente, se había convertido en un diablo disfrazado. Era hora de marcharse, cosa que hicimos a toda prisa.

Janie quería ver la vieja casa de Mary Miller. Traté de disuadirla y sugerí que, en vez de eso, fuéramos a la de Alice de Janzé, que además estaba más cerca. Pero Solomon necesitaba ver a alguien que sabía de un grupo de colobos en Wanjohi, así que condujimos de vuelta por el extremo norte de Kipipiri y nos adentramos en el valle, pasamos Wanjohi y giramos a la izquierda hasta la casa de Mary Miller. Parecía incluso más ruinosa que antes, como si algo hubiese devorado otra parte de ella. Había menos tejado, menos muro y menos ventanas. El lugar aún parecía arrojar pesadumbre a la atmósfera que la rodeaba. Solomon no quiso bajarse del coche. Yo solo llegué hasta la cerca. El péndulo de Janie se bloqueó, así que tampoco se acercó mucho más.

—¡Este lugar es horrible! —dijo Peter, que estaba detrás de mí.

Recordé lo que había ocurrido después de estar allí la vez anterior, y Solomon se hizo eco de mis pensamientos:

—Este lugar puede traerte mucha mala suerte.

Peter, un keniano grande y robusto que no se dejaba perturbar por trivialidades, se había puesto pálido bajo su piel oscura.

—No nos llevaremos la mala suerte a casa. Detengámonos aquí mismo —dijo Janie mientras nos alejábamos conduciendo más rápido de lo normal y cruzábamos el puente sobre el río Wanjohi, no muy lejos de la casa. Así que me detuve y, a petición de Janie, todos caminamos hasta el borde del río y «purificamos» nuestras caras, brazos, cuellos, pies y manos en el agua helada. El péndulo se despertó y todos nos sentimos mejor.

Una bandada de niños que habían surgido por un camino desde la otra dirección soltaron sus vasijas de agua vacías y echaron a correr como conejos ante aquella improbable visión de dos mujeres blancas y dos hombres africanos que se encontraban de pie sobre la hierba verde, entre matas de ortigas y cardos, y se estremecían con fuerza bajo el sol del mediodía como perros rabiosos.

17
TIEMPOS DE CAMBIO

Aunque, como Mary Miller, algunos colonos se quedaron, Ramsden se había marchado de Kenia, y el asesinato de Erroll ya era noticia atrasada para los nuevos expatriados que llegaron a la colonia después de la Segunda Guerra Mundial. Los recién llegados construyeron una avalancha de casas en granjas más pequeñas, subdivisiones de grandes propiedades como la de Ramsden. Era un tipo de granja distinto; mis abuelos, que cultivaban por entonces bajo el monte Kenia, al otro lado de los Aberdares, las habrían calificado de granjas «del tipo respetable». Estos colonos de Happy Valley se convirtieron por necesidad en una comunidad unida, en la que se ayudaban unos a otros y todos trabajaban horas extras para mantener sus granjas en marcha. Plantaban trigo y criaban ganado. Algunos tenían ovejas. El segundo año plantaron pelitre, que creció bien a grandes alturas y proporcionó a esos granjeros esforzados y trabajadores un dinero muy bien recibido.

Elspeth Huxley lo resume perfectamente en *Forks and Hope*: «El Wanjohi se convirtió en un valle productivo; aún feliz, en conjunto, pero en un estilo más burgués que en los días de su notoriedad».

Para entonces, Idina se había marchado de Happy Valley, y su frívolo estilo de vida se había ido con ella.

Un buen número de estos excolonos de Happy Valley aún andan por aquí, pero sus casas, construidas después del apogeo de Happy Valley, no han sobrevivido tan bien como algunas de las más antiguas. De hecho, a menudo son difíciles de encontrar. Yo pensaba que estas viviendas, levantadas a finales de los años cuarenta y principios de los cincuenta, no albergarían historias tan fascinantes como las de sus predecesores, pero estaba equivocada. Fueron tiempos interesantes, en particular debido a la nueva guerra de independencia de Kenia.

El Mau Mau en Kenia ha sido a menudo contado de forma selectiva, incluso malinterpretado, en los libros de historia, y sigue siendo tendencia moderna y popular cargar con toda la culpa y la vergüenza al bando británico. La realidad fue mucho más compleja y encuentro fascinante la lectura de algunos de los libros menos conocidos sobre el tema, como *Kenya, The Kikuyu and Mau Mau* (*Kenia, el kikuyu y el Mau Mau*, 2005), de David Lovatt-Smith, que ofrece una interesante perspectiva, aunque anticuada, sobre esta parte de la historia keniana.

Tres años después del final de la Segunda Guerra Mundial, en 1948, se celebró una ceremonia de juramento kikuyu en protesta por la inminente llegada del duque de Gloucester de Gran Bretaña, que iba a conceder a Nairobi el estatuto de ciudad. En 1951, el gobierno británico rechazó aumentar el número de africanos electos en el consejo legislativo de la colonia, y el Mau Mau empezó en serio, lo que llevó a declarar el estado de emergencia el año siguiente. Fue el mismo año en que Su Alteza Real la princesa Isabel visitó el hotel casa de árbol Treetops, en el bosque de Aberdare, preludio de un nuevo capítulo en la historia británica.

El último libro del cazador Jim Corbett, un catálogo primorosamente ilustrado sobre el Treetops, describe con viveza ese día, el 5 de febrero de 1952: la selva con sus castaños del Cabo de flores rosadas y la vista de los Aberdares. Esa misma mañana había recibido, por telegrama, una invitación de la princesa Isabel para acompañar al séquito real en el Treetops. Habían llegado al Royal Lodge de Sagana dos días antes, y el día anterior el duque había jugado al polo en Nyeri, en el extremo más alejado de los Aberdares. Corbett, preocupado por la seguridad, no había asistido. Al final, la mayor amenaza resultaron ser los elefantes, que arrancaron cuatro de los árboles más grandes, además de las escaleras construidas precisamente para que la gente se subiera a los árboles y pudiera protegerse de los elefantes y otros animales peligrosos. Corbett, que se había afeitado dos veces, observó con aprensión cómo una manada de cuarenta y siete nerviosos elefantes se aproximaban al salegar, justo debajo del árbol sobre el que estaba construido el hotel. Cuando llegaron los ilustres invitados, la princesa Isabel, al frente, se mostró muy tranquila. Por fortuna, el viento soplaba a favor del cortejo real, y Corbett respiró con alivio al ver que todos subían la escalera y se ponían a salvo en el Treetops. Elogió su valor y añadió: «Un minuto después de subir la escalera, la princesa estaba sentada en el balcón, filmando a los elefantes con mano firme». Su Alteza Real fue recompensada con un excelente avistamiento de los animales y, fascinada, pidió el té en el balcón.

Al caer la tarde, Corbett charló con la princesa sobre la enfermedad de su padre, si bien ella se mostraba tranquila, porque parecía estar mucho mejor cuando se despidieron en Londres. Después de la cena, el grupo real volvió a salir al balcón para ver a nueve rinocerontes, y al amanecer, la princesa Isabel estaba de nuevo en el balcón para seguir filmando y tomar notas sobre los animales. Corbett se maravilló de que «a pesar de haber dormido unas pocas horas, la princesa había empezado la jornada con los ojos brillantes y el rostro tan fresco como un girasol». Anotó que era una «princesa radiante y feliz» la que volvió al Royal Lodge solo para recibir la triste noticia de que su padre acababa de morir. Corbett escribió las famosas palabras en el libro de visitas del Treetops, con las que señaló que por primera vez en la historia del mundo había subido a un árbol una princesa y había bajado una reina, «Dios la bendiga».

Treetops fue incendiado por el Mau Mau el 27 de mayo de 1954, al igual que el club de polo Nyeri, supuestamente en protesta por las operaciones antiterroristas de los británicos. Ambos lugares tenían en común la visita real. La operación Bombardeo había castigado los Aberdares a finales de 1953, con el resultado de la muerte de 125 Mau Mau, seguida por la operación Martillo de los Fusileros Africanos del Rey y su política de disparar en el acto.

Diecisiete meses antes de que Treetops fuera presa de los incendiarios, se había producido el brutal asesinato de un anciano granjero blanco y su joven aprendiz durante la cena de Año Nuevo de 1953, en su propio comedor y al amparo de la oscuridad. Habían pasado casi trece años desde el asesinato de Erroll, y ocho y medio desde el fin de la Segunda Guerra Mundial. Los africanos que habían luchado para los británicos en guerras extranjeras en distintas partes del mundo habían comprobado, como en la Primera Guerra Mundial, que los hombres eran vulnerables —incluidos los blancos—, y ahora se habían embarcado en su propia batalla para lograr la independencia de su país.

Cuando hablé con los ancianos kikuyu sobre sus recuerdos de Alice de Janzé, la conversación derivó de forma inevitable hacia el Mau Mau. El tuerto Gichuki, que no parecía saber nada sobre Alice, nos contó —tras anunciar con orgullo que había tenido once hijos— que había sido informante durante el Mau Mau, el cual había empezado en serio una década después de la muerte de Alice.

—¡Eeeeh! Yo llevé tabaco y comida a la selva; y en aquellos días la selva era muy grande —hubo murmullos de asentimiento—. Una vez que hacías el juramento, si no lo cumplías debías morir —exclamó. Más murmullos de asentimiento.

El comandante Mururi, que había adquirido su graduación como luchador por la libertad, se animó con el tema.

—¡Eeeeeh! Yo era joven y estaba soltero en aquellos días —dijo—. ¡Pero ordené que mataran el ganado de los blancos! —Varios asintieron con aire conspirativo.

»Los *wazungu* inventaron la palabra *Mau Mau* —prosiguió el comandante Mururi con desdén—. Una vez hubo una reunión de ancianos. Los informantes africanos de los blancos estaban afuera escuchando con el oído pegado a la pared, así que pudieron contarles a los blancos lo que se dijo. No oyeron más que un murmullo: ¡m-m-m-m-m-m! Así que, cuando se lo contaron, los *wazungu* inventaron la palabra *Mau Mau*.

Era una buena historia y provocó muchas risas, aunque Solomon me comentó en un aparte que en realidad *Mau Mau* viene de *Uma Uma*, que es en kukuyu «¡Vamos! ¡Vamos!», lo cual, por supuesto, también puede ser una mala interpretación al escuchar a escondidas.

Descubrí entonces que la abuela de una compañera de clase de mi hija, Elspeth Harte, Dawson de soltera, había conocido la región después de que Ramsden se marchara y durante la era del Mau Mau. Su hermana había vivido en Kipipiri, dijo, y me puso en contacto con Belle Barker, que ahora vivía en Sudáfrica. Belle me escribió y llenó algunos huecos de la historia post-Ramsden.

La compañía Block and Massada había comprado la hacienda Kipipiri a Ramsden en 1950; luego la había dividido y vendido las granjas a principios de los cincuenta, cuando el gobierno ofrecía condiciones generosas para animar a nuevos colonos. El cuñado de Belle había llevado la tasación de las veintitrés granjas, después de lo cual el hermano de Belle (y de Elspeth), Fergus Dawson, compró dos partes, incluida la que contenía la casa principal de Ramsden en Kipipiri. Los Dawson vivieron allí antes de vender ambas granjas a unos italianos y alquilar Las Nubes a principios de 1954. El marido de Belle, Peter Barker, también compró una granja. Otra pareja, Randall y Vi Franklin, compró dos partes, incluida la casa principal del administrador, Manunga, donde Belle dijo que habían vivido Derek y Pat Fisher.

«Creo que sir John Ramsden también construyó Las Nubes para lady Idina», me escribió Belle, que explicó que había leído sobre el grupo de Happy Valley en un libro que creía que se titulaba *White Magic* (*Magia blanca*), pero no había conocido a Idina. Debajo de los Barker, me informó Belle, John y Didi Gordon compraron una granja. Ella era artista.

—Didi era danesa —dijo otra anciana *memsahib*—. Era muy bonita... ¡y muy coqueta!

Esto arrojaba más luz sobre los Gordon que construyeron la torre que visitamos, cerca de Machinery, pero nadie parecía saber si John Gordon tenía alguna relación con Charles, el segundo marido de Idina.

Un mapa de la RAF de 1956 cartografió todas esas casas y viviendas para facilitar su identificación por parte de las tropas británicas que trajeron durante la emergencia. La casa de los Barker está señalada a 2400 metros de altitud, por debajo de la Casa Kipipiri, y la de los Dawson a 2500. Las Nubes está más arriba, a 3000 metros. La mayoría de los otros nombres de la época son sudafricanos: Potgeiter, Van Rensburg, Nel, Kruger, Steyn, Pieters, Spooner.

«Nuestra granja se llamaba Mara», me escribió Belle, «porque así la llamaban los masái, y significa "sombras" o "blanco y negro", ya que había montículos en la tierra que producían ese efecto». Cuando los Barker llegaron, no había nada en su granja, fuera de una garita desde la que un guarda había vigilado las ovejas de Ramsden, para ahuyentar a los animales salvajes. Los Barker empezaron viviendo en un cobertizo y construyeron su casa de piedra en 1956. Peter Barker era un antiguo oficial de distrito, así que cultivar era algo nuevo para él. Por suerte, sus vecinos eran granjeros expertos: su cuñado Fergus Dawson y su amigo Randall Franklin. Belle escribió: «Ninguno de nosotros tenía mucho capital, así que todos trabajábamos muy duro; de hecho, mi hermano tenía a sus tractores trabajando toda la noche para obtener la máxima superficie cultivable el primer año. Una noche, el conductor se durmió y el tractor acabó deteniéndose justo al borde del profundo precipicio».

Cuando, tras varias cartas, establecimos la localización del antiguo hogar de los Barker, le escribí a Belle para explicarle que su antigua casa se la había tragado un pueblo de sucias cabañas de hojalata llamado Machinery. Belle respondió: «Tal vez el pueblo se llama Machinery porque en la granja teníamos dos grandes graneros que quizá se usaron más tarde para albergar maquinaria».

Incluía una foto de un cuadro de la granja Mara pintado por Rowena Bush: la visión de una artista con un entorno florido y campos soleados que se extendían hacia lejanos horizontes. También envió una película de la zona filmada en los cincuenta, que mi padre logró reproducir en su viejo y temperamental proyector. Entre erráticos saltos de cámara y bajo una superficie de ralladuras que brincaban a lo largo de la pantalla como insectos de palo hiperactivos, se reveló la belleza de la granja Mara; campos dorados de trigo se extendían hacia un Kipipiri añil, con su manto forestal que rozaba los bordes de las extensas y productivas granjas. La propia casa de la granja, un modesto bungaló de piedra, estaba rodeada de una colorista y esmerada mezcla de flores exóticas, frente a las cuales jugaban unos niños rubios. Había dos enormes graneros justo detrás. Por lo demás, no se veían otros edificios en el horizonte. Resultaba difícil de creer que todo aquello hubiera desaparecido bajo las endebles chozas y la explosión demográfica de Machinery.

La carta que acompaña a la película elogiaba los «magníficos jardines» de todas las casas de la región: pensaba que el de Ramsden había sido diseñado por un jardinero paisajista profesional venido de Sudáfrica. «Los preciosos bosques de cedros llegaban hasta las casas y estaban llenas de monos colobos, elefantes y búfalos. Una noche cinco elefantes pasaron caminando por nuestros campos de trigo dejando un sendero muy recto, sin hacer apenas daño, mientras que el jabalí causaba daños cuantiosos al escarbar en el trigo».

Los Barker habían ascendido una vez hasta la cumbre del monte Kipipiri a través del magnífico bosque de cedros, con Peter abriendo camino a machetazos entre las urticantes ortigas. No quise contarle a Belle que ahora el bosque ni siquiera empieza hasta medio camino montaña arriba, que la vegetación disminuye a diario y que los caminos abiertos por los carboneros y los cazadores furtivos son como una creciente tela de araña que va trazando nuevas rutas entre los reductos de selva que sobreviven.

Cuando empezó el Mau Mau, explicó Belle, el gobierno británico sacó a todos los kikuyu de la zona. Estos, básicamente, constituían toda la mano de obra disponible, así que los granjeros tuvieron que traer trabajadores de otras tribus para que los ayudaran. Mientras tanto, muchos de los luchadores por la libertad kikuyu permanecían escondidos en la selva del Kipipiri, que se extendía hasta los bordes de las granjas. Se envió a la mayor parte de las mujeres y los niños a zonas más seguras, mientras los hombres se quedaban juntos en la Casa

Kipipiri, patrullaban en busca de terroristas y trataban de mantener las granjas en funcionamiento. Los tiempos se habían vuelto difíciles para los colonos blancos; las noches se llenaban de terror porque circulaban todo tipo de historias sobre horribles asesinatos y fieles sirvientes que juraban lealtad al Mau Mau antes de abrir las puertas a bandas de hombres que asesinaban a sus amos blancos.

La vecina de mi madre, Maureen Barratt, que solía visitar a parientes en el área de Wanjohi, recuerda la torre de Dawson en la Casa Kipipiri.

—Era más una cámara acorazada que una torre —me contó; luego se estremeció al recordar las noches sin dormir—. Era espeluznante estar allí arriba en aquellos días del Mau Mau.

Bell me explicó que los luchadores por la libertad, sin embargo, se sentían más inclinados a atacar granjas situadas más lejos de las montañas, para hacer más difícil que los rastrearan hasta sus escondrijos en los bosques en una vasta extensión de terreno impenetrable, lleno de animales salvajes.

—Cuando las mujeres y los niños volvimos a casa, seguimos llevando armas todo el tiempo, y el ejército rodeó nuestras casas con cercas de seguridad; y también las áreas de trabajo —añadió.

Según Ian Parker en *The Last Colonial Regiment*, en 1953 el «C Coy» británico, al mando del comandante John Klynsmith, tenía su base en Ol Kalou. En noviembre estaban en la granja de Dawson, cerca de una fábrica de listones para lápices, patrullando Kipipiri y el valle de Wanjohi.

Peter Hewitt, un oficial de policía destinado en la zona poco después, escribió en su diario —publicado en 1999 como *Kenya Cowboy* (*Vaquero en Kenia*)— el 3 de mayo de 1954: «¡El tiempo es horrible! Realmente escocés con su llovizna brumosa. Lo peor de todo es el barro que se crea. Casi nos aísla; las carreteras se vuelven impracticables». Unos días después escribió sobre su visita al inspector en el «puesto de policía de Sattimer [sic]», también en las laderas del Kipipiri: «Su puesto es espantoso; todos duermen en tiendas de campaña. Además, como muchos otros, anda a la greña con los colonos locales: ellos quieren mandar, él no lo permite. Tuvimos una embocada terrible esta noche; empapados de lluvia, a gatas y deslizándonos en la negrura de la noche». En octubre anota que el Mau Mau intentó una incursión frustrada en la granja Barker, después de la cual Hewitt y sus hombres intentaron seguir a la banda «por la inhóspita e imponente masa del Kipipiri», hasta que los derrotó la lluvia, junto con la falta de comida y mantas. Días después el Mau Mau robó veinte sacos de trigo recién cosechado a un granjero justo debajo de la granja de Dawson. El 4 de noviembre, Hewitt vio que los bombarderos Lincoln se dirigían al bosque de Aberdare, «lo que significa que los *terrs* [terroristas] invadirán esta zona a no tardar. ¿De dónde vienen? ¿Por qué siempre vamos varios pasos por detrás de ellos? ¿Dónde desaparecen? Es virtualmente su guerra, ellos dictan las normas».

Pero, a pesar de aquellos tiempos tan difíciles, Belle Barker concluía su carta con nostalgia: «Antes de que Peter muriera dijo que los días más felices de su vida fueron los diez años que pasó levantando Mara».

Belle también contactó con la hija de Randall y Vi Franklin, Sheilah Simons, que me escribió desde Sudáfrica: «Entiendo que sir John cedió la propiedad a su hijo para evitar el impuesto de sucesiones, y los terroristas mataron a su hijo en Malasia mientras su regimiento estaba estacionado allí, y debido al impuesto de sucesiones sir John tuvo que vender su tierra en Kipi». Sheilah también había estado en la misión católica para revisitar el hogar de su infancia. Escribió sin emoción que habían levantado una iglesia enorme en lo que un día fue el prado de sus caballos. El personal africano llamaba a su padre «Mununga» y a su madre «Nycambati», que significa «la que hace temblar el techo». Vi podía ser, según su hija, «bastante irascible a veces».

Sheilah también mencionaba a otro vecino cercano, Michael Allman Hall, «recién casado y recién llegado del Reino Unido. Compró una granja junto a la suya y la de los Barker y la llamó Ndatura, lugar de las palomas. Inicialmente construyó una granja de cedro al borde de un pequeño precipicio, contra el consejo de los locales, justo en medio de la senda migratoria bianual de los elefantes. Cuando, de forma inevitable, los elefantes aparecieron, perplejos ante aquel obstáculo en medio de su senda ancestral, se arremolinaron a su alrededor, se bebieron el agua del depósito de agua de lluvia y se dedicaron a frotar sus enormes traseros, haciendo que las paredes temblasen. Sheilah contó que Michael Hall envió a su esposa Dawn a pedir ayuda a los Franklin mientras él se quedaba dentro de la casa tocando a Beethoven en el grandioso piano.

Hall se distinguía de los demás granjeros de la zona por el hecho de tener capital y poder permitirse un administrador. En algún momento se trasladó a otra granja en las altas colinas de Kericho, donde cultivó té. Entre tanto, explicó Sheila, un administrador llamado Alan Gray llevaba Ndatura. Casualmente, Alan Gray vive en Sudáfrica, cerca de sus viejos amigos, mi tía y mi tío. Este vínculo reforzó la conexión Kenia. Se convirtió en una especie de salvavidas para muchos antiguos colonos que se fueron de Kenia. «Nos llaman los "cuando nosotros"», explicó mi tío, «porque cada vez que estamos juntos empezamos todas las frases con "Cuando vivíamos en Kenia..."». A través de mi tía descubrí que Alan Gray había sido en realidad administrador del doctor Roy Thompson, que había comprado las 800 hectáreas abandonadas por Hall. Gray se dedicó a transformar la granja desde cero, llenándolo de vacas lecheras y ovejas. Plantó pelitre en el suelo árido, que hubo que drenar, y poco a poco mecanizó la granja. La nata se llevaba a Gilgil, donde se transportaba a las fábricas de lácteos de Nakuru. Había que mantenerla fresca para que no se convirtiese en mantequilla a través de los ásperos caminos. El pelitre seco también se transportaba a Nakuru para hacer insecticidas. La pluviosidad media era de 45 pulgadas al año, alta para los estándares de Kenia. No quedaba mucho tiempo para otra cosa que el trabajo duro.

Un año después de visitar Machinery, estaba tomando el té con Annie Dunn, una vecina de Soysambu, que me contaba una historia tremenda pero no insólita en Kenia: mientras daba un paseo, una enorme pitón se había enroscado en uno de sus *spaniels*. Incapaz de soltarla, ella y su hijo se llevaron el perro a casa junto con la tenaz pitón, que trataba de morderlos, por lo que tuvieron que sujetarle la cabeza y envolvérsela en una sudadera. Cuando llegaron a casa, con ayuda de más gente, el perro sobrevivió, ¡pero la pitón no! La madre de Annie, Joan Heath, que estaba con nosotras, se rio ante el hecho de que su hija no hubiera pasado miedo, lo que relacionó jovialmente con su «dura educación en Kipipiri».

—¿Kipipiri? —exclamé, más interesada en eso que en la serpiente.

—Sí —dijo Joan, que pasó a explicar que ella y su difunto marido Peter habían administrado la granja de Hall antes de mudarse a una granja propia, que le compraron a un afrikáner llamado Davies—. Estaba por debajo de la granja Mara por la carretera a Gilgil. Vivíamos en un granero reformado con suelos de parqué —dijo

Joan—. Cultivábamos unas ciruelas y melocotones estupendos, y los elefantes nos visitaban y bebían en la presa.

Daba la casualidad de que Solomon y yo habíamos visitado una antigua casa justo por debajo de Machinery. Había restos de un huerto y se vislumbraba una vista panorámica a través de una abigarrada hilera de altos cipreses enjutos que un día habrían sido setos recortados, y su suave aroma a pino impregnaba la parcela de coles que había cubierto la terraza. El dueño nos invitó a entrar y nos sentamos a charlar con él en un asiento de ventana. «Esta fue la casa de un hombre blanco que llamábamos Tuchora», había dicho usando la palabra kiswahili para *artista*.

—Ninguno de nosotros éramos artistas —dijo Joan cuando se lo conté y le enseñé la fotografía—, ¡pero esa era nuestra casa!

Entusiasmada por conocer a otra persona que había vivido cerca de Las Nubes en los cincuenta, interrogué a Joan sin piedad. Por suerte, a la mayoría de los de su generación les encanta rememorar, aunque, por supuesto, la memoria humana no es infalible. Pero, de algún modo, las variaciones y contradicciones añaden intriga a aquellos tiempos antiguos.

—Visité Las Nubes en 1955. Tenía un jardín acuático e incluso había narcisos y campánulas —recordaba Joan—. ¡Idina tenía un jardín precioso! —resultaba refrescante oír elogios de la creatividad de Idina con las plantas, antes que juicios reprochables sobre su inventiva en las décadas anteriores. Joan también recordaba Mununga cuando los Franklin vivían allí—. Una antigua casa preciosa y acogedora con un seto de rosas trepadoras —añadió lo horrorizada que se había sentido al visitar la Casa Kipipiri después de la partida de los últimos colonos blancos y encontrarse con que los castaños habían sido talados para hacer leña, que apilaron en una maravillosa bañera antigua de color rosa.

No todo era trabajar duro. Con los ojos brillantes, Joan me habló de una fiesta de Año Nuevo en casa de los Hall cuando ella había bailado con Bubbles Delap hasta que Bill se opuso a que su joven esposa se divirtiera tanto. Arrastró a Bubbles a casa y la encerró en la torre, donde, según Joan, se entretuvo las largas horas pintando cuadros imaginativos.

—Aquella comisaría de policía en la que te golpearon ¿había sido en su día la casa de los Hall? —le pregunté más tarde a Solomon.

—Esa misma —asintió Solomon.

De repente tuve una visión de Michael Hall tocando su grandioso piano. En realidad, nadie había acabado de contar esa historia: ¿Beethoven había hecho correr a los elefantes o los había animado a quedarse y seguir bebiendo en el depósito?

18
ASESINATO BAJO LA MONTAÑA

Al recordar mi primera excursión a Las Nubes con Solomon, me di cuenta de lo mucho que había cambiado y ampliado mi búsqueda. Quizá era inevitable que al principio me cautivaran los excesos de Happy Valley: drogas, sexo, escándalo y asesinato. Es un mundo «prohibido» que provoca horror, incluso repulsión, y aun así podemos vernos atrapados en la obsesión por saber más. Conozco a mucha gente hoy en día en Kenia que dependen del alcohol, el sexo y las drogas para su placer e incluso su «supervivencia». Mi abuela paterna era una alcohólica que destruyó su matrimonio y su carrera por culpa de su adicción; de niña la veía arruinar el día aun antes incluso de desayunar. Quizá eso explique por qué me atrajo explorar esa parte de Kenia con tan mala reputación.

Pero luego la historia de Happy Valley da un giro de 180 grados con una nueva generación que me recuerda a mis abuelos maternos: granjeros que trabajaban duro, con poco dinero, que a veces llevaban la granja de alguien, o se esforzaban por ahorrar lo suficiente para pagar la compra de la propia. Mis abuelos, tras décadas de administrar una granja, se compraron una muy pequeña en 1958, justo cuando mi padre, con veintiún años, le pidió matrimonio a mi madre; se habían conocido en Nyeri, donde ella daba clases en un internado y él estaba destinado durante el Mau Mau. Y así nos adentramos en los reinos de la memoria viva y mi interés se vio estimulado por las historias de mi propia familia sobre esa nueva etapa de la vida de Happy Valley. Los granjeros como mis abuelos lucharon muy duro para que sus granjas fueran productivas, mientras en el resto del mundo la familia y los amigos leían titulares que hablaban de horribles crímenes en las granjas kenianas, de manera especial en aquellas cercanas a los vastos bosques de los Aberdares, donde se escondían los terroristas. El asesinato de Charles Fergusson y Richard Bingley originó olas de estupor en todo el mundo, pero para sus vecinos tuvo que ser una conmoción absoluta.

Bubbles Delap me habló de una noche en que escuchó intrusos del Mau Mau.

—Estaban en el tejado y querían entrar por allí. Bill, después de unos *whiskys*, no oía nada, pero yo metí a mis hijas en una habitación y luego corrí por toda la casa dando portazos y gritando hasta que se marcharon. ¡Más tarde nos enteramos de que habían planeado matarnos!

Después de ese incidente construyeron una extensión fortificada con un portón de hierro y ventanas con barrotes donde podían sentirse seguros por la noche.

—En aquel fuerte me sentía a salvo. De noche estábamos todos muy nerviosos, por supuesto. Veíamos a veces a Fergusson y a Bingley en el Ol Kalou Club, pero nunca había estado en su casa. Ese crimen fue terrible. Hacia las nueve de la noche, justo después de que se descubriera, todos los vecinos vinieron a vernos; los hombres salieron con armas y las mujeres se quedaron en nuestra casa. Después de eso fue cuando aprendí a usar un arma.

Caroline Hanbury Bateman vivía más cerca de Fergusson y Bingley, y dejó claro que la «pandilla de Happy Valley», como los describía en tono denigrante, eran un mundo aparte respecto a los más cercanos a Ol Kalou, y que el estilo de vida de aquellos no era ni remotamente representativo de la mayoría de los colonos. Después de la masacre de la noche de Año Nuevo, su madre y su padrastro, Joyce y Durban Cowen, corrieron a la escena de la tragedia. Caroline, que iba con ellos, solo tenía diez años, pero su impresionable y joven mente absorbió dos escenarios de marcado contraste: «Un porche posterior con techo de paja y la luz exterior encendida y la carnicería dentro...».

Yo había visto una vieja crónica ilustrada en blanco y negro del Mau, *A Collection of Photographs Recording Kenya's Battle Against Mau Mau* (*Colección de fotografías de la lucha en Kenia contra el Mau Mau*). Impreso y publicado por The English Press Ltd, Nairobi, Colonia de Kenia, el precio del libro era de tres chelines con cincuenta centavos. Lo miré con cierta turbación. Contenía la fotografía menos favorecedora de Jomo Kenyatta que había visto nunca, seguida de espantosas imágenes de vacas con las patas traseras partidas y las vísceras arrancadas, con el pie de foto «bestialidad»; ovejas empaladas en espinos de manzanos kei con el título «actos de barbarie»; un gato ahorcado; un bebé asiático raptado, e incendios provocados por los activistas. Más espantosas resultaban las fotos de crímenes humanos: cuerpos después de los ataques nocturnos del Mau Mau, incluyendo la masacre de Lari de 150 mujeres y niños kikuyu cuyos maridos eran leales a los británicos y un jefe africano que también estaba en el bando «equivocado». Había una fotografía del dormitorio de un niño británico, Michael Ruck, asesinado en una granja del norte de Kinangop, no muy lejos de Las Nubes: sábanas manchadas de sangre junto a un juego de trenes, un globo del mundo y un osito de peluche. Había un orinal bajo la cama, se supone que por precaución, para que el niño no tuviera que salir. Ya no necesitaría hacerlo nunca más.

Luego venían las fotografías de la casa de Fergusson y Bingley después del crimen. «Un joven granjero, el señor Richard Bingley, y un anciano colono que llevaba treinta años en Kenia, el señor C. H. Fergusson, fueron atacados y asesinados en su granja de Ol Kalou cuando se disponían a cenar», dice el pie de foto. «Ni el señor F. ni el señor B. tuvieron tiempo de usar sus armas y fueron derribados mientras se sentaban a la mesa». En el salón se veía la alfombra desordenada, libros por el suelo empapados de sangre, charcos de sangre alrededor de la mesa de café y una puerta ominosamente abierta tras una silla de cretona manchada de sangre. Las fotos del comedor mostraban con truculencia un plato de sopa rebosante de sangre sobre una mesa redonda barnizada, con una cuchara y un tenedor ensangrentados, y más sangre sobre el plato auxiliar y el de la mantequilla, con las rebanas de pan empapadas. Luego había una foto de su cocinero tras ser arrestado. La casa de Fergusson, pensé horrorizada, debía de tener una atmósfera oscura, teniendo en cuenta lo que había ocurrido entre sus paredes. Pero nadie parecía saber dónde estaba.

Dio la casualidad de que yo tenía un espejo antiguo, con marco dorado, que necesitaba un arreglo, y un amigo me recomendó a Frank Daykin, «el mejor restaurador de antigüedades que puedas encontrar en Nairobi».

Resultó que Frank había leído un par de artículos míos sobre las antiguas casas de Happy Valley.

—Vivimos allí una vez —dijo—, cerca de Ol Kalou y de la casa de Fergusson.

Fue así como acabé pasando la mayor parte de una mañana con aquel hombre esbelto, de pelo gris, cautivada por el brillo de sus increíbles ojos azules, mientras escuchaba sus historias, sentados entre un tesoro de muebles rotos y viejos relojes polvorientos que marcaban cada uno una hora distinta. Me senté en una butaca de tres patas junto a una arañada mesa de *bridge* de nogal y me puse a tomar notas.

El padre de Frank Daykin, dijo, había trabajado para un hombre llamado Morgan-Grenville.

Eso me sonó de algo: Solomon me había contado alguna vez que «había un hombre llamado Morgan que tenía una casa muy grande en lo alto de las montañas Aberdare. Incluso pasaba un río por debajo». Yo le había dado algunas vueltas, pero ahora Frank me confirmó que sí, que la casa de Robert Morgan-Grenville había estado encaramada en las empinadas laderas del noroeste de los Aberdares, en lo alto de una carretera que remontaba el precipicio a través de una serie de curvas cerradas.

—Era una casa de cedro con veintisiete habitaciones, atiborrada de antigüedades —dijo Frank—. También tenía un magnífico jardín con rododendros, sauces y puentes que atravesaban un río que fluía justo por debajo del salón. Este era una estancia especial, que solo se usaba en algunas ocasiones.

Morgan-Grenville tenía otras dos granjas colindantes, una de las cuales había administrado el padre de Frank. El joven Frank dirigía los talleres.

—Morgan-Grenville era un buen hombre, siempre con un cigarro en la boca, como Churchill —dijo Frank—. Daba la impresión de ser severo, pero nos llevábamos muy bien. —A medida que hablaba, me fui haciendo una imagen del hombre que describía: alto y de aspecto aristocrático, arrastrando las palabras al hablar, tocado con un Stetson... un hombre de costumbres, que hacía su compra semanal en Nakuru, conducía por la cordillera del Dundori y luego pasaba la noche en el Rift Valley Club. A Frank también le gustaba su esposa Mabel—. Ella despertó mi interés por las antigüedades, me llevaba con ella a todas las ventas. —Los coches eran otro de los intereses del joven Frank—. Morgan-Grenville tenía un enorme Buick Cadillac —añadió Frank—. Luego tuvo un Jaguar: le encantaban los coches norteamericanos.

De pronto recordé que Lyduska también había mencionado a Morgan-Grenville. «Era muy rico. Era tímido, bastante raro», había dicho, y añadió: «Su esposa Maisie era muy culta. Una jardinera muy buena».

Frank no creía que Robert tuviera otra esposa. Era más bien una confusión de nombres. Me dijo que Morgan-Grenville había llegado a Happy Valley en 1938 con su socio en los negocios, Archibald Fraser Allen... y la esposa de este, Mabel. Tras la prematura muerte de Fraser Allen, Mabel se casó con Morgan-Grenville. Sonaba sospechosamente al típico asunto de Happy Valley, pero Frank me aseguró que no había habido juego sucio ni asesinato: había muerto en un accidente.

El padre de Frank, Frank Joseph Daykin, había sido peón en Londres, «uno de los últimos en poner adoquines en Fleet Street», dijo Frank. Había dejado a su primera esposa y huido con una camarera llamada Elsie, la madre de Frank. Un día de 1954, Frank Joseph pasó ante la Casa de Sudáfrica y se detuvo. Siguiendo un impulso, entró y pidió trabajo. Resultó que Morgan-Grenville estaba allí. Seis semanas después la familia Daykin embarcaba rumbo a Kenia.

Cuando desembarcaron, los Daykin viajaron por tren a Gilgil, donde los recogieron un camión Austin y una camioneta Mercedes, algo que Frank, de diecinueve años, anotó en su memoria. Estaba rebosante de emoción ante aquella salvaje aventura que los había llevado a través de mares cada vez más cálidos hasta llegar al sofocante y húmedo pero exótico puerto de Mombasa. Luego el trayecto en tren a través de paisajes sorprendentes y maravillosos, repletos de animales salvajes, y una pausa en Nairobi antes de descender finalmente al dramático Rift Valley. Pasaron el lago Naivasha y se apearon en la estación de Gilgil. Luego empezaron a ascender de nuevo Rift Valley, ahora conduciendo por carreteras mojadas y resbaladizas que se extendían interminables en la oscura y misteriosa noche africana. Habían llegado las lluvias y transformado el polvo en un barro peligroso y resbaladizo que llamaban «algodón negro» y que provocaba que los vehículos derraparan y volcasen, que se cayeran en las zanjas o se estrellaran en la cuneta.

La madre de Frank, una chica muy de ciudad inglesa, estaba horrorizada. Luego, cuando finalmente llegaron a su nuevo hogar en medio de la oscuridad y la lluvia, Elsie Daykin descubrió que el retrete sin agua y la cocina estaban afuera, a la intemperie. Tenía once hermanas y ella misma había parido cinco hijos en seis años, así que se puede decir que era una mujer dura, pero llegar a aquel lugar frío, desnudo, primitivo, perdido en algún lugar de África, tras un viaje tan largo, fue totalmente abrumador. Elsie estalló en lágrimas.

Cuando el sol salió a la mañana siguiente, con algo de retraso en lo que se refiere a calentar porque tenía que elevarse por encima de la enorme masa de los Aberdares, los recién llegados debieron quedarse sin palabras al contemplar la luz dorada que se derramaba sobre la vasta meseta, hacia las distantes montañas blancas al otro lado de Rift Valley. Puede que Elsie Daykin se sintiera conmovida ante una vista tan extensa y hermosa, o puede que deseara salir corriendo de vuelta a Londres y a sus comodidades «modernas»... y a sus amigas con las que charlar. Aquel lugar, a la sombra de una fría montaña, sin nadie para cotillear salvo la mujer del jefe, debió de parecerle el fin del mundo. Aún resultaba menos reconfortante haber llegado cuando el Mau Mau estaba en su apogeo: la prensa británica no se lo había tomado a la ligera, y uno de los crímenes más horrendos —el de un granjero blanco al que todo el mundo describía como «un anciano encantador» y su joven estudiante— había sucedido a tiro de piedra de allí.

El hogar era ahora una casa de cedro, colgada junto a un desfiladero en una cordillera que subía por los altos Aberdares hasta la casa de Morgan-Grenville. A Frank le encantaba. Al menos había un cuarto de baño interior, con una bañera de latón, señaló, y agua corriente.

—Me pregunto si la vieja estufa de Dover seguirá en la cocina —murmuró.

Se estaba construyendo una casa de piedra ladera abajo. En cuanto esa segunda casa estuvo lista, los Daykin se mudaron a ella.

—Nuestra primera casa estaba cerca del río Malewa: cruzabas un puente desvencijado y luego ascendías una colina empinada. La segunda casa estaba más abajo, no en el río. Bajando, a la derecha de los talleres —dijo Frank, como si me estuviera dando instrucciones para ir a comer.

Ambas casas contemplaban las vastas y abiertas llanuras que se extendían por el oeste, hacia donde aquella región elevada descendía en una serie de escalones hasta Rift Valley.

Antes de marcharme del taller de Frank, trazamos un plan para visitar la zona y que volviera a ver sus viejas casas... y buscar la de Fergusson. Me había olvidado totalmente del espejo.

19
EN BUSCA DE LA CASA DE FERGUSSON

Era un día frío, gris, con una llovizna incesante, cuando nos dirigimos al extremo norte de Happy Valley, un lugar al que yo nunca había ido. Era probablemente el tipo de tiempo que la madre de Frank se había encontrado al llegar medio siglo antes, aunque nosotros teníamos la ventaja de que era de día y no habíamos viajado desde Inglaterra.

Frank y su mujer, Anne, se habían quedado en el Gilgil Club la noche anterior, junto con Janie Begg, que nos acompañaba. Los traqueteos de mi Land Rover, cuando llegué por la mañana para recogerlos, fueron suficiente para convencer a todo el mundo de que debíamos ir en el Pajero de Frank, que, por suerte, no tenía escapes. Solomon se nos unió en Captain, también encantado por la oportunidad de explorar el norte de Happy Valley.

Tomamos la carretera asfaltada hacia Ol Kalou, maldiciendo los despiadados badenes ocultos en cada pequeño pueblo o escuela. Luego giramos a la derecha por una carretera que finalmente lleva al pueblo de Wanjohi, dejando Slains por el camino. Era una meseta desolada y plana, aún más desagradable con mal tiempo. En alguna parte a nuestra izquierda, rodeado de pantanos, estaba el lago Ol Bolossat.

Según Errol Trzebinski en *Kenya Pioneers* (*Pioneros de Kenia*), en 1903 se le concedió al Sindicato de África Oriental el arrendamiento de 1330 kilómetros cuadrados entre Ol Kalou y Ol Bolossat. En 1906 se prospectó y las granjas salieron a la venta: el primer cultivo que se ensayó fue el lino, pero a principios de los años veinte su precio se desplomó, así que se abandonó el lino. Hacia finales de los veinte la gente de Happy Valley se había mudado allí, al sur, no muy lejos, y empezaba a forjarse su reputación bajo aquellas montañas malvas y azules, escondidas la mañana en que viajábamos nosotros, pero por lo habitual claramente visibles desde Ol Kalou. Hacia principios de los años treinta, la reputación de Happy Valley no dejaba de extenderse, manchada y tóxica, y llegaba al pueblo de Ol Kalou, ahora el hogar de seis europeos, cien asiáticos y trescientos africanos. Muchos otros granjeros locales pasaban regularmente con ganado, trigo y pelitre para vender, mientras el elefante, el león y el hipopótamo todavía se paseaban a sus anchas.

Frank habló de sus vecinos mientras recorríamos sus antiguos territorios. Kruger, «que daba buenas fiestas»; el asmático Spooner, con una mujer «trofeo»; un administrador llamado Davidson, que era un tirador de primera y se rumoreaba que había sido guardaespaldas de Al Capone; Trudy Vidor, un austriaco que cultivaba rosas y criaba perros...

Frank estaba confuso con las carreteras actuales.

—Recuerdo la casa de Kruger a la izquierda, no a la derecha. Unos seis kilómetros después de pasar Kruger nos desviamos a la izquierda, luego son unos doce kilómetros hasta Morgan-Grenville, y solo dos kilómetros hasta Fergusson y Bingley... —dijo sonando un poco inseguro.

—... si es queda algo —se preguntó Janie en voz alta.

—Estuvo muy mal —dijo Solomon—, porque cogieron parte de la granja de Morgan-Grenville sin más. Nunca se vendió correctamente.

El acaparamiento de tierras es un agravio keniano que ha seguido produciéndose hasta este siglo con títulos de propiedad que o no existen o aparecen por triplicado, porque muchas personas reclaman un mismo terreno. Ni siquiera el plan británico de las 500 000 hectáreas ha sido inmune a tales prácticas.

Habíamos llegado a un tramo de asfalto estropeado en el que el agua ocultaba profundos agujeros con los que tropezábamos sin parar. Las cunetas también estaban anegadas y las aguas corrían por la carretera como canales. El horizonte estaba cargado de espesas nubes oscuras y no había señal alguna de los Aberdares. Después de una larga búsqueda inútil, en la que Solomon nos llevó por un camino lleno de barro que no conducía a ninguna parte, nos detuvimos en una aldea brumosa que vimos al pasar.

—Todo es completamente distinto —se quejó Frank.

Paramos a la altura de un *mzee* que permanecía impasible bajo la lluvia y el frío.

—¿Dónde estamos? —pregunté en kiswahili.

—Esta zona se llama Morgan —respondió. La cosa se iba calentando, metafórica si no literalmente.

Como en respuesta, una porción de los Aberdares se reveló de pronto: un prometedor flanco de páramo en medio de la niebla. Estaba mucho más cerca de lo que pensábamos. Slains se encontraba entonces en algún lugar a la derecha.

Tras establecer a donde nos dirigíamos, el anciano señaló la carretera por la que habíamos venido.

De vuelta en el cruce en el que nos habíamos equivocado, recogimos a un joven empapado que se llamaba Wahome y que se apretujó en la parte de atrás con Solomon, Janie y yo, disculpándose por mojarnos. Dijo que había tantas carreteras que sería mejor que nos enseñase el camino; y sí, sabía cómo ir hasta la vieja casa de piedra que Frank estaba buscando. Su abuelo, Noah Kamau, que había muerto en 2001 a los ciento tres años, había trabajado cerca... para un hombre llamado David

Fraser Allen. Sorprendentemente, mientras hablaba de la vida de su abuelo, se refería a aquellos tiempos como «los buenos tiempos», aunque él ni siquiera había nacido entonces. Tal vez era lo que su abuelo decía.

—En aquella época estaba lleno de leones —dijo Frank de pronto.

—Karen también —dijo Janie con ironía.

Eso me recordó, con un sobresalto, el asesinato de lord Erroll, que había archivado en mi memoria mientras buscábamos todas las demás casas antiguas. De hecho, se me ocurrió de pronto, ¿por qué Broughton, o Diana, o cualquier otra persona, habría caminado kilómetro y medio en la oscuridad a través de Karen, de vuelta desde la cantera en la que el cuerpo de Joss yacía acurrucado detrás del asiento de un Buick alquilado?

Wahome nos condujo, tras pasar el hotel Step, por una carretera muy pedregosa que nos ralentizó aún más. Estaba asombrado ante el dominio de Janie de la lengua kikuyu. Entre tanto, nos acercábamos —confiábamos en ello— a nuestro destino. Solomon permanecía en silencio mientras lanzaba miradas suspicaces a los grises alrededores.

—La casa de Morgan-Grenville está ahí arriba, a más de 2500 metros —explicó Frank contemplando la masa de niebla frente a nosotros—. Él solía nivelar el camino rocoso —se encogió de hombros ante la carretera que recorríamos traqueteando—. Puede que este fuera nuestro camino de acceso, pero parece diferente. Han pasado más de cincuenta años.

—Debía de ser muy triste estar ahí arriba en la estación fría —comenté.

—Septiembre era lo peor —respondió Frank—. El hielo de los charcos era como cristal fino: crujía al pisarlo. Luego el sol aparecía muy despacio sobre los Aberdares, llegaba a casa y nos descongelaba.

Pasamos un lugar en el que un arroyo poco profundo se desparramaba sobre la carretera. De pronto Frank se iluminó mientras exclamaba:

—Este es el río que pasaba por debajo de la vieja casa de Morgan-Grenville y que nos proporcionaba agua a todos —nos alivió que al fin reconociera algo en aquella carretera brumosa y solitaria.

—Pero solo fluye cuando hay mucha humedad, como ahora —dijo Wahome—. Si no, está siempre seco.

Frank levantó las cejas.

—Antes nunca estaba seco. Recuerdo que subía arroyo arriba con un cedazo para desatascar los desagües de Morgan-Grenville. También solía pescar en su jardín.

Cruzamos el puente sobre el Malewa, luego pasamos ante los viejos talleres, ahora en desuso.

Frank gritó de pronto:

—¡Ahí está! ¡Ahí está nuestra antigua casa!

Velada por una llovizna gris, la casa de piedra gris se cobijaba como un vagabundo bajo un desgastado tejado de tablillas, con los numerosos agujeros parcheados con latas aplanadas. Caminamos a su alrededor, helados bajo la persistente lluvia. Una descuidada maraña de salvia, capuchinas y margaritas pugnaban con valentía por abrirse paso a través de un manto de basura. En el frente de la casa, el huerto de saludables zanahorias, judías y patatas parecía mejor cuidado. Un grupo de jóvenes se reunió alrededor de nosotros: era evidente que las caras blancas resultaban raras aquí. Cuando descubrieron que Frank estaba visitando su antiguo hogar, se quedaron fascinados y empezaron a seguir todos sus movimientos y a escuchar cada palabra que decía. Una anciana *mama* kikuyu nos dejó entrar en la casa, casi con reverencia, y dio la bienvenida a Frank como si hubiera estado esperándole.

Fuimos de habitación en habitación mientras Frank volvía sobre sus pasos muchas décadas después. Al entrar en una habitación oscura, como una pálida figura fantasmal contra las paredes ennegrecidas por el humo, susurró:

—¡Este era mi cuarto!

Yo ya me había acostumbrado a la penumbra y de pronto me di cuenta de que sus ojos azules estaban brillantes de lágrimas que caían por sus mejillas. Salí de la habitación para no importunar.

La primera casa de los Daykin, de cedro, donde la madre se había derrumbado de desesperación al llegar, estaba más arriba en la colina. Ya no existía, según Wahome, pero podía enseñarnos el lugar en el que se había alzado. Empapados y temblorosos, volvimos a la relativa calidez del coche y nos dirigimos hacia allí. Este tiempo, dijo Frank, le recordaba al momento en que llegaron, aquella noche de lluvia, décadas atrás.... El tipo de aventura que ansía cualquier joven. No lograba entender los sollozos de su madre exhausta.

La carretera ascendió por una serie de curvas resbaladizas antes de que Wahome nos mandase parar sobre una repisa de tierra verde. Frank se bajó y miró a su alrededor; luego dijo en voz baja: «Sí. Es aquí». Aún quedaban lirios blancos y rosados que brotaban en medio de la verdosa profusión de hierba kikuyu, mezclados con las urticantes ortigas. Las flores en forma de trompeta crecían en círculo, como por arte de magia, y daba la impresión de que su belleza exótica y rígida podía proteger las piedras desperdigadas que Frank identificó con el suelo de la galería.

—Aquí estaba la sala de estar —dijo Frank de pie junto a una mata de lirios africanos que se habían tomado la libertad de repantigarse en el espacio que un día debió de ocupar un sofá. A su espalda la vista se extendía en la distancia gris. En la parte trasera, la antigua cocina era otra pila de piedras, junto a las cuales habían sobrevivido unos pocos árboles de guayabas. El baño exterior estaba ahora cubierto de ortigas que ocultaban el profundo hoyo de la letrina. Salir para visitarlo durante las frías y húmedas noches no debió de ayudar a Elsie con su artritis reumatoide y su pleuresía. Frank nos contó que la doctora Anne Spoerry, famosa por el servicio de Médicos Voladores, había atendido a su madre. La doctora Spoerry vivía cerca, antes de mudarse a Sukubia—. Era una viejecita muy agradable —dijo Frank.

Solomon había descubierto una serie de pozos más superficiales.

—Los estanques de truchas —dijo Frank. Ahora se encontraba sobre una zona plana con violetas y amarilis que alfombraban el lugar sobre el que sus padres habían dormido—. Su habitación daba a macizos de flores y malvarrosas muy altas. —Los ojos azules de Frank brillaban mientras contemplaba por la ventana imaginaria una vista que le era familiar, aunque hubiera cambiado—. Había muchos más árboles autóctonos que ahora —dijo en voz baja, apartando la mirada de la multitud de curiosos que se habían reunido allí, la mayoría descalzos y con jerséis raídos. Casi todos llevaban gorros de lana o pasamontañas. Algunos de los más viejos calzaban botas de goma. Solomon se apoderó enseguida de la *panga* de un anciano y fue a desenterrar algunas plantas. Los niños nos miraban como si fuéramos extraterrestres y se reían de todo lo que decíamos o hacíamos.

—¿Dónde vais, a la escuela? —preguntó Anne, que es una entregada profesora de apoyo al aprendizaje.

Las respuestas llegaron en su mejor inglés entrecortado mientras señalaban ladera abajo. «En el río», dijo uno. «Por allí», añadió otro.

Frank se sumió en sus pensamientos cuando salimos de su antigua casa y nos dirigimos al norte por la base de las montañas en busca de la casa de Fergusson. La lluvia persistía mientras pasábamos ante una catarata estacional, un chorrito de agua que descendía por el abrupto peñasco. El manto de nubes se había levantado —solo un poco—, así que ahora distinguíamos las laderas más bajas de las montañas Aberdares, pero sus ocultas cumbres conservaban un cautivador aire de misterio mientras desaparecían en los cielos grises y húmedos. Un mosaico irregular de *shambas* se aferraba a las estribaciones desnudas.

—Eso antes era trigo, en terrazas que cultivaba mi hermano —dijo Frank de repente.

—Pero no hay árboles por ninguna parte... ¡muy mal! —Solomon meneó la cabeza con tristeza.

En algún lugar a nuestra derecha estaba la antigua carretera que serpenteaba por los Aberdares hasta la casa de Morgan-Grenville.

—Pero no es practicable en coche —dijo Wahome—. Tendríamos que ir a pie.

No quedaba nada de la casa de Morgan-Grenville, añadió, ni una piedra. Nadie quería ir andando bajo la lluvia, aunque yo me moría por ver si había sobrevivido algún rododendro: nunca he visto ninguno en África.

—¿Qué fue de los Morgan-Grenville? —pregunté.

—Se retiraron a Blue Lagoon —dijo Frank en referencia a la playa más septentrional de Watamu, a un par de horas en coche al norte de Mombasa—. Siempre habían tenido una casa allí, frente a la roca con forma de tortuga. Cuando se mudaron allí de forma permanente tuvieron que ampliar la casa para dar cabida a todos sus tesoros y antigüedades. —Frank vivía por entonces en Nairobi, pero Robert Morgan-Grenville seguía llevando su automóvil a Nairobi, a más de 500 kilómetros, para que Frank lo revisara.

La valla eléctrica, levantada para proteger el Parque Nacional de Aberdare de la intrusión humana, se encontraba a solo media docena de kilómetros de aquí, según Solomon. A nuestra izquierda pasamos una finca próspera y bien cuidada, con cercas pulcras, una pequeña casa de piedra y una floreciente parcela de maíz y judías.

—Pertenece al antiguo cocinero de Morgan-Grenville —dijo Wahome.

Un poco más allá, también a la izquierda, había otra reliquia colonial abandonada.

—Esa es la antigua casa de Fraser Allen —dijo Frank.

Aparcamos junto a la carretera y entramos, aspirando el aroma de eucalipto en el aire húmedo. La lluvia había amainado por fin, pero el barro se pegaba con insistencia a nuestros zapatos, haciendo que pesasen como zuecos de madera. Los restos herrumbrosos de un viejo coche se agazapaban frente a las paredes de cedro medio derruidas y el tejado de hojalata de la casa, como un perro guardián fosilizado. «Un Ford Escort de los años cincuenta», dijo Frank mientras lo examinaba con interés.

La casa parecía diminuta, con ventanas muy pequeñas: si yo hubiera vivido en este lugar húmedo y desolado mi prioridad habría sido dejar entrar la luz, pero, por supuesto, había que subir los cristales por esas terribles carreteras. Seguimos caminando a lo largo de un antiguo seto, ahora una hilera de altos cipreses, hasta llegar al huerto. Adosado a un poste de la cerca había un viejo molino en desuso que aún ostentaba su inscripción de origen: «R. Hunts and Co, Earl's Colne, Inglaterra». Detrás de un seto de adelfas, las cumbres más altas de los Aberdares emergían por fin mientras las nubes se elevaban y dispersaban, volando como humo entre retazos de cielo azul. Un *mzee* vino desde los campos para recibirnos, impávido ante aquella horda de extraños blancos que se paseaban por allí; no le parecía gran cosa. Había sido el carpintero de Kruger.

—Puedo enseñarles la tumba del hombre blanco que vivía aquí —dijo, y añadió—: Ahora está en mis tierras.

—Debe tratarse de la tumba de Archibald Fraser Allen. Murió en 1942 —dijo Frank.

Seguimos al anciano propietario kikuyu sobre el barro y la tierra removida, donde había estado sacando patatas y judías. Vadeamos más barro arcilloso, y nuestros zapatos parecían volverse más grandes y más torpes a cada paso. Unos niños pequeños habían surgido a nuestro alrededor, con sus caras sucias de barro y sus ropas harapientas mezcladas con el terreno fangoso como si hubieran brotado de la tierra. Los más pequeños, tal vez los nietos del anciano, nunca habían visto una cara blanca: gritaban y corrían ante la sorprendente visión.

Tras abrirnos paso a través de otro campo de zanahorias y hierbas gallineras, nos detuvimos junto a una zona de zarzas, entrelazadas de forma protectora sobre lo que había debajo. Wahome explicó aquel ocultamiento:

—Los kikuyu mantenemos la lápida cubierta para que no sea embrujada.

La tumba transmitía esa sensación de paz reservada tan solo para los lugares de descanso de los muertos. Lo cierto era que los restos de Fraser Allen tenían una maravillosa vista del lago Ol Bolossat, como noté al seguir la mirada de Solomon, que contemplaba distraídamente el lago a través del campo de coles. «Granito frágil», dijo Frank apartando las espinas para tocar los trozos rotos de la vieja lápida. Se distinguía un revoltijo de letras grabadas: *42... D... En... Har.*

—¿Por qué está rota? —pregunté en voz alta. No hubo respuesta.

Cuando nos alejamos de la tumba de Fraser Allen, Frank explicó:

—Murió atropellado por un tractor que le cogió mientras encendía un cigarrillo.

Janie Begg se estremeció.

—Oh, sí, fue un accidente horrible. Creo que fue una cosechadora.

Por supuesto, los Daykin habían llegado mucho después del trágico acontecimiento, y para entonces Mabel Fraser Allen se había convertido en Mabel Morgan-Grenville. Nos dirigimos hacia el lago Ol Bolossat y Frank empezó a hablar sobre Charles Fergusson y Richard Bingley.

—Los mataron a principios de 1953 —dijo—, justo antes de que llegase mi familia.

Era difícil que la noticia contribuyese a elevar el ánimo ya bastante hundido de Elsie. Luego se enteró de que ella y su marido tendrían que llevar armas y que había una valla eléctrica de alambre de espino alrededor de su nueva casa, alimentada por un generador que funcionaba toda la noche, con un ruidoso traqueteo que disfrazaba los sonidos aún más siniestros que podían llegar del exterior. Como añadidura, estaba la presencia constante de la Reserva de la Policía de Kenia. Se construían recintos especiales para proteger al ganado, llamados en Kenia *bomas*, aunque a Elsie no le tocó una de las torres que levantaban algunos colonos para proteger a sus esposas e hijos. La Guardia Negra estaba acuartelada en la granja Kruger, me contó Frank, y cada noche alguien de las granjas de Morgan-Grenville tenía que ir con la Guardia Negra o los Fusileros Africanos del Rey a comprobar las viviendas de los trabajadores.

—Había un tipo con barba, al que llamábamos «Harpic a la Vuelta de la Esquina», que solía traer cuerpos en un camión para que los identificásemos —dijo

Frank. Es probable que para Elsie el inconveniente de la cocina y la letrina exteriores palideciera hasta volverse insignificante al lado de sucesos tan espantosos. Sin embargo, aparte de dejar salir al ganado de sus campos por las noches, no había habido mucho problema de Mau Mau en la granja Morgan-Grenville.

—Esta era la casa de Fergusson —dijo Frank de repente deteniéndose antes de que yo me hubiera fijado en el anodino edificio de piedra gris con un tejado de tablillas rojas. Era pequeño y construido en el estilo típicamente conservador de los años cincuenta, la evidente morada de un soltero, y no se había hecho ningún esfuerzo para hacerlo atractivo, ni siquiera si la imaginación intentaba visualizarlo en sus mejores días. Lo único que se salvaba era la vista panorámica del lago Ol Bolossat. Las ventanas francesas y la escalera principal miraban hacia allí, lo cual debía de resultar precioso al atardecer de un buen día. Pensé en el anciano Fergusson, con un *whisky* en la mano, contemplando esa misma vista aquel funesto Día de Año Nuevo, mientras saboreaba esos momentos que no podía saber que serían los últimos.

Por detrás, la casa estaba orientada a los Aberdares, como otras antiguas casas de colonos entre aquí y Wanjohi. Puedo entender por qué no querían tener de frente aquella masa montañosa: resultaba demasiado desalentadora.

El sol danzaba ahora entre las nubes y dejaba ocasionales parches de cielo azul que constituían ventanas de calidez, pero el aire seguía siendo frío.

—Este lugar me hace sentir mal —protestó Solomon.

—Después del crimen estuvo desierto durante años —dijo Frank—, pero ahora parece habitado.

El césped estaba bien cortado y había un austero jardín: calas, margaritas y violetas. Pero quizá siempre había sido aburrido, al no haber ninguna *memsahib* para plantar árboles que dieran suculentos melocotones y gardenias de delicioso aroma o cuidar con mimo parterres de flox y narcisos.

Anne había descubierto un letrero: «Dispensario de Kirima, Ministerio de Salud, abierto lun a vier 8-5». Era sábado, así que la casa estaba cerrada y no había nadie cerca para dejarnos entrar... si de verdad queríamos entrar, cosa que Solomon no quería. Yo estaba realmente sorprendida ante la falta de atmósfera del lugar, como si los fantasmas hubieran partido en paz a pesar de la violencia de su final. Quizá la dedicación al trabajo y las oraciones de los que llevaban la clínica habían purificado el lugar.

Pensé en esa fatídica noche, en qué habría pasado por las mentes del viejo granjero y su joven amigo antes de que los mataran a machetazos. ¿Habrían visto a su cocinero, que al parecer dejó entrar al Mau Mau? Mi madre recuerda a Bingley: «Un joven muy agradable». Según una residente de Kipipiri de aquella época, había tenido fiebre reumática en su juventud. Recordaba haber ido a la fiesta de su veintiún cumpleaños, no mucho antes de que lo asesinaran.

—El cocinero le arrojó sopa a la cara antes de que lo acuchillaran —añadió brutalmente otra anciana *memsahib*.

¿Habían sido los dos hombres víctimas de un ataque al azar, por ser un blanco fácil... o alguien llevó a cabo una vendetta contra alguno de ellos?

Se habían añadido a la casa dos porches nuevos de hojalata, orientados hacia la serena superficie del lago, que reflejaba un cielo brillante. Subimos las escaleras del porche y pegamos la cara a la ventana: pude ver el salón, un muro nuevo que atravesaba la estancia por la mitad y cortaba en dos la chimenea en desuso. Luego rodeamos la casa hasta la puerta trasera que daba a la cocina y al mirar por la ventana pudimos ver que ahora era un laboratorio, recién pintado de azul y blanco.

—Esta es la puerta por la que el cocinero dejó pasar a los luchadores por la libertad. Lo habían obligado a hacer el juramento —dijo Frank.

Dimos la vuelta.

—Detrás de la casa era todo bosque —dijo Frank mientras contemplaba las estribaciones desnudas. Solomon cacareó enfadado. Ahora las laderas más bajas eran un ejemplo de cultivo pobre: sin terrazas para contenerla, la tierra se desmoronaba a cada poderoso embate de las tormentas. Un precipicio rocoso se dibujaba como una herida en la colina desnuda—. Eso solía ser una cascada —dijo Frank observando a las cabras y ovejas que pastaban en las empinadas laderas como garrapatas multicolores.

Ahora Solomon estaba charlando con Wahome, que se sorprendió al saber que el lago contenía 300 especies de aves, aunque algo sabía del hipopótamo residente.

—Es un lago muy importante —dijo Solomon—. ¡Me gustaría muchísimo emprender un proyecto de plantación de árboles autóctonos en esta zona!

No había la habitual reunión de espectadores, solo una mujer que nos contó que el médico estaba de descanso, dando por hecho que esa era la razón de nuestra visita.

—Solo estamos viendo la antigua casa —explicó Solomon. Nos dedicó una mirada de asombro antes de alejarse.

Solomon quería ver a alguien para hablar de su idea de un nuevo vivero en Ol Bolossot, así que a la vuelta nos detuvimos en Ol Kalou frente al edificio de una tienda con su fecha —1946— grabada en la piedra sobre la entrada. Más allá de la calle una casa antigua había sido absorbida torpemente por la nueva ciudad. La que era ahora la carnicería de Hunter, con su tejado de tablillas desintegrado y sus sucios muros, se aferraba a sí misma como en doloroso respeto por el hecho de que un día había sido el amado hogar de alguien. Una cabra de angora deambulaba cerca de la entrada, de algún modo tan fuera de lugar como una gacela de Thompson en Londres. Un *matatu* ensordecedor con el cartel «Morgan» pasó a nuestro lado levantando polvo sobre el parabrisas. Es de suponer que se apresuraba a llegar al sitio que acabábamos de abandonar.

Frank y Anne querían detenerse en la vieja iglesia de St Peter en Ol Kalou. Su historia se cuenta en *They Made it Their Home* (*Hicieron de ella su hogar*, 1962): durante la Segunda Guerra Mundial, Morgan-Grenville había cedido el terreno, se había reunido el dinero en la localidad, y habían construido la iglesia y la vicaría adyacente. Las mujeres de Ol Kalou, muchas de las cuales mantenían en marcha las nuevas y extensas granjas de trigo, tenían allí un lugar para congregarse y rezar por el retorno de sus hombres sanos y salvos.

El cementerio de St Peter rebosaba de rígidas calas y tritomas al rojo vivo, que se estiraban por encima de un alboroto de geranios y dalias de vivos colores que trepaban por los montículos y depresiones de tumbas sin señalar, ocultando viejas piedras sin inscripción. Algunas databan de la guerra. Los pocos nombres no incluían ninguno de la antigua pandilla de Happy Valley: aunque hubieran querido ser enterrados aquí, en la iglesia más cercana a sus viejos hogares, eran probablemente demasiado malvados para eso; y en un caso de suicidio como el de Alice no se habría permitido de ninguna manera un entierro cristiano.

La vieja torre cuadrada de la iglesia, con sus contrafuertes en las esquinas y una nave corta, tenía la extensión añadida de una nave trasera y un pórtico, con sus ventanas sin imaginación que revelaban el gusto de los años cincuenta. Cuando el conserje me dijo que actualmente más de 400 personas asistían al servicio dominical, me quedé contemplando las hileras de viejos bancos de madera con cruces talladas en sus laterales, alineados a lo largo de un pasillo en el que los rayos del sol se colaban por los orificios del tejado y jugaban a crear esquivas monedas de oro sobre la vieja alfombra marrón. Había un órgano Stevenson de bombeo que aún funcionaba, y en la sacristía una vieja pila de madera con el cuenco deslustrado, unos cuantos libros viejos y un registro de los oficios que se remontaba solo hasta 1963. Detrás de las barandillas de madera del altar, una placa de latón en la silla conmemoraba a «A. H. Fraser Allen (muerto en 1942)».

Cuando nos íbamos se escuchó un fuerte trueno sobre el camino de Ol Bolossat.

Unas semanas después, estaba bebiendo café recién molido en la galería de Frank y Anne en Kitengela, contemplando más allá del Parque Nacional de Nairobi los lejanos rascacielos de la ciudad, empequeñecidos por la distancia. Unos perros pequineses jugaban alrededor de Anne mientras decía:

—¡Creo que es increíble lo contentos que estaban de ver a Frank a la vista de la historia!

Pensé en ello durante el largo viaje por carretera de vuelta a Soyambu. Durante apenas media docena de años había explorado Slains, con sus secretos e historias que se remontaban a los años veinte; luego había estado en la antigua casa de Fergusson y revoloteado entre los oscuros recuerdos de tres décadas después. Y ahora la antigua granja de Elsie Daykin se extendía sin restricciones sobre las laderas que dominaban todo aquello. Quizá había atisbado y comprendido el significado de los cambios rápidos. Tal vez había adquirido una visión más profunda de los tiempos de guerra. Desde luego me había dado cuenta de algo: si lord Erroll —o de hecho el señor Fergusson— hubiera sido asesinado en tiempos de paz habría sido una historia totalmente diferente. O quizá en ninguno de los dos casos habría habido un crimen.

III

POLÍTICA, BALAS
Y CORAZONES ROTOS

20
EL AMOR, LA PÉRDIDA Y EL DOLOR DE LA AUSENTE

Los años habían pasado incesantes desde la muerte de *Mzee* Nuthu en 2002. Mientras me enredaba en otros varios asuntos, como buscar internados para mis hijos y enfrentarme a la desagradable idea de enviarlos a Sudáfrica o al Reino Unido, mis visitas a Happy Valley se fueron espaciando. Me di cuenta, con una punzada de remordimiento, de que ni siquiera había visitado la tumba de *Mzee* en Las Nubes cuando la bisnieta de Idina, Frances Osborne, contactó conmigo desde Inglaterra porque quería visitar Happy Valley, ya que estaba investigando para un libro sobre su célebre bisabuela: el abuelo de Frances era uno de los dos hijos de Idina de su primer matrimonio con Euan Wallace. Idina, sin que fuera una sorpresa, abandonó a ambos niños cuando huyó a Kenia con Joss. Los de Happy Valley no eran propensos a tener críos cerca: no pegaban con su estilo de vida. Simplemente no me puedo imaginar a la elegante Idina con manchas de leche en la blusa y pegotes de papilla en el pelo leyendo el cuento de los Conejitos Pelusa.

Frances pretendía descubrir la verdad sobre Happy Valley. «¿De verdad eran tan depravadas esas fiestas de Las Nubes?», me preguntó. ¿Qué pensaba yo?

Bueno, me imagino que las fiestas de Idina resultaban muy impactantes en su tiempo, pero es probable que resultasen algo insípidas en comparación con lo que ocurre en algunas fiestas hoy en día.

Por supuesto, una visita a Las Nubes resultaba esencial. Ahora que las redes de telefonía móvil habían llegado a la zona, podíamos contactar con Peter antes de ir. La familia Nuthu se mostró encantada y llena de curiosidad por conocer a la bisnieta de Idina, sobre todo

Paul, que había heredado el ejemplar de *Pasiones en Kenia* de su padre.

Tras una cálida bienvenida y un *tour* por la casa, Solomon, Frances y yo fuimos caminando con la familia Nuthu a las antiguas presas. Estaban llenas de maleza, pero algunas matas de calas aún se alzaban firmes junto a sus aguas quietas. Solomon se quedó extasiado al ver pruebas de que los monos colobos habían hecho incursiones a los cultivos y se lanzó a un sermón sobre por qué debíamos proteger a «nuestros hermanos», aunque me pareció que su público no estaba muy convencido. Frances podría haberse mostrado más favorable a los monos, pero el discurso era en kiswahili, así que no produjo ningún efecto extraordinario en ella.

Visitamos la lápida nueva del anciano y sentí una profunda tristeza por no haber podido despedirme de él ni haber estado en su entierro. No sabía que su primer nombre era Norman. Siempre lo había conocido tan solo como «Mzee». También me enteré de que había nacido en 1932, cuando Idina se casó con su cuarto marido, Haldeman, y ambos vivían en su hogar relativamente nuevo, Las Nubes. Ese mismo año, en Nairobi, la Comisión Carter de Tierras se reunió para estudiar la cuestión de las quejas de los nativos de Kenia en el asunto de las tierras. Algo más lejos, Oswald Mosley fundaba su Unión Británica de Fascistas.

Mzee Nuthu había muerto con solo setenta años. «Eras el pilar de nuestra fuerza», decía la inscripción. «Aquellos que viven bien la vida encuentran paz y descanso en la muerte». Me pregunté cuál sería la inscripción de Idina: al parecer, la habían enterrado en el cementerio de Mharaki, en Mombasa, en 1955.

El libro de Frances Osborne, *The Bolter* (*La ausente*) apareció en 2008. Lo leí en cuanto pude hacerme con un ejemplar y descubrí que el hermano de Idina, Buck, había volado a Kenia para el funeral. Colocó una lápida que solo revelaba la fecha de su muerte, pero hizo grabar en ella: «Con cariño y en memoria de una persona cálida, generosa y valiente». Tras la visita de Frances yo había contraído brucelosis, fiebre de garrapatas y dos tipos de ameba: todo a la vez. «Probablemente como resultado de pasar el tiempo comiendo y bebiendo en lugares extraños cuando estás en Happy Valley», dijo una amiga. Entre tanto, ningún editor quería un libro sobre Happppy Valley, o al menos un libro que implicara a un conservacionista kikuyu con sueños extravagantes. Incluso intenté, aunque brevemente, darle la espalda a Happy Valley, pero fracasé.

Sin embargo, Idina seguía desconcertándome. Sé, porque he ayudado a alguien cercano que estaba en rehabilitación, que los que tienden a un estilo de vida excesivo son a menudo las personas más complejas, adorables e inteligentes, que muchas de ellas se han perdido en su búsqueda del sentido de la vida.

Y ahora —finalmente— la vida de Idina, que no fue un camino de rosas después de todo, se volvía más clara. A esas alturas había leído varios libros con todo tipo de ideas sobre Idina, pero la biografía de Frances, muy amena y completa, trazaba un retrato vívido y más comprensivo de ella: tras una infancia desdichada en un hogar roto, su primer marido había partido su joven corazón. No es que ella no tuviera culpa también —le gustaba la buena vida y cometer adulterio resultaba fácil—, pero en general la Idina de Frances resulta ser un personaje simpático. Había nacido como lady Idina Sackville en Inglaterra en 1893, un par de años antes de que existieran el Protectorado de África Oriental o el ferrocarril de Uganda. Fue el mismo año que el misionero Stewart Watt llegó a Machakos con su familia, tras caminar casi 500 kilómetros a través de una selva hostil e infestada de depredadores para propagar la palabra de Dios. Era un mundo que estaba cambiando muy rápido, y en ningún sitio eran más dramáticos los cambios que en aquel nuevo y lejano continente que un día seduciría a Idina hasta el punto abandonar su país natal y su familia.

Nacer en una cuna de oro no compensó a Idina el sufrimiento de un hogar roto: su padre, el 8.º conde de la Warr, Gilbert Sackville, se había casado con su madre, Muriel Brassey, por su dinero, a cambio del título de condesa. Cuando Muriel tuvo a su segunda hija, Avice, Gilbert abandonó a su familia en la mansión familiar en Bexhill-on-Sea y se fugó con una bailarina de can-can.

Lady Idina se casó con Euan Wallace en 1913, pero seis años y dos hijos después se divorciaron. La guerra había acabado, se habían arrojado las gorras al aire e Idina se casó con Charles Gordon y se embarcó con él en dirección a Kenia, dejando atrás a sus dos hijos, David y Gerald (conocido como Gee). En aquellos días llegaban a Mombasa muchas novias vírgenes, que se encontraban allí con su prometido, se casaban de forma rápida y respetable en la catedral de Mombasa y luego eran despachadas en tren a lugares imposibles y remotos donde de algún modo se las arreglaban para crear hogares confortables. La llegada de Idina, como siempre seductoramente ataviada con caros trajes de diseño, hizo enarcar algunas cejas. Y aún más fueron las lenguas que se pusieron a trabajar cuando fue presentada en sociedad en el Muthaiga Club.

Entre tanto, en el Teatro Real de Nairobi, más de 2000 soldados aspirantes a colonos contenían el aliento mientras esperaban a que los bombos giratorios proporcionasen los nombres y los números. El número indicaba el orden en el que el aspirante podría escoger su granja en la lista del gobierno, la cual no siempre describía correctamente el terreno. Pero Charles e Idina Gordon estaban de suerte: su premio en la lotería de tierras fueron 1200 hectáreas en el codiciado valle de Wanjohi.

Los salacots y los protectores solares no eran para la glamurosa lady Idina Gordon, pero, en cualquier caso, su estilo de vida se desplomó enseguida de maravillosa gran dama de la sociedad, con un pie en París y otro en Londres, a esposa pionera en una granja remota, con una vida dura y rodeada de animales salvajes y peones africanos, ninguno de los cuales iba a apreciar su costoso sentido de la moda. Tras haberse casado con Gordon por despecho hacia Wallace, el hombre que, según su bisnieta, siempre había sido su verdadero amor, Idina no tardó en descubrir que también había perdido a sus dos hijos al marcharse a Kenia en un matrimonio condenado al fracaso. Kenia la excitaba, pero la aburría Gordon, que la acusaba de ser una ninfómana, probablemente porque no era fiel, quizá también porque solo lo usaba —a él o al sexo— para huir de su infelicidad.

Se mantenía en contacto con las tendencias de diseño con viajes regulares a Europa, una costumbre que continuaría casi hasta su muerte. En una de sus excursiones «a casa», al año siguiente, visitó a Wallace, quizá para renovar viejas pasiones, pero se encontró con que se iba a volver a casar y le dejó claro que sus hijos ahora tenían una «nueva» madre. Como no era el tipo de chica que se queda pesarosa guardando celibato, lady Idina volvió a Kenia con Gordon y distrajo su corazón roto con interminables safaris. Diez meses después, al darse cuenta de que su segundo matrimonio se había acabado, Idina, con veinticinco años, regresó a Londres a mediados de 1921.

Tras unos cuantos años recorriendo el circuito de fiestas de Europa, Idina volvió a Kenia, envuelta en el escándalo y del brazo de su apuesto futuro conde de Erroll. Los relatos varían respecto a si compró, arrendó o heredó por acuerdo de divorcio las 1000 hectáreas en las que construyó Slains. Frances Osborne zanja el asunto al citar una carta de Joss a su madre en la que le explica que habían arrendado la granja por ocho chelines la hectárea para un periodo de diez años. Pero Idina no estaba destinada a convertirse en condesa. Al principio de su liberal matrimonio, Joss ya había conocido a la mujer que recibiría ese título, Mary, guapa, con el pelo castaño rojizo, por entonces casada con Cyril Ramsey-Hill. Empezó a flirtear con ella mientras Idina se encontraba en el hospital teniendo a su hija, Diana, apodada Dinan. Joss se dedicó a saltar de la cama de Idina a la de Mary y a la de Alice de Janzé, hasta que finalmente en 1928 se fugó con Mary.

Mientras Idina regresaba a Inglaterra con Dinan tras poner en venta la casa de sus sueños, Slains, un caballero con inclinaciones políticas llamado Johnston Kamau (más conocido como Jomo Kenyatta) viajaba a Londres para promover el caso kikuyu referente a los derechos de su pueblo, sobre todo en lo relativo a la tierra, ahora que granjeros extranjeros se estaban instalando en las tierras altas. Ajena a esas potenciales amenazas, Mary se las arregló para tomar posesión exclusiva del Palacio Djinn, la exótica casa de su apenado exmarido en las verdes orillas del lago de agua dulce Naivasha. Joss se apresuró a casarse con ella y volver a la buena vida.

Idina debía estar ocultando muy bien sus emociones en ese momento. Wallace le había roto el corazón, luego Joss, al haberle negado el derecho de ser madre de sus dos hijos. Todo lo que le quedaba era su hija. La manera «fácil» de lidiar con esos sentimientos dolorosos fue anestesiarlos con drogas y alcohol, y además encontrar otro marido para asegurarse de no estar sola demasiado tiempo pensando en cosas. Idina y Dinan volvieron a Kenia en 1930 con el cuarto marido de Idina, Donald Haldeman. Compró una nueva granja y construyó Las

Nubes, que iba a convertirse en el cuartel general del siguiente episodio de *Adelante Happy Valley*.

Hacia 1934, Idina estaba lista para dejar a otro marido. Haldeman era un hombre celoso, controlador... atributos que no hacían fácil la vida con ella. Nellie Grant le escribió a Elspeth Huxley en 1934 desde su granja de Njoro, tal como se recoge en *Nellie: Letters from Africa* (*Nellie: Cartas desde África*): «He aceptado ir mañana a Las Nubes, solo por una noche, porque Dina necesita apoyo moral para enfrentarse a Donald. De cualquier modo, queremos llevarnos algún botín del jardín, aunque Donald nos dispare a todos». Tal vez, si le gustaba disparar, Donald fuese el responsable de todas aquellas cabezas desaparecidas de sus placas en las paredes que rodeaban el patio en mi primera visita a Las Nubes. A Nellie le gustaba visitar Las Nubes, según Huxley en *Out in the Midday Sun: My Kenya* (*Al sol del mediodía: Mi Kenia*), «para intercambiar plantas, porque el Wanjohi era una región espléndida para la jardinería. Y debió de tener mala suerte, porque nunca se encontró con una orgía; aunque una vez se topó a una de las invitadas, Alice de Janzé, dormida en el suelo a las cuatro de la tarde».

Aunque Haldeman amenazara con disparar a cualquiera que tocase a su mujer, era evidente que sentía respeto por sus superiores. Elspeth Huxley también cita los diarios de Daphne Moore, en los que describe la fiesta de Gladys Delamere en el Muthaiga Club la víspera de Año Nuevo de 1932. Los Haldeman figuraban entre los invitados, e Idina conoció a Byrne, el nuevo gobernador, y bailó con él: «Todo el mundo se moría de risa al ver a la vampiresa más notoria de Kenia en brazos del representante del rey, que además estaba sacando el máximo provecho».

Idina se las arregló para escaparse a Inglaterra en marzo de 1934, llevándose a Dinan, a la que dejó en un colegio, aunque no puedo evitar preguntarme si más tarde no se arrepentiría de esa decisión. Entre tanto, regresó a Kenia en julio con su nuevo novio, Chris Langlands, un piloto. Pero tampoco le duró y hacia 1939 Idina iba por su quinto marido, Vincent Soltau. Según Frances Osborne, Idina era una especie de madrastra para los dos hijos de Soltau. Ese mismo año Hitler invadió Polonia y Mary, condesa de Erroll, murió de los excesos de su estilo de vida, sola, con los brazos cubiertos de marcas de las inyecciones de heroína y morfina.

Los primeros años de la década de los cuarenta fueron difíciles. Soltau, al que Idina apodaba «Lince», había sido destinado a El Cairo y parecía que iba a ser un destino permanente. La soledad debió de ser una perspectiva nueva y aterradora para Idina, que hasta entonces había conseguido evitar su propia compañía. Sin duda habría seguido dando fiestas salvajes en Las Nubes, y no habrían faltado jóvenes dispuestos que necesitaban descargar energía cuando volvían a casa de permiso. Pero con el tiempo la bebida y las drogas hacen estragos en la mente y el cuerpo, y aquello no podía durar para siempre. Idina ya tenía casi cincuenta años y la menopausia acechaba. Entonces Joss fue asesinado. Al recibir la noticia, una Idina devastada condujo desde Happy Valley a su casa de Muthaiga en las afueras de Nairobi, donde no logró encontrar el valioso collar de perlas familiar que estaba decidida a que heredase su hija (para su desesperación, las perlas de Erroll habían sido vistas por última vez alrededor de la adorable garganta de Diana Broughton). Dinan tuvo que leer la noticia de la muerte de su padre en los titulares de la prensa inglesa. Ese mismo año, Euan Wallace murió en Inglaterra de cáncer de estómago, y Alice de Trafford, la vieja amiga y vecina de Idina en Happy Valley desde los primeros años, se suicidó.

Aunque las fiestas continuaron, estas no podían mitigar lo que debió de ser un considerable dolor emocional para Idina. Finalmente había «conocido» a los hijos que había tenido con Euan Wallace, ambos criados por una madrastra. Con David se había encontrado en Londres en 1934, y con Gee —por fin— en 1943 en el Muthaiga Club. Mientras Idina bailaba con Gee, protegida en sus jóvenes y apuestos brazos, alguien le comentó a él que ella tenía edad suficiente para ser su madre, y la respuesta fue que ¡*era* su madre! Idina adoraba a sus hijos adultos, e hizo grandes esfuerzos por verlos o estar en contacto con ellos, pero se aferraba a tiempo prestado. La guerra se llevaría a ambos jóvenes.

Tras perder a David y a Gee, esta vez para siempre, Idina —según sus amigos— empezó a beber demasiado, probablemente para ahogar sus penas. Su dolor se deduce de las escuetas palabras, citadas en *The Bolter*, que consiguió escribirle a Pru, la joven viuda de David y madre de sus hijos: «De qué sirven las palabras cuando una ha perdido todo lo que ama. Gracias a Dios, tú tienes a los niños».

El dolor no era solo emocional: Idina tenía cada vez más problemas de salud. A principios de 1945 había sufrido algún tipo de colapso nervioso y padecía neuritis, o inflamación de los nervios, y los médicos le habían aconsejado trasladarse a la costa. Así pues, la gran sacerdotisa envejecida de una era decadente y extinta acabó por dejar su amado Happy Valley para instalarse en Mtwapa, en la costa de Kenia, acompañada por su fiel amante James Bird (conocido jocosamente como Jaime VI), el hombre con el que nunca se casó y el único al que nunca abandonó. Bird, el hombre cuya silla quedó más tarde en manos de la madre de Janie Begg, era, según Janie, un antiguo marinero, con tatuajes y todo. Administraba la granja de Idina, y evidentemente a ella.

La mujer de Gee se suicidó e Idina nunca conoció a sus nietos. Durante ese tiempo, su distante hija, Dinan, no parecía ansiosa por ver a aquella madre ausente de dudosa reputación. Llamada correctamente Diana, condesa de Erroll, había estado en el colegio en Inglaterra desde que tenía ocho años; no había visto a su madre en todo ese tiempo y ahora tenía veinte y estaba prometida. Idina no fue invitada a la boda. Ni Dinan quiso ver a su madre en 1948, cuando nació su hijo Merlin. Así que Idina volvió a Kenia, alimentando la pena de lo que debió de percibir como otra pérdida. Resultó ser cáncer de útero, como si el cuerpo de Idina respondiese a sufrimientos reprimidos durante mucho tiempo. E iba llegando el momento de la última vuelta de tuerca.

Dos años después, Idina volvió a Inglaterra y esta vez consiguió reconciliarse con su hija. Decidida a no perder de nuevo el contacto, planeó ahorrar dinero para traer a Dinan y a su marido a Kenia, pero el Mau Mau empezó en 1951, y sus violentos crímenes abortaron el sueño de Idina de ir de safari con ellos. Idina ni siquiera viviría para ver el final del Mau Mau.

«La pobre Dina tuvo un cáncer incurable durante mucho tiempo», le escribió Nellie Grant a su hija. Era octubre de 1955: el mismo año que Diana (de soltera Broughton) se divorció de su tercer marido, Gilbert Colvile, y se casó con el 4.º barón Delamere. Idina murió a los sesenta y dos años en Mombasa, en el país que llamaba su hogar.

Había tenido una vida dura en muchos aspectos. El dinero y el bienestar material no pueden compensar la falta de amor y seguridad, el bálsamo emocional que nos alivia cuando pasamos por dificultades. Crecer debería ser un periodo de protección, un proceso feliz que crea confianza en uno mismo y enseña a un niño a amar y ser amado. La pérdida en Idina de ese ingrediente vital comenzó probablemente con la marcha de su padre, y empeoró a medida que se sucedían maridos y amantes. Al final se manifestó en su última pérdida: la de sus hijos, en una agonía que la culpa reprimida no hizo sino intensificar. Nunca había sido capaz de dedicarles a sus hijos el tiempo suficiente y, aunque Dinan había recibido un poco más de cariño maternal que sus medio hermanos, también había vivido alejada de su madre durante la mayor parte de su vida. Idina tomó sus decisiones. Los niños, después de todo, son exigentes, sinceros, y tienden a enseñarnos lecciones sobre nosotros mismos que tal vez no deseamos aprender. Las de Idina ni se vieron ni se escucharon. Para Idina, la gota que colmó el vaso debió de ser cuando, hacia el final de su vida, los acontecimientos impidieron que cerrase las heridas con su único hijo vivo, y la única de sexo femenino.

Unos días en coma y desapareció toda esperanza de que Idina revelase quién había matado a Joss, como se dice que había prometido hacer. ¿Lo sabía realmente, o solo era otro de sus elusivos juegos? Y si lo había amado de verdad, como muchos creen, ¿cómo la había afectado ese notorio crimen? Ella fue de las pocas personas a las que ningún dedo señaló por el asesinato de Erroll. Estaba en su casa en Las Nubes cuando sucedió, si bien las mentiras que parecían aflorar con tanta facilidad entre aquel grupo de actores y testigos empapados en ginebra hacen que una se pregunte dónde estaba realmente cada uno aquella noche. Idina pudo contratar a un tirador, por supuesto, pero no existe un móvil aparente: si fue un crimen pasional tendría que haberlo cometido al menos treinta años antes. Frances Osborne no llega a ninguna conclusión en *The Bolter*. Pero sugiere que Idina siempre culpó a Diana Broughton de la tragedia, con independencia de quién disparase la bala fatídica.

21
LA SEDUCTORA Y LOS PENSAMIENTOS ASESINOS

Como en el caso de Idina, la vida y la muerte de Alice siguieron intrigándome. Igual que Idina, Alice usó sustancias psicotrópicas, probablemente para negar un pasado intolerable. Pero también es probable que sufriera depresión clínica, del tipo que provoca estados de ánimo lo bastante oscuros para llegar a quitarse la vida.

El suicido es un asunto incómodo. La mayoría de nosotros evitamos pensar en ello demasiado... si podemos. Lamento no haber hablado con mi abuelo sobre el suicidio de su primo; y he oído que su tumba, en algún lugar en una colina en Sukubia, no tiene lápida. Alice tampoco la tenía, hasta que su nieta vino a visitar su antiguo hogar.

Además de clarificar muchos aspectos de la vida de Idina, *The Bolter*, de Frances Osborne, aumentó la reserva de historias de Alice. Frances cree que Alice y Joss habían vivido aventuras intermitentes en París antes de que ninguno de los dos se casara. Luego, la primera vez que los de Janzé vinieron a Kenia de vacaciones Idina los invitó... con motivos ocultos: embarazada, necesitaba a alguien que evitara que Joss anduviese por ahí. Mejor el diablo conocido, especialmente una tan neurótica como Alice, porque así no constituía una seria amenaza. En diciembre de 1925, los de Janzé se quedaron en Slains antes de acompañar a los Hay al Muthaiga Club, de juerga durante las fiestas mientras esperaban que Idina diera a luz. Alice no cumplió con su cometido: mientras Idina estaba en el hospital teniendo el bebé, Joss conoció a Mary.

Cuando Idina volvió a casa, se apresuró a dejar a su hija con una niñera (como hacía todo el mundo) para irse de safari con Joss y los de Janzé. En abril de 1926, al llegar las persistentes lluvias, las esperanzas de Frédéric de escapar de aquel arreglo a cuatro se frustraron cuando Joss cayó enfermo, con sospechas de que era malaria, y acabó en el hospital de Nakuru. Los de Janzé se quedaron a cargo del fuerte... y es de suponer que del bebé. Mientras Idina estaba ausente de Slains, velando fielmente a Joss a los pies de su lecho, la niñera se despidió, Frédéric tuvo un altercado con un grosero elefante y se rompió una costilla, y las cuentas de la granja quedaron en un estado de abandono.

Cuando finalmente Idina y Joss volvieron en junio, Alice había comprado la granja de Wanjohi. Ella y Frédéric se mudaron allí hacia finales de 1926, pero una vida matrimonial tranquila no estaba en la ecuación: entra Raymond de Trafford. Según Frances Osborne (que también revela que Idina era la dueña de Mickey, gemelo de Minnie), en aquel fatídico día de finales de 1941, Alice paseó a Minnie hasta la orilla del río, donde disparó y enterró a la perrita de inmediato, antes de volver a la cama y dispararse a sí misma en la boca con el revólver.

Paul Spicer había estado en contacto conmigo mientras escribía la biografía de Alice, para recabar información sobre distancias y carreteras. Me envió por *e-mail* una foto de la casa de Alice tomada en 1930. Había un carro de pelitre aparcado delante. La casa era de madera oscura, con su luz aún más disminuida por los edificios anexos y la espesura de árboles autóctonos. Parecía haber cinco chimeneas: el fuego debía de ser esencial. Varias enredaderas trepaban por los muros y había algunos parterres, pero por lo demás se me antojó desnuda y sombría. No tenía nada que ver en atractivo o glamur con algunas de las casas vecinas, sobre todo Las Nubes. Me pregunté cuánto tiempo pasaría realmente Alice allí, con una vida social en Nairobi que había que atender y una casa en la costa a la que, por lo visto, añadía habitaciones extra cuando se esperaban más invitados. Esos muros desmochados de cedro con una estrecha galería en los laterales interiores parecían desenfocados, como si un velo de llovizna hubiera enturbiado la lente de la cámara. Por la fotografía en blanco y negro no podía saberse si el cielo era azul, y la casa parecía tenía un aspecto frío y reservado, como si retuviera estrechamente el dolor y la infelicidad de Alice: sus ventanas ciegas eran como párpados cerrados, lo que completaba la sensación de privacidad, incluso aislamiento.

A principios de 2008, la nieta de Alice, Angelique, se disponía a venir a Kenia y planeaba quedarse conmigo, y teníamos la intención de visitar la vieja casa de su abuela para ver la nueva tumba. También planeaba restaurar la antigua casa del administrador, con el objetivo de proporcionar fondos y convertirla en una biblioteca escolar. Pero Kenia estaba sumida en la violencia poselectoral y los turistas estaban cancelando sus safaris. Nadie culpó a Angelique por ir a Tanzania en vez de venir aquí, porque el resto del mundo nos señalaba como zona de peligro.

A finales de año, Solomon, ahora orgulloso propietario de un teléfono móvil, me llamó casi llorando.

—¡Han roto la tumba por completo! —me dijo.

—¿Quién? ¿Dónde? —dije.

—¡La de Harris! Está toda aplastada. No queda ni una piedra, ni hay cerca.

Yo me quedé muda de asombro.

—El nuevo director está enfadado —continuó Solomon—. Dice que los blancos prometieron ayudar, pero no lo hicieron. ¡Así que ahora han hecho esto tan horrible!

A principios de 2009 recibí una carta de Solomon en una página arrancada de un cuaderno de ejercicios. Explicaba que la cerca alrededor de la tumba de Alice y la puerta habían sido «quitadas». Dijo que la vieja casa de madera del administrador había sido «terriblemente destruida» y que ahora sería imposible restaurarla. El nuevo director y el presidente de la escuela se dedicaban a vender la madera de la vieja casa, añadió, aunque algunas personas estaban en contra, sobre todo las familias cuyos abuelos habían trabajado allí para Alice. Me dio los contactos del director y el presidente kikuyu.

Les escribí, pero nunca respondieron.

Finalmente, en 2010, la biografía de Paul Spicer, *The Temptress: The Scandalous Life of Alice, Countess de Janzé* (*La seductora: La escandalosa vida de Alice, condesa de Janzé*), llegó a las librerías; ofrecía una nueva teoría sobre el caso Erroll, que implicaba a Alice. Es cierto que el ameno libro de Spicer trae a la luz algunas interesantes historias nuevas, pero también contiene algunas anomalías, en particular que parece sugerir que la biógrafa de Erroll, Errol Trzebinski, estaba de acuerdo con James Fox en que Broughton apretó el gatillo. El libro también confunde personas —la primera esposa de Delap, Rosemary, con su segunda esposa, Bubbles (Maureen)— y lugares: la granja Nderit de Boy y Paula Long con la de Delamere (Boy Long había trabajado anteriormente para Delamere en el lago Elmenteita, pero su granja estaba junto al lago Nakuru). El libro afirma que Idina se había trasladado a la costa antes del suicidio de Alice, pero luego contradice esa afirmación. Hay más confusiones de identidad: el libro sostiene que Mary, que se casó con David Leslie-Melville, era nieta de lord Portman, aunque en realidad el nieto era su marido. Me sorprendió la sugerencia de que los de Janzé podían emplear a granjeros kikuyu locales que poseían pequeñas parcelas en la zona. De hecho, los únicos kikuyu en la zona en aquel tiempo eran unos pocos peones de tierras vecinas propiedad de blancos. Las pequeñas parcelas de hoy en día aparecieron en la ola de crecimiento posterior a 1963.

No obstante, Spicer amplía de forma cautivadora el carácter de Alice y ofrece nuevos detalles sobre su trágica y turbulenta vida. Leí con interés cómo el padre consentidor de la joven Alice echó a su madre de la casa una noche de invierno, lo que provocó su consiguiente enfermedad y muerte, para luego casarse con su prima, con la que en todo caso había estado teniendo una aventura. Cuando Alice tenía trece años, la familia de su madre obtuvo su custodia y la sacó de la indulgente influencia de su padre. Al parecer, ese distanciamiento dejó devastada a Alice. Desde muy pronto mostró tendencias suicidas e intentó cortarse las muñecas en el colegio; Spicer cree que ya entonces sufría una variedad leve de depresión maníaca llamada ciclotimia. A pesar de tener muchos pretendientes (incluido un novio gánster en Chicago), cree que es probable que Alice fuera virgen cuando se casó en 1923, y que nunca alcanzó la verdadera plenitud sexual con Frédéric. Tras el nacimiento de sus dos hijas, Alice sufrió depresión posparto; todos los esfuerzos por curarla en Francia fracasaron, y Frédéric lo intentó con las distracciones de Kenia. Spice dice que, aunque los Hays y los de Janzé se habían conocido en París en 1923, la aventura de Alice con Joss empezó más adelante, durante su primera visita a Kenia, a finales de 1925. La supuesta capacidad de Joss para llevar fácilmente a las mujeres al orgasmo pudo haber provocado el despertar sexual de Alice.

Los de Janzé compraron sus 250 hectáreas a sir John Ramsden, con la ayuda de sus amables vecinos Geoff Buxton y David Leslie-Melville. La pequeña casa del administrador ya estaba allí y les proporcionó a Alice y a Frédéric un hogar mientras construían la casa principal. Buxton presentó a Alice a Raymond (o Raymund, como prefiere escribirlo Spicer siguiendo a otros autores) en una cena. Entre tanto, Alice seguía a caballo entre Francia y Kenia y una vez, ingenuamente, se llevó a un mono que hizo estragos en el apartamento de París y volvió loca a una niñera portuguesa con su insolente desprecio por la valiosa porcelana. Como si eso no fuese lo bastante desconsiderado —lo de la niñera y los animales africanos—, Alice aumentó el caos en París al importar un cocodrilo y un cachorro de león que crecía muy rápido. El infortunado Sansón acabó en un zoo para niños, e inevitablemente su historia acabó en tragedia después de ser maltratado en un circo y morir por error de un disparo. La historia no nos cuenta el final del cocodrilo, pero el mono tuvo suerte y volvió a Kenia con Alice.

Tras disparar a Raymond en la Gare du Nord, Alice recibió un indulto del presidente y no tuvo que cumplir su condena de seis meses; solo pagó una multa de 100 francos. Su segundo matrimonio con Raymond fue, así lo cree Spicer, por amor. Sus hijas no asistieron a la ceremonia, pero su *bulldog* sí. A continuación, Alice deambuló por toda Europa financiando los malos hábitos de su marido, incluido el juego. Solo después de que él le arrojara un cóctel a la cara en París le compró un billete y lo despachó a Australia. Pero más adelante, en 1933, el mismo año que Alice se había instalado en Happy Valley, Raymond reapareció. Frédéric, que siempre había sido un auténtico caballero y siguió siendo buen amigo de Alice hasta el final, murió a finales de ese año. Aunque Raymond solía presentarse borracho en Wanjohi, después de conducir desde su casa en Njoro, Alice hacía cuanto podía por evitarlo. Viajaba con regularidad, incluyendo una valerosa expedición en solitario al Congo. Raymond fue deportado de Kenia en 1939 por pegar e insultar a un empleado mientras estaba borracho, pero eso no lo volvió sobrio, porque poco después fue juzgado y encarcelado por conducir borracho y atropellar y matar a una ciclista.

A Alice le encantó que una vieja amiga, la belleza de la alta sociedad Paula Gellibrand, también con dos matrimonios fallidos a la espalda, viniera a quedarse en su casa. Paula estaba de nuevo soltera, pero no por mucho tiempo: conoció a Boy Long en una fiesta nocturna en casa de Idina y poco después se casó con él. Una forma de no quedarse en casa rumiando pensamientos morbosos es mantenerse en movimiento. Alice tenía su casa de la playa en Tiwi, al sur de Mombasa, y una casa de campo en Muthaiga, cerca de la casa y la oficina de Joss en Nairobi. Se mantenía ocupada, como Idina; daba fiestas y se rodeaba de la mayor cantidad de gente posible, además de invitar a sus amigos a quedarse en Wanjohi y en la costa.

Entre tanto, como Lord Alto Condestable de Escocia, Joss tenía que tomar parte en el cortejo de coronación del rey Eduardo VIII. La consiguiente abdicación de Eduardo por querer casarse con la divorciada Wallis Simpson también despertó las simpatías de Alice: Su Alteza Real era un viejo amigo de Alice de los días de Londres. En 1938, tras la coronación del hermano de Eduardo, Jorge, Joss fue elegido para la asamblea del distrito de Kiambu y, según Spicer, dejó de apoyar a Mosley y a la Unión Británica de Fascistas. La contribución de Alice al esfuerzo de guerra fue cuidar de Julian «Lizzie» Lezard, un viejo amigo de Joss, al que Joss había destinado a Wanjohi para desempeñar tareas de inteligencia: se supone que le estaba ofreciendo a la solitaria Alice un poco de compañía, porque al parecer Lezard estaba generosamente dotado, lo suficiente para hacer las delicias de la concurrencia en el juego favorito de Idina después de cenar. Este incluía a varios hombres de pie detrás de una sábana, los cuales asomaban el apéndice apropiado por unos orificios para recibir puntuación del uno al diez.

Lezard fue una aventura pasajera, mientras que Dickie Pembroke estuvo allí para Alice cuando su padre murió y justo después de que Joss fuera asesinado. Pero luego lo destinaron a El Cairo. Alice estaba sufriendo problemas de salud y, a principios de 1941, el doctor Boyle le practicó una histerectomía. Spicer escribe que, antes de partir a Nairobi para la operación, Alice le dio a su perrita salchicha, Minnie, Nembutal, un barbitúrico que a menudo se usa como sedante. Prefería sacrificar al animal ella misma, porque experimentaba ataques de pánico en el coche. Alice sintió que había asesinado a su perrita, le reveló a Pembroke en una carta, y añadió que «la duración de nuestras vidas está enteramente en nuestras propias manos (¡a no ser que alguien nos ataque primero!)».

Sola y casi con certeza aquejada de depresión clínica, Alice había centrado todo su afecto en Minnie, asegurándose de que la perrita no sufriera. A pesar de su manera irresponsable de arrastrar a sus «mascotas» salvajes africanas a destinos funestos en lugares extraños, Alice siempre mostró más apego a estas que a sus hijas, y dedicó más esfuerzos a sacar al león del zoo y llevarlo de vuelta a Kenia que a traerse a las niñas a Wanjohi. Los animales son a menudo una compañía más fácil que las personas, y su devoción incondicional consuela en medio de los «altibajos» de la vida.

Hoy en día existe un consenso generalizado en que el alcohol y las drogas agravan la depresión, ya que alteran el desequilibrio químico del cerebro. Se cree que el abuso de sustancias puede de hecho causar depresión, o empeorarla en alguien que ya está genéticamente predispuesta a la dolencia. Fuera cual fuese la causa, después de la operación Alice se sentía frágil y deprimida, y echaba de menos a Minnie. Envió a su ama de llaves, Flo Crofton, para que la excusara ante su vecina Pat Fisher en la fiesta de cumpleaños conjunta con la antigua amante de Joss, Phyllis Filmer; luego tomó una sobredosis de Nembutal. No se menciona cómo reanimaron a Alice, pero Spicer cuenta con detalle cómo unos días después, tras enviar a Flo a hacer la compra en Ol Kalou, se tomó otra sobredosis de Nembutal y se disparó en el corazón. Un sirviente irrumpió en su cuarto, pero cuando Flo volvió Alice estaba agonizando. El doctor Boyle le pidió prestado un coche veloz al doctor Bowles y corrió de Nairobi a Wanjohi, pero Alice ya había muerto en el momento en que llegó.

Spicer señala que Alice dejó cinco cartas: dos para sus hijas, una para Pembroke, otra una nota suicida y una más para la policía; Boyle las entregó todas a la policía. El cóctel que Alice quería que se celebrase ante su tumba no se realizó porque muchos amigos estaban ausentes: solo Pat Fisher y Flo Crofton asistieron al funeral, junto con el personal de Alice. Las hijas de Alice, ahora casi veinteañeras, tuvieron que enterarse de la muerte de su madre por los periódicos franceses, igual que le había ocurrido a Dinan, de quince años, con la muerte de su padre ocho meses antes. El testamento estipulaba que para heredar la granja de Alice sus hijas debían vivir en ella durante cierto periodo de tiempo: de no ser así, la propiedad pasaría a la hija de ocho años sin padre de la buena amiga de Alice Noreen Pearson. La guerra hacía muy difícil que Nolwen y Paola pudieran tomar posesión de la granja; luego Noreen se volvió a casar con un oficial norteamericano y se llevó a su hija a Washington. Así que la granja de Alice se vendió cuando la niña cumplió veintiún años, lo que ocurrió en algún momento de los años cincuenta.

La madre de Paul Spicer, Margaret, había sido amiga de Alice. El interés de Spicer en la esquiva condesa aumentó debido a varias coincidencias, que reforzaron su convicción de que Alice mató a Erroll. El epílogo del libro se extiende al respecto: Spicer habló con Noel Case, que describió a Alice como una empleadora impredecible, que a menudo olvidaba informar a Noel de sus decisiones y se regodeaba pensando en dónde estaría su tumba. Al parecer nunca hablaba de su pasado o de sus hijas, y solo una vez mencionó a su padre, a quien mantenía en una costosa residencia en los Estados Unidos. A Noel le parecía muy probable que Alice hubiera matado a Erroll, dadas sus creencias en la otra vida. Ethnie Boyle, esposa del médico de Alice, el doctor William, afirmaba haber visto la carta en la que supuestamente Alice lo confesaba todo. Ethnie se lo contó a su hija, Alice Fleet, de soltera Boyle (y luego Alice Percival), que se lo contó a Spicer.

Otros muchos respaldan la teoría de que Alice fue la asesina de Erroll, incluidos Lezard, Betty Leslie-Melville (que lo afirma así en sus memorias) y la suegra de esta, Mary Leslie-Melville. Unos años después de la muerte de Alice, el sirviente de Mary había encontrado el arma escondida bajo unas rocas en el río Wanjohi, justo bajo la casa de Alice. Mary había dicho que era de la marca y calibre exactos del revólver desaparecido que se había usado para matar a Erroll, pero que no tenía sentido desenterrar el caso, puesto que, de todos modos, tanto Joss como Alice estaban muertos. Incluso le enseñó a Betty el arma, que guardaba en un armario en su casa de Nairobi.

Spicer afirma que alguien había enviado dos cartas anónimas al abogado de la defensa Harry Morris en las que se decía que el asesino de Erroll era una mujer, una destacada dama de la alta sociedad de Nairobi, que Joss había rechazado para estar con Diana. Spicer también cree que Dickie Pembroke podría no haberse percatado (o quizá lo ignoró y luego mintió) de que Alice se levantó de la cama y desapareció durante una hora: además, ella habría podido fácilmente conducir a toda velocidad y sin ser vista de Muthaiga a Karen por carreteras que a esas horas habrían estado desiertas. Alice conocería los movimientos de Joss, como siempre, lo habría hecho detenerse en la carretera y le habría disparado: no era la primera vez que apretaba el gatillo por amor. Asimismo, Spicer está de acuerdo con Noel Case en que, puesto que creía en la vida después de la muerte, Alice habría dado por hecho que volvería a reunirse con Joss.

Tanto el marido de Mary Leslie-Melville como el de Ethnie Boule fueron grandes amigos y defensores de Alice en distintos momentos. Me pregunto lo que sus esposas pensarían acerca de tanta gentileza, aunque fuera inocente, hacia una mujer que no era demasiado partidaria de la fidelidad conyugal, ni siquiera con un hombre al lado. Aunque es de dominio público que William Boyle fue su amante, que David Leslie-Melville tomara parte en las contundentes fiestas de Alice o probase lo que ocurría entre sus costosas sábanas es otro de los muchos secretos que Alice se llevó a la tumba. Y, teniendo en cuenta que incluso los testigos de la Corona, supuestamente expertos en balística, confundieron las armas, me sorprendería que Mary Miller supiera lo suficiente sobre armas de fuego como para ser tan concluyente.

Yo creo que Alice se habría suicidado en algún momento de su vida con independencia de que Joss estuviera vivo o muerto. He observado el comportamiento de una amiga que era maníaco depresiva, que actuaba como si viviera de forma permanente en medio de la niebla, incapaz de ver una salida y raramente capaz de pensar con claridad. No creo que Alice, en su perturbado estado mental, hubiera podido concebir un crimen tan bien ejecutado. No obstante, la depresión es una condición de obsesión con uno mismo, y planear la propia muerte ya es otro cantar.

Por extraño que parezca, Solomon nunca me había preguntado mi opinión sobre el crimen. No hay traducción al kiswahili de la biografía de Erroll escrita por Errol Trzebinski, o Solomon habría tenido algún tipo de opinión política al respecto.

Finalmente, le pregunté quién creía que había sido, por si acaso hubiera soñado algo incriminatorio.

—Quizá Alice —dijo, y añadió con una sonrisa—: ¡Era muy mala!

Tras nuestra visita inicial a la casa de Alice, Solomon había anotado otros sueños extraños de esos suyos en su «libro de visiones». Ahora los leo con vacilación, siempre un poco nerviosa ante su sexto sentido. De haber nacido en Inglaterra en el siglo equivocado, a Solomon lo habrían quemado en la hoguera, pero hoy en día los psíquicos se han vuelto a poner de moda. De hecho, aquí en Kenia, donde se sigue creyendo en espíritus ancestrales y se venera el poder psíquico de los chamanes, no es algo en absoluto insólito.

Solomon escribió que había «visto» a Alice en su coche en la carretera por la que habíamos ido a casa de su hermano, y que era la antigua carretera privada de Alice a través de su granja. Solomon se había detenido a hablar con ella sobre los trabajadores de la granja, sus hijas y su suicidio. Entre otras revelaciones, Alice le había contado que tenía gonorrea, que de hecho todos los de la pandilla de Happy Valley la tenían. También dijo que nunca se había preocupado demasiado por sus hijas: tenían parientes ricos, mientras que ella había muerto pobre.

—¿Nunca te asustan tus sueños? —le pregunté a Solomon.

—Oh, no —dijo—. Siempre tengo esos sueños... sobre Alice y otras personas.

Recordé sus «conversaciones» con su hijo Caleb después de que muriera, y me di cuenta de que para él habían sido un alivio en aquel momento. Para entonces, ciertos acontecimientos de mi vida me habían obligado a pensar más profundamente en el suicidio: Jenny, la hija de dieciséis años de una íntima amiga, se había suicidado. Las cenizas de esa preciosa joven habían estado en mi casa mientras mi amiga pasaba por una montaña rusa de purgatorio emocional. Jenny sufría de depresión, pero la ayuda médica no le había servido de nada. Leí las sombrías palabras de su diario, reproducido en un libro que su madre escribió más adelante: «La gente debería temer más a la luz que a la oscuridad. Al menos por la noche puedes esconderte de todo lo que está ahí». Alice, además de sufrir de depresión, había pasado por suficientes cosas como para desquiciar a cualquiera: su infancia fue corta, el comportamiento de su padre espantoso. Los cócteles y las drogas no habían contribuido a mejorar el desequilibrio ya existente en su cabeza. Con independencia de que creyera o no en la vida después de la muerte, quizá ya no podía distinguir entre la luz y la oscuridad en los remolinos de su mente. O quizá tan solo «temía demasiado a la luz».

Cuando volví a visitar la zona en 2010, la vieja casa de madera que ocupaba el administrador aún seguía en pie, aunque algunos listones de madera de las paredes habían sido arrancados y dejaban huecos por los que podías colarte. El interior era un amasijo de astillas, pero junto a la puerta, la rosa escarlata aún florecía desafiante. La tumba de Alice, en realidad a solo unos pasos del lugar que Danson Mwaura había señalado, era una maraña de ortigas y piedras rotas. Al parecer, ni siquiera en la muerte había paz o cordura para Alice. La miré una vez más y me di cuenta, en medio del revoltijo, de que una profusión de flores silvestres en miniatura cubrían la hierba alborotada. La tierra que Alice había pisado y amado le devolvía una sutil muestra de gratitud.

Volvimos a casa zigzagueando por los pequeños valles y colinas, mientras un manto gris oscuro de lluvia ocultaba los Aberdares. Recogimos a un joven que, para consternación de Solomon, nunca había oído hablar de los monos colobos. Mientras Solomon repetía con impaciencia la palabra kikuyu para colobo, «Nguyo... nguyo», yo pensaba en Alice. Se suicidó... al final. Trató de matar a De Trafford. ¿Mató realmente a Erroll? De algún modo parecía improbable. Detrás de nosotros, un arcoíris se alzaba sobre Kipipiri como una brillante promesa de futuro. Su extremo caía en un oscuro pliegue de la ladera, exactamente donde debía estar la vieja casa de Alice.

Tal vez tocaba su tumba destruida.

22
UN ESPÍRITU INQUEBRANTABLE

A principios de 2009, volvimos a Happy Valley después de que Kenia sufriera la horrible sacudida de violencia poselectoral que casi puso de rodillas a la industria turística. Pero no todo parecía malo: los trabajadores e ingenieros chinos estaban terminando la carretera asfaltada, lisa y ancha, que serpenteaba por las colinas y los valles desde el norte de Kinangop, a través de Ol Kalou y hasta Dundori. Al fin tenían los esforzados granjeros de Happy Valley una carretera decente para transportar sus productos.

Pero Solomon fruncía las cejas cuando veía a los trabajadores chinos con sus tradicionales gorros puntiagudos.

—Desde que llegaron a esta zona han capturado a muchos monos colobos. Los chinos están comprando las pieles —dijo furioso; luego su voz se quebró—. Y había también un elefante muerto, le habían arrancado los colmillos; y es la primera vez que veo matar a un elefante en esta zona. —Alguien en el coche señaló que los chinos habían necesitado 14 000 permisos de trabajo, cuando muchos desempleados kenianos podrían haber hecho la obra—. Se están comiendo a todos los perros de la zona —continuó Solomon. Ese era un crimen más cuestionable. En la Kenia rural no se esteriliza a los perros; nadie puede permitirse la operación, o no les importa. Así que los perros se reproducen de forma indiscriminada y los cachorros resultantes llevan una vida desdichada.

La historia empeoró. Solomon había estado en el campamento de la carretera cerca de Miharati, protestando en voz alta sobre el grupo de colobos que habían matado. Estaba seguro de que tenía algo que ver con los trabajadores chinos que estaban en el área. Esa misma semana volvió al campamento y lo siguieron de vuelta a casa: un coche iba pegado a su *matatu* y esperaba cuando este se detenía a recoger más pasajeros. Solomon, en retrospectiva, se había dado cuenta, pero en ese momento no se sintió intimidado. Al bajarse para recorrer a pie el último tramo hasta su casa, ya había oscurecido. No había luna, solo un cielo lleno de estrellas. Solomon conocía bien el camino; lo había hecho a oscuras muchas veces y no le preocupaba. Pero entonces se fijó en un grupo de hombres encapuchados. Después se dio cuenta de que lo habían seguido pacientemente desde la carretera, esperando a encontrarse fuera del alcance de posibles testigos.

—Me rompieron la rodilla, me retorcieron la cabeza para romperme el cuello y me dijeron que dejase de interferir —dijo Solomon, que había acabado en el hospital—. Me salvaron unos perros que empezaron a ladrar. Impidieron que esos hombres me mataran.

—Pero ¿eran chinos? —pregunté.

—No, eran africanos —dijo Solomon, que dos meses después aún cojeaba—. Los chinos contrataron a esa mala gente.

Al parecer, nada iba a detener la determinación de Solomon de salvar criaturas salvajes. No mucho después, me llamó.

—Hay una pitón grande cerca de Ol Kalou. Vive junto a una presa, y caza ovejas y cabras, así que la gente de allí... ¡quiere matarla!

—¿Cómo de grande? —pregunté.

—Al menos tres metros. Pero podríamos trasladarla cerca de tu casa —sugirió.

—¿Has contactado con el KWS? —pregunté mientras pensaba lo mucho que la pitón disfrutaría dándose un festín con mis gallinas.

—¡Sí, dicen que vendrán a matarla!

Yo estaba de acuerdo con Solomon. ¿Por qué matar a una criatura inocente? Pero yo no sé atrapar a una serpiente tan grande, ni tengo la fuerza física que se necesita para sujetarla. Finalmente encontré a un amigo de mi hijo que estaba dispuesto a ir, capturarla, meterla en un saco y traérmela. Planeaba soltarla en algún lugar seguro, pero nunca cerca de mis gallinas.

Fue un largo día de búsqueda por una zona muy amplia y no encontraron a la serpiente.

Eso fue después de que Solomon se mudara de nuevo. Se había vuelto a casar: una bondadosa dama llamada Grace. Luego sus hermanos habían decidido obligarlo a marcharse de la tierra que le había comprado a uno de ellos después de que otro quemase su cabaña y expulsase a Esther y a los niños.

—Pero legalmente no pueden —empecé con indecisión.

Solomon suspiró.

—No tengo ningún título de propiedad.

—Pero ¿por qué hacen esto? —pregunté.

—Nunca me han aceptado —dijo con tristeza—, porque no soy del mismo padre. Siempre me han llamado «chico de la cuneta».

Entre tanto, lo habían atacado de nuevo, Grace había recibido amenazas y su ternero había sido envenenado. Ahora tenían un niño pequeño y Grace estaba preocupada por lo que los hermanos de Solomon podían hacer a continuación. Sospechaba que los hermanos estaban detrás de la muerte del ternero, y de las amenazas.

Me uní a Astrid para tratar de recaudar el equivalente a poco más de 1200 libras para comprarle a Solomon una pequeña parcela —algo menos de una hectárea— cerca del río Malewa, que discurre desde los Aberdares y recibe las aguas del Wanjohi. La tierra estaba más cerca de la casa de Astrid y, con suerte, ofrecería cierta seguridad a Solomon, lejos de los «demonios malos» de Happy Valley.

Astrid ayudó a Solomon a encontrar un camión que fue y los llevó a ellos y a todas sus posesiones antes de que los hermanos de Solomon se dieran cuenta siquiera de lo que estaba sucediendo. Los fondos alcanzaron también para construir una casa, una muy básica de madera con tejado de hojalata, suficiente para guarecerse de las intensas lluvias que habían azotado la zona y arrastrado puentes.

Crucé los dedos para que Solomon se llevase bien con sus nuevos vecinos, aunque no mucho después encontró un nido de lechuzas en una escuela. Al considerarlas aves de mal agüero, una histérica multitud de maestros, padres y estudiantes estaban decididos a sentenciarlos a muerte por lapidación. Solomon, como siempre, se metió en la refriega. Sus explicaciones de que las lechuzas son depredadores importantes, vitales para el ecosistema, cayeron en saco roto. Al parecer, incluso los profesores estaban influenciados por la superstición y la histeria reinante. Así que Solomon contactó con el experto local en aves rapaces, Simon Thomsett, y entre los dos prepararon rápidamente el traslado... aunque la mitad de los polluelos ya habían sido asesinados. Los supervivientes fueron cuidados y alimentados y liberados más tarde, cuando estuvieron listos para cazar por sí mismos.

Mientras tanto, a pesar de todos los esfuerzos de recaudación de fondos y el compromiso de Solomon de hacer una ruta guiada, no se habían trasladado más colobos de las zonas de peligro y, tras décadas de esfuerzos frenéticos pero infructuosos por parte de Solomon, ya quedaban muy pocos vivos en Happy Valley. No obstante, a mí me impresionaba la disposición de Solomon a desafiar las supersticiones y creencias tradicionales firmemente arraigadas en la mayoría de sus conciudadanos. La mayoría eran cristianos fervientes, pero no siempre abandonaban las antiguas prácticas y prejuicios, como la necesidad de eliminar a los búhos de la faz de la tierra. Los puntos de vista religiosos de Solomon son, como él mismo, inusuales, y se pusieron de manifiesto de forma inesperada después de uno de nuestros safaris por Happy Valley. Mientras entrábamos traqueteando en Captain, sugerí detenernos a tomar una taza de té, porque había sido un día muy largo y no habíamos comido.

—Conozco un buen sitio —dijo Solomon—. Está algo apartado de la carretera, así que es tranquilo.

Me guio pasando ante la Happy Photo Shop de Wanjiku, que ofrecía «coloridas innovaciones» y, tras girar varias veces a izquierda y a derecha, desembocamos en el equivalente keniano a una Piazza, aunque una bastante sucia y descuidada, donde nos sentamos en una galería del Hollywood Bar y pedimos *chai*. El té llegó puntualmente y estábamos disfrutando de un agradable silencio, en medio del cual se me ocurrió que Captain no era un lugar tan malo, cuando de pronto algo parecido a una explosión rompió el momento de paz. Resultó ser el estallido de una música muy alta que se abría paso a través de unos altavoces silbantes a la altura del pecho. El ruido se extendió alrededor del Cheerful Kiosk en el extremo de la plaza. Nos quedamos helados de terror mientras contemplábamos, estupefactos, una fila de personas, todas vestidas de rojo y negro, que empezaban a avanzar hacia nosotros con un curioso paso a cámara lenta acompasado exactamente con los agónicos y contorsionados sonidos de los altavoces. A medida que el líder de la siniestra procesión se acercaba muy despacio, pude ver que otra fila surgía de la esquina situada detrás de nosotros. De hecho, las cuatro esquinas de la pacífica plaza de Captain vomitaban filas de hombres y mujeres malencarados que confluían en un punto central en una especie de terrorífica danza guerrera. Sintiéndonos en cierto modo señalados y totalmente atrapados, nos quedamos observando mudos de horror las filas que convergían en aquella danza siniestra, robótica. Una multitud se había reunido para mirar, y ahora muchos de ellos también bailaban, mientras el furioso sonido de los altavoces se iba volviendo insoportable.

—¿Qué está pasando? —jadeé al oído de Solomon.

—¡Siguen a Jesús! —me gritó.

Dejamos algo de dinero sobre la mesa y salimos corriendo, sin terminar nuestras humeantes tazas de té, aunque Solomon tuvo la precaución de llevarse el *mandazi* que acababan de servir. Cuando de algún modo nos las arreglamos para sacar el coche del tumulto sin ser masacrados por la música o hipnotizados para unirnos a los danzantes, la música cesó y alguien empezó a gritar brutalmente por un micrófono, mientras los inexpresivos bailarines seguían balanceándose en su trance.

Condujimos hacia el otro extremo de Captain, hasta que conseguimos volver a oír. Me detuve entre los puestos con sus anuncios de bebidas, cigarrillos, pastillas para la malaria y pomadas para dolores y molestias. Si te quedaras escuchando a la brigada cristiana de Captain más tiempo de la cuenta ibas a necesitarlas todas. Los pregoneros de *matatus* gritaban como siempre, pero incluso sus voces quedaban sofocadas por los distantes evangelistas, que ahora habían empezado a cantar, si es que se le podía llamar canto a eso: sonaba agresivo y ominoso, como si chillaran pidiendo la revolución. Yo tenía el corazón encogido, aunque las mujeres con sus pañuelos a la cabeza y sus bebés a la espalda protegiéndose de la lluvia con sus paraguas negros no parecían asustadas en absoluto. Los hombres se apoyaban en sus bicicletas. Los Aberdares humeaban en la distancia. Todo parecía muy normal, casi tranquilo... si estabas sordo.

—Que el cielo nos ayude —dije—. ¿Qué es lo que gritan?

—Predican la palabra de Dios —dijo Solomon.

Lo miré y vi que sonreía de forma taimada.

—¡Los Demonios Rojos! —añadió.

—Pero... —dije por fin— parecen unos lunáticos.

Solomon asintió pensativo mientras se comía su *mandazi*.

—Sí, lo entienden todo mal. Esas iglesias, ¿por qué no predican la conservación? —suspiró—. Mi religión es no hacer daño. Mi religión son los bosques. Rezo con los pájaros y los monos colobos de Happy Valley.

23
EL VALLE QUE LLAMABAN FELIZ

Solomon siempre se había referido a Happy Valley en un tono menos jocoso que el de aquellos colonos reprobadores que hablaban peyorativamente de la región en los días de su apogeo. Resulta que tenía razón. Cuando conocí a Tobina Cole, ella abrió nuevas perspectivas sobre los viejos tiempos de Happy Valley, y arrojó luz sobre cómo y por qué se llamó así.

Los hermanos de Geoffrey Buxton incluían a una hermana, Rose, que vino a quedarse con él en Kenia. Aquí conoció a Algy Cartwright, con quien se casó en 1923, y Tobina fue su hija. Hace algunos años me dieron su dirección; estaba viviendo en Edimburgo. Le escribí, pero recibí una breve nota en la que decía que estaba harta de contar la historia de su vida a escritores.

A finales de 2010 me enteré de que había vuelto a Kenia. La llamé por teléfono y, aunque respondió de forma escueta, me invitó a visitarla. Mientras conducía por Nairobi hacia la residencia de ancianos cerca de Muthaiga, un joven harapiento en un cruce trató de venderme un ramillete de ninfeas azules y malvas que aún chorreaban agua. Pensé en los jardines de agua de Idina y en los ríos y surcos de la Satima de Buxton. Le compré las flores, aunque, a juzgar por la vaharada de alcohol que rodeaba al vendedor, es probable que no se gastase el dinero sabiamente.

Tobina, elegante y con un aspecto engañosamente joven, había intentado marcharse de Kenia —como tantos descendientes de las antiguas familias de colonos—, pero no había conseguido alejarse de forma permanente y había vuelto al soleado país de su infancia como una golondrina migratoria, hasta que se instaló aquí de nuevo en sus años crepusculares.

El sol entraba a raudales a través de las puertas y ventanas abiertas, e iluminaba su jardín, lleno de flores inglesas.

—No debería haber vuelto de Edimburgo —dijo tras arreglar las ninfeas—, después de veinte años fuera. Odio Nairobi: no hay donde salir a pasear.

Una criada sonriente dejó un poco de leche en la cocina. Un cachorro saltó sobre el regazo de Tobina, donde se acurrucó jubiloso.

—Se llama Conrad —explicó—, porque es muy negro. ¡Ya sabe, *El corazón de las tinieblas*!

Tobina me explicó las verdaderas connotaciones del término «Happy Valley». Fue su tío el que lo bautizó así: llegó a pie a estas tierras altas, verdes, con sus siete ríos. Venía de la estación del seco Rift Valley y su río escuálido y ese implacable viento lleno de polvo que da su nombre a Gilgil. Y por eso Geoff Buxton, encantado, llamó a ese nuevo remanso de paz «mi valle feliz», aunque no hubiera al alcance bebida, drogas y orgías.

—Encontró su tierra de cultivo ideal —dijo Tobina—. ¡El nombre no tuvo nada que ver con las diabluras posteriores!

Mi agente literario, Robert Smith, sabía de otro descendiente de sir Thomas Fowell Buxton. Edward North Buxton, que había vivido en Knighton, en Woodford, Essex, había sido crucial a la hora de salvar el bosque Epping de la destrucción por parte de los terratenientes locales, ansiosos por ganar una fortuna con la especulación inmobiliaria. Sus esfuerzos fueron recompensados con una Ley del Parlamento que aseguraba el bosque, inaugurado por la reina Victoria en 1882. Incluso donó sus propias tierras colindantes para ampliar el bosque y que el público disfrutase de él. Esta gran familia filantrópica de cuáqueros procedente de East Anglia había hecho su fortuna con la elaboración de cerveza (Truman,

Hanbury y Buxton) y la banca (incorporándose posteriormente a Barclays). Robert encontró una postal del periodo eduardiano con una foto del pintoresco «Happy Valley» de Westcliff-on-Sea, en Essex, no muy lejos de la propia casa de Robert. Se preguntó si Geoffrey Buxton no sacaría el nombre de ahí.

Entre tanto, la historia familiar de Tobina está entrelazada de modo intrigante con los primeros colonos de Happy Valley, llena de curiosas conexiones y coincidencias. Otra hermana de Buxton, su «tía Joan», se había casado con sir John Ramsden. Una generación después, Tobina se casó con Arthur Cole, hijo de Galbraith Cole, antiguo vecino y pariente de los Delamere; la hermana de Galbraith, Florence Cole, se había casado con Hugh, 3.er barón Delamere (después de que Florence muriese, él se casó con Gladys, que pronto se convirtió en viuda; fue otra mujer que adoró —y algunos dicen mató— a lord Erroll).

Galbraith Cole, el suegro de Tobina, llevaba sufriendo la tortura de la artritis desde que tenía cuarenta años, hasta que, incapaz de soportar el dolor, acompañado por la progresiva pérdida de la vista, decidió acabar con su vida en una colina con vistas al lago Elmenteita hasta Soysambu. Como tenía la mano demasiado débil y engarfiada para apuntarse con el arma a la cabeza, su leal sirviente se la sujetó para que él, sentado en su silla de ruedas, apretase el gatillo, mientras la esposa de Galbraith, lady Eleanor —Nell para los amigos—, paseaba a los perros. Lo enterraron en el mismo lugar en que murió, como deseaba, sobre una *kopje* rocosa orientada al lago Elmenteita, donde puede escuchar bramar a las cebras. Unos kilómetros detrás de su casa, Nell construyó en su memoria una encantadora iglesia de piedra sin labrar, que llamó Iglesia de la Buena Voluntad. Era amiga de mi abuelo, que alguna vez ofició allí como lego.

Muchas décadas después, yo me casé en la iglesia de Nell, con vistas al lago Elmenteita y al lugar al que estaba destinada a huir cuando mi matrimonio llegó a un abrupto final. Cada vez que conduzco en dirección a Gilgil y a Happy Valley, paso ante el obelisco sobre la colina que recuerda a Galbraith.

Tobina también es madrina de Tom Cholmondeley, bisnieto del 3.er barón Delamere. Visitaba todas las semanas a Tom en la prisión de máxima seguridad de Kamiti mientras esperaba juicio por un crimen que no había cometido.

—Era un buen prisionero —dijo—. Años atrás yo iba a ver a Margaret Kenyatta como visitadora de prisiones. —Margaret era la esposa inglesa del primer presidente de Kenia—. Íbamos a revisar la cocina y las tuberías y esas cosas.

Tobina pasó muchos años felices de su infancia en la granja Satima. Después de que sus padres se separaran, su madre fue a vivir a Satima a mediados de los años treinta. Tobina, de seis años, compartía institutriz con la hija de Idina, Dinan, y con Gillian Leslie-Melville. David Leslie-Melville tenía una jauría de sabuesos, así que los días de caza les perdonaban la escuela. Aprender a jugar al polo fue también parte de su educación.

—Dábamos nuestras lecciones en la galería de la casa de los Leslie-Melville —dijo Tobina—. Yo iba a la escuela a caballo, o en el camión de la leche. —Dinan tenía que recorrer incluso más camino, porque Las Nubes se encontraba en el otro extremo del monte Kipipiri.

Tobina se levantó de un salto, aún briosa para ser una dama de ochenta años, y sacó un viejo y pesado álbum del tamaño de una mesa pequeña. Su abuela era fotógrafa y revelaba sus propias fotos, y Tobina tenía instantáneas antiguas que se remontaban a 1853. Estuvimos viendo imágenes de su madre y de sus ocho hermanos, hasta que encontró una más «reciente» de dos niñas: ella misma y Dinan Hay, que se parecía muchísimo a la Idina que yo conocía por fotos.

—Gillian y yo la llamábamos Dina. Tenía como ocho años, era mayor que yo, pero éramos igual de altas. Luego se marchó a vivir con su abuela en Inglaterra y fue a la escuela allí.

Las niñas se habían mantenido en contacto («más o menos», dijo Tobina) hasta que Dinan murió de cáncer, relativamente joven, como su madre antes que ella.

La casa estilo Tudor de Buxton era «bastante oscura», dijo Tobina. Pero afuera florecían plantas exóticas, almendros y calas a lo largo del río Wanjohi. Su tío Geoff también había sido uno de los primeros en plantar pelitre, después de traer las plantas desde Japón.

—Hoy en día —se quejó Tobina, que tenía cierta tendencia a la digresión— el mercado del pelitre es una vergüenza. Hace poco fui a la Feria de Comercio de Nairobi para armar un escándalo en la junta del pelitre, a echarles un sermón. —A la mujer de su cocinero aún no le habían pagado su pelitre, dijo enfadada—. No es justo para ellos. ¡Dependen de esos ingresos!

Idina fue la que la hizo interesarse por el pelitre.

—Era una mujer muy agradable. Me enseñó a jugar al *backgammon*. Planté pelitre con ella; me enseñó cómo se plantaba: cuarenta y cinco centímetros de separación. Mi madre también la adoraba. Todos daban fiestas muy buenas, solo de vez en cuando, porque la mayor parte del tiempo trabajaban duro en sus granjas... incluso Alice.

—¿Cómo era Alice? —pregunté imaginándomela menos amiga de los niños.

—Era muy amable. Criaba patos, gallinas, ¡y mandaba huevos al hotel Gilgil!

Eran tiempos difíciles para los granjeros; las carreteras estaban llenas de baches y, cuando llovía mucho, se embarraban y no se podía circular por ellas. Tobina recordaba cómo enganchaban bueyes a los carros para tirar de ellos.

—No fue fácil hacer dinero hasta la guerra —añadió Tobina—, pero para entonces mi tío Geoff estaba mayor y la altitud ya no le sentaba bien. Fred Chart, su administrador, se convirtió en su socio después de la guerra. Creo que mi tío le dio su parte a Fred.

Tobina Cole llenó algunos huecos sobre la mujer a la que Solomon se había referido como Patricia Bowles. En la época en que vivía en Happy Valley era vecina de Alice, y se la conocía como Pat Fisher.

—Era una actriz de Sudáfrica y era la cantante principal en algún espectáculo. Fue cuando Derek se enamoró de ella —dijo. A Tobina le gustaba Pat, a la que describía como «muy valiente, una luchadora». Tras la muerte de Derek, ella abrió su Salón de Belleza y Peluquería Pat Fisher en Nairobi, junto al hotel New Stanley.

Tobina también mencionó a una pareja homosexual, «Fabian Wallace y Graham Beech», que vivían en una casa de madera cerca de la «casa blanca y negra» de los Fisher, que combinaba con los edificios de la granja. Tobina me contó cómo su madre le había hablado de los homosexuales en el coche, volviendo de Gilgil una vez.

—Fabian era piloto, le gustaba a todo el mundo, y Graham no hacía gran cosa. Pero vivían muy bien, con comida y vino excelentes.

Me intrigaba lo de las casas: si la memoria de Tobina era totalmente fiable entonces quizá la casa original de los Fisher se había perdido y la casa de madera que habíamos visitado en la escuela católica, que pensamos que era de Patricia Bowles, había pertenecido a Fabian Wallace. Pero habíamos pasado ante otra casa de madera, no muy lejos de la que estaba dentro de la misión, que también podía haber pertenecido a Wallace y Beech.

Otro caballero entrado en años recordaba a Fabian Wallace viviendo cerca de Thomson's Falls. Dijo que Michael Lafone era por entonces el amante de Wallace, aunque James Fox describe a Lafone como «un mujeriego incorregible con monóculo que estuvo casado en Kenia, brevemente y de forma desastrosa, con Elizabeth Byng, hija del conde de Strafford», y cita también el epigrama que circulaba, en el que embreaban a Lafone con la misma brocha que a De Trafford.

> Había una joven del Mau
> que decía no saber cómo,
> salió en bicicleta
> con Raymond y Michael,
> ahora sabe todo lo que hay que saber.

Podemos suponer que el elegante Michael Lafone jugaba en ambas bandas. Las fotografías lo muestran con aspecto afeminado; en una lleva una bata de seda y está de pie muy cerca de Joss, con el que guarda un leve parecido. En el Happy Valley de entonces, con toda la bebida y las drogas en oferta, no podía importar mucho en las fiestas con quién acabaras pasando la noche.

También hablé con Benjie Bowles, que vive en Kilifi, al norte de Mombasa, y que pudo arrojar algo más de luz sobre Patricia Bowles. El padre de Benjie, el doctor Roger Bowles, se había casado tres veces. Su primera esposa fue Evelyn, con la que tuvo un hijo y dos hijas. Evelyn odiaba la vida en Kenia y volvió a Inglaterra, dejando atrás a sus tres hijos pequeños. A la segunda esposa de Roger, Patricia, se la conocía como Patsy Bowles. Heredó tres hijastros y a su vez Roger y ella tuvieron un hijo —el propio Benjie— en 1941. Pero el matrimonio no duró. La tercera esposa también se llamaba Patricia, lo cual resulta confuso, aunque es de suponer que simplificara las cosas para el doctor Bowles. Se llamaba Pat para abreviar y era la antigua Pat Fisher. Roger era su tercer marido; el primero, en los años treinta, había sido Roddy Ward, que era granjero cerca de Thomson's Falls. Luego Pat se había casado con Derek Fisher y habían vivido en Kipipiri, trabajando para sir John Ramsden.

—Tanto Pat, mi madrastra, como Patsy, mi madre, eran amigas íntimas de Alice e Idina —explicó Benjie.

Da la casualidad que Roger y Patsy Bowles compraron una granja en el alto y fértil valle de Subukia, no muy lejos de Happy Valley —justo al otro lado de Thomson's Falls— y también tierras de primera que tendían a atraer a granjeros pudientes, aunque no llegaba a tener la cautivadora belleza del propio Happy Valley. La granja, Gemdin (o, como insistió otro antiguo amigo de la zona, «Glendin»), había pertenecido a Rowland Platt.

—Se suicidó —añadió Benjie.

—¡Era el primo de mi abuelo! —exclamé—. ¿Sabe dónde está enterrado?

—Era en una colina. Pero estoy casi seguro de que es una tumba sin nombre...

Patsy, la madre de Benjie, había construido una casa grande con una escalinata encantadora: Benjie recuerda deslizarse por el pasamanos.

Entre tanto, en Happy Valley, Pat y Derek Fisher tuvieron un hijo, Peter, que creció con Banjie.

—Ambos íbamos a la escuela en Pembroke House a principios de los cincuenta —añadió Benjie— y los días libres solíamos ir a casa de Idina. ¡Recuerdo que pescábamos truchas allí!

¿Y quién pensaba Pat que había matado a Erroll? Nunca habló de eso, dijo Benjie. «Si sabía algo se lo guardó». Patsy, por otra parte, pensaba que había sido el MI6, y Benjie también. Pero, como Benjie señaló, al vivir en Kilifi, como hizo Diana hasta su muerte, inevitablemente lo convertía en un tema prohibido, por respeto a su vecina.

Cuando vivía en Kapipiri, Pat Fisher había sido evidentemente buena vecina y amiga de Alice de Trafford. Benjie también explicó que Derek había sido administrador ganadero y forestal para Chops Ramsden y se había quedado allí durante la guerra, como hicieron algunos granjeros, con objeto de proporcionar comida para las tropas británicas. Su hijo, Peter, se mató en un accidente de coche en 1975 cuando su Land Rover volcó en Limuru.

Pensé en cómo la vida en Kenia parece implicar tantas tragedias, tantas despedidas, pero cuántos granjeros blancos y sus descendientes se quedaron debido a ese algo especial que tiene el país y que no resulta fácil de explicar: una curiosa pero poderosa mezcla de cualidades intangibles —un clima maravilloso, un paisaje imponente, espacio y libertad ilimitados, un estilo de vida emocionante que permitía practicar la caza mayor en tu propia tierra, y por supuesto abundante mano de obra barata (sirvientes incluidos)— que muy pronto atrajo como un imán a personas de climas extraños. Y así construyeron sus hogares cerca del ecuador, en una tierra que no era realmente suya y que un día habría de ser devuelta a los africanos, rompiéndoles el corazón a muchos colonos que tuvieron que irse. Mi abuela fue enviada desde las laderas del monte Kenia a vivir en una casa en Inglaterra, después de que el médico le prohibiera vivir en altitud. Releer sus poemas y cartas te parte el corazón. La gente de Inglaterra le parecían extraños: los describe como «aburridos y grises, como el cielo». Sentía intensamente que su apesadumbrado espíritu se había quedado en su jardín en Kenia, deslizándose junto a las aguas sombrías de un claro río truchero, viendo cómo las cabras pisoteaban sus rosales y su césped se convertía en polvo.

24
EL JARDÍN SECRETO DE HAPPY VALLEY

Mientras conducía hacia Gilgil, pasando ante la tumba de Galbraith Cole en la colina cercana, recibí un mensaje de texto de un número que no reconocí. «Han destrozado la tumba de Fraser Allen», ponía. «Eso está muy mal y necesita un entierro decente».

Perpleja, llamé al número.

—Soy Wahome —dijo.

—¿Quién lo hizo? —pregunté—. ¿Y por qué?

—Es una cosa muy mala —dijo Wahome—, y no sé quién lo hizo.

Las tumbas de los Delamere también habían sido profanadas en Soysamu, y habían robado las calaveras del 3.er barón y de Gladys Delamere. A veces, me dijeron, las calaveras de personas ricas o influyentes se roban para usarlas como herramientas de brujería. Algo similar sucedió con la tumba de Diana Delamere, que no está en Soysambu sino en Nadabibi, la antigua granja de Gilbert Colvile. Curiosamente, cuando, tras divorciarse de Colvile, Diana se fue con su mejor amigo, el 3.er barón, aquello no pareció afectar a su amistad. Siguieron siendo un trío feliz y acudían juntos a las carreras, y al final Diana fue enterrada con sus dos perros favoritos y en medio de sus dos últimos maridos. Cuando visité el diminuto cementerio, sobre una pequeña loma y rodeado de setos, lo habían vandalizado: las piedras estaban rotas y, aunque alguien había vuelto a rellenar las tumbas, se podía ver que los habían desenterrado.

—¿Robaron la calavera? —le pregunté a Wahome.

—No, no creo que se llevaran la calavera, buscaban el tesoro.

—¿Qué tesoro?

—Creen que los blancos entierran a sus muertos con riquezas —explicó Wahome.

Un amigo de Europa iba conmigo en el coche. Como Wahome y yo teníamos esa conversación sobre calaveras y tesoros empezó a dirigirme miradas nerviosas, como si yo fuera pirata en secreto.

—¿Puedes encontrar a algún pariente de Fraser Allen? —preguntó Wahome.

—Lo intentaré —le dije.

Frank Daykin no tenía el contacto de nadie de la familia Fraser Allen, y Janie Begg tampoco. Pregunté a varios antiguos colonos de la zona: no muchos recordaban a Fraser Allen, pero unos pocos recordaban a su hijo, David, al que llamaban Mambo, que significa «noticias», habitualmente de naturaleza problemática. «Al padre de Mambo lo quemaron vivo delante de él», dijo otro amigo, «pero Mambo ya ha muerto también».

Wahome había preguntado si pensaba visitar la zona en algún momento próximo, pero mi Land Rover estaba pasando por una fase de reparaciones muy caras y no parecía probable. Pero a primeros de 2011, el renombrado fotógrafo Nigel Pavitt me llevó a Happy Valley porque quería tomar fotos de algunas casas antiguas. Nos acompañaba una amiga, Veronica Finch, más conocida como «Finchie». Mientras acelerábamos por la nueva carretera china, me di cuenta de que había perdido el número de Wahome, ya que Solomon nos contó que la antigua granja de Kruger se la había apropiado «alguien muy arriba del departamento forestal». Meneó la cabeza: «¡Ahora allí todo son problemas!».

Por un loco capricho, convencí a mis amigos de que debíamos desviarnos para buscar la antigua finca de Morgan-Grenville, aunque, por supuesto, había casas mejor conservadas y más accesibles para visitar y fotografiar. Resultó que Finchie había ido a la escuela con su hija, que más tarde murió de malaria, y la recordaba llegando en «coches impresionantes».

Por el camino a la antigua casa de los Daykin, aún pedregoso y lleno de baches, Solomon nos hizo detenernos para comprobar cómo estaban unos burros. Se había dedicado a desparasitarlos y recortarles las pezuñas como parte de su labor general con animales en el área metropolitana. Un niño que no parecía tener más de tres años, aferraba una bolsa de azúcar y nos miraba desde el arcén cubierto de hierba. No había casas cerca, así que debían haberlo enviado a pie a comprar el azúcar, probablemente a considerable distancia. Nunca deja de asombrarme cómo esos diminutos niños africanos se enfrentan a tareas que habrían desanimado a un adolescente británico.

Un día brillante y soleado, con los Aberdares limpios y majestuosos ante nosotros, nos inspiraba en nuestra renovada búsqueda de la propiedad de Morgan-Grenville. Pero, aunque podíamos ver la carretera cortando la empinada ladera de la montaña en su ascenso en zigzag, no lográbamos encontrar el lugar donde comenzaba. Después de retroceder unas cuantas veces y hacer varios giros en la estrecha carretera, un camionero servicial nos indicó cómo llegar: a través de una cerca. Un granjero que araba la tierra en un campo vecino se acercó, abrió la cerca y nos hizo señas de que pasásemos.

Estábamos finalmente en la pista cubierta de hierba que ascendía de forma abrupta en una serie de curvas estrechas, con una caída hacia abajo que iba aumentando de forma dramática a medida que nos aproximábamos a la altura de 2500 metros. Nos detuvimos en una curva cuando Solomon estuvo seguro de que nos encontrábamos cerca; podíamos ver, por encima de la ladera densamente boscosa a nuestra izquierda, un soto de altos eucaliptos. Excitados, abandonamos el vehículo y nos abrimos paso a través de la espesura, trepando por la pendiente, mientras los espinos nos arañaban la ropa y el pelo, hasta que de pronto el bosque se aclaró y aparecieron señales de un antiguo jardín: cipreses y matas de agapantos.

—¡Aquí está! —gritó Solomon desde algún lugar más arriba de la colina escondida.

De pronto dejamos atrás la maleza para tropezarnos con la misma carretera que habíamos abandonado más abajo. Aquí arriba se convertía en una pasarela de piedra sobre un arroyo. Más adelante, a lo largo de la escarpada ladera de la montaña, otros dos arroyos también borboteaban y caían sobre las rocas. Había súbitos e inesperados montones de antiguas piedras de cimentación; luego, mientras ascendíamos entre las ortigas, un pedestal de cemento. Al empezar a explorar, encontramos zarzamoras, hectáreas de agapantos azules y blancos, y una maraña de flores de jardín que incluían violetas azules, retama marrón, madreselva dorada y rosas. Había incluso un auténtico roble inglés. La cámara de Nigel hacía clic constantemente.

Los legendarios jardines de Mabel la habían sobrevivido: he aquí un jardín salvaje, floreciente, descuidado, que se entretejía con el bosque autóctono y se multiplicaba. Era precioso y sobrecogedor, con las vertiginosas alturas de los Aberdares como trasfondo, tan cerca que daba la sensación de poder saltar y tocarlas; y por abajo, vislumbres de imponentes vistas a través de la espesura. Nos adentramos en un claro verde, cubierto de hierba y pudimos ver en la distancia el brillo de muchas hileras de invernaderos de plástico en los que un holandés, recién llegado a la región, estaba cultivando flores en la antigua granja Gillett, así como la más agradable y brillante extensión del lago Ol Bolossat. Me pareció distinguir el tajo de la antigua casa de Fergusson y Bingley, pero había muchos tejados. Un día, Morgan-Grenville había podido ver sus luces por las noches, uno de los pocos puntos de luz en la oscura extensión de abajo.

Volvimos al mágico jardín, adornado con flores de jardín que se habían sembrado a sí mismas durante generaciones, trepando a su antojo sobre rocas, árboles o piedras de cimientos. Flotaba una embriagadora sensación de lascivo abandono en su salvaje belleza. Sin embargo, aparte del tintineo de los arroyos y el canto de las aves del bosque, estaba envuelto en una profunda paz: como un cementerio abandonado. Un rayo de sol se posó sobre la cabeza de Solomon mientras decía maravillado:

—¿Cómo descubrió ese hombre, Morgan, un lugar como este y se le ocurrió construir aquí arriba una casa tan grande?

—Y además construir esa carretera para llegar aquí —añadí.

Finchie había encontrado un grupo de hortensias, sus flores más grandes que una sandía. Recordaba a Morgan-Grenville en la costa cuando era ya anciano.

—Era alto y con el pelo blanco —dijo—, pero seguía siendo un hombre muy atractivo.

Solomon nos enseñó cómo chupar el néctar de una flor de luna color melocotón —«copiando a los suimangas»», añadió—, como hacía de niño. De pronto dijo:

—Me acuerdo de caminar hasta aquí cuando era joven, hace más de treinta años. Era una casa de madera muy grande con un tejado de tablillas y muchos monos colobos, pero nadie vivía en ella.

—¿Quién la destruyó? —preguntó Finchie. Solomon suspiró.

—Así es África.

El viento rugía entre los antiguos eucaliptos como un mar embravecido mientras nos topábamos con más signos de África: una camisa desgarrada, algunas astillas de madera donde había talado un árbol, un poco de carbón vegetal. De pronto ladró un perro, arriba en el bosque, y otro le respondió.

—Hay alguien más en el bosque —dijo Solomon—, cazando animales salvajes con perros.

Era hora de marcharnos, armados con ramos de agapantos blancos para que Finchie los plantase en su casa en Karen. Mientras descendíamos por el camino, pasamos junto a una orquídea dorada y se arrodilló para fotografiarla. De pronto gritó, se levantó de un salto y emprendió una danza enloquecida mientras se despojaba de toda su ropa. Estaba cubierta de *siafu* negras, u hormigas guerreras, que atacan la carne con sus mordiscos como alfilerazos. Literalmente te comen viva. Mientras daba saltos y trataba de arrancárselas de la piel, la ropa y el pelo, los hombres siguieron adelante con discreción.

—El ejército de Morgan-Grenville —dijo Solomon cuando finalmente llegamos al coche—. Los ha lanzado sobre nosotros por robar sus plantas.

Continuamos hasta la casa de los Gibb, aún visible desde la carretera y que valía la pena fotografiar, según Nigel Pavitt y su mirada experta. En vez de convertirla en dormitorios, como el director de la escuela nos había dicho en nuestra última visita, varios profesores se habían mudado a ella. Era sábado y no había nadie por allí, excepto la mujer de un profesor que estaba viviendo en las viejas dependencias del personal. En el centro de un revoltijo de gallinas, niños y basura, estaba colgando una gran cantidad de colada que se extendía desde la puerta hasta el tejado roto de lo que una vez había sido la caseta del generador al otro lado del estrecho patio.

Salimos y nos dirigimos al lado sur de la casa, seguidos por una docena de niños, y a cada paso se materializaban más para unirse a la horda. Había un olor a desagüe de cañerías y nadie había cortado la hierba, limpiado las ortigas o recogido la antiestética basura desparramada indiscriminadamente alrededor de los antiguos macizos de flores y el césped. Se abrió la puerta del largo pasillo y lo recorrimos pasando ante puertas cerradas, detrás de las cuales, nos dijeron, se ocultaban los maestros cuando estaban en casa. Los suelos de madera del pasillo estaban llenos de bostas de vaca y basura en descomposición, mientras que las paredes estaban cubiertas de barro, mugre y grafitis. Alguien había estado practicando su inglés al final, y había usado un trozo de carbón para deletrear mal la mayoría de las palabras. Un antiguo dormitorio en la parte de atrás seguía desocupado, con sus sucios suelos rotos y hundidos, los armarios y chimenea intactos. En la puerta siguiente, el cuarto de baño había sido saqueado, salvo por la bañera, que había perdido sus grifos, así que nadie podría, aunque se lo propusiera, limpiar las capas de basura y suciedad. A esas alturas, llevábamos un séquito de unos cuarenta niños que no paraban de reírse. Iban descalzos y con la ropa sucia y harapienta, pero sus ojos brillaban.

—Y son sus profesores los que viven así —gritó más tarde Solomon—. ¡Vaya ejemplo para esos niños!

Seguimos la ruta y fotografiamos Slains, que había sido devorado por hectáreas de repollos y maíz, ya apenas visibles los pocos restos de muros de barro que quedaban. Finchie estaba intrigada por las ruinas junto al río Wanjohi, justo antes del pueblo de Wanjohi. Unos años antes, cuando pasamos por allí con Frances Osborne, esta se preguntó en voz alta si podría ser el mismísimo primer hogar de su bisabuela lady Idina Gordon. Ahora a la casa le habían dado un lavado de cara: un brillante tejado de hojalata, contraventanas de madera pintadas de azul y una avenida de jóvenes hargenias que conducían hasta ella a través de un portón de listones de madera. Tenía el aire de una villa francesa en el campo.

Nuestro destino final era la casa de Buxton, rodeada por una nueva oleada de crecimiento: césped verde esmeralda rodeaba los parterres que bordeaban la casa y entre la variedad de flores supervivientes estaban unas rosas muy grandes y opulentas cabezas de hortensias. Un calistemo blanco florecía a un lado de la casa, los ciruelos estaban cargados de fruta, y la maraña de berros naranjas y amarillos había trepado por toda la parte trasera del tejado. Pero los años se habían cobrado su peaje en la vieja casa: había más yeso desprendido de sus muros, más ventanas rotas.

—A mi padre lo mataron en el pueblo de Wanjohi la pascua pasada en una pelea —dijo el joven propietario kikuyu, Karanja, hijo del antiguo profesor de Solomon—. Le gustaba beber *changaa*.

El *changaa*, un licor local, supuestamente ilegal, puede hacerse con cualquier cosa que fermente. A menudo es muy tóxico y mata gente con regularidad.

Más tarde, Solomon nos contó que Karanja había heredado el gusto de su padre por los licores locales, lo que quizá explicase sus insistentes demandas de dinero. Habíamos comprado té y azúcar, que le dimos a la bonita y joven esposa de Karanja, así como galletas para los niños, pero Karanja seguía negociando dinero mientras nos enseñaba el jardín y la tarifa que exigía para permitirnos fotografiar el exterior de su decadente casa superaba con creces cualquiera que yo hubiese pagado nunca en la más grandiosa propiedad de la Fundación Nacional de Bienes Históricos de Gran Bretaña.

—El tejado se está cayendo —dijo Karanja gravemente—. Necesitamos ayuda para repararlo.

Pero éramos bienvenidos para hacer un picnic en su campo, dijo, así que nos sentamos sobre una alfombra y nos dispusimos a comer un picnic delicioso preparado por Finchie. La familia Karanja se unió al banquete: las niñas probaron las manzanas por primera vez, pero preferían las galletas que les habíamos llevado. Karanja, su hermano más joven, su esposa y un encantador *mzee* que simplemente pasaba por allí, degustaron también nuevos sabores culinarios, incluyendo aceitunas (que les resultaron demasiado extrañas) y pipas de girasol tostadas (que fueron de lo más populares). Todos demostraron gran júbilo en nuestro elaborado picnic, por no mencionar el hecho de que Finchie había llevado platos, cuchillos, tenedores y diversos condimentos. Solomon, acostumbrado a los picnics al estilo europeo, comía con aire despreocupado.

Tras el festín bajo la higuera, sagrada para los kikuyu, Karanja le saqueó a Nigel Pavitt un generoso fajo de dinero. Terminadas las negociaciones financieras, nos reímos y bromeamos como viejos amigos, mientras Karanja, burlón, llamaba a Nigel «lord Egerton» por cierto personaje colonial, aunque no había vivido nunca en Happy Valley. En medio de todo eso, un joven con aspecto de vividor, con un sombrero de cowboy ladeado, se detuvo a mirar. Se había esmerado en decorar su bicicleta, desde el manillar hasta los pedales, con todo lo que había podido encontrar: tiras de tela atadas con cintas, tapones de botellas de plástico ensartadas en cordeles, adornos de Navidad, un calabacín y banderas en miniatura, tanto kenianas como norteamericanas; el resultado era colorista y excéntricamente festivo. Pero, cuando elogiamos sus esfuerzos, descubrimos que era sordomudo.

Parecía irónico que la casa de Buxton, antaño con una moral tan recta, albergase ahora a una familia partidaria de empinar el codo; por el contrario, el difunto

Mzee Nuthu era abstemio, igual que el resto de su familia, que seguía viviendo en Las Nubes, donde tanto había corrido la ginebra. Solomon había escrito que la gente del actual Happy Valley se parecía a sus bulliciosos predecesores, pero, al parecer, las antiguas casas no conservaban ninguna mala influencia del pasado.

Poco después, Janie Begg me proporcionó el contacto del hijo de Robert Morgan-Grenville, Richard, que vivía en Sudáfrica. Este me contó que su padre llegó a Kenia en 1933 y empezó a construir su casa cuatro años después. También me explicó la muerte de Fraser, al que llamaba por el apodo que le dio su madre: por entonces, los tractores funcionaban con queroseno, pero se arrancaban con gasolina. Fraser giró el magneto, que produjo una chispa y prendió la gasolina que tenía en la mano. Fraser sufrió quemaduras muy graves y murió dos días después. Richard no tenía ninguna fotografía de la casa en la que había pasado su infancia, pero me dijo que si visitaba su casa de la costa en Blue Lagoon encontraría un cuadro de ella. Así lo hice, y había varios: la casa, rodeada de flores y setos, con un banco en lo alto de una loma de verde césped; una estatua de piedra encantadora en actitud pensativa; la vista a través de los eucaliptos sobre un parterre de flores blancas, un sauce llorón sobre un estanque. Aunque probablemente no eran grandes pinturas, ni siquiera cuando los colores aún eran vivos, transmitían una plácida sensación hogareña.

Pensé en el lugar hoy, un jardín de la memoria que desprendía una sensación de finalidad y paz que soplaría con el viento hacia la vieja casa de Fergusson.

25
UN PICNIC BAJO EL CANDELABRO

Unos meses después estábamos de vuelta en Happy Valley con dos de las sobrinas nietas de Geoff Buxton, Jane y Libby, de visita desde Inglaterra. Yo estaba encantada de llevarlas, ansiosa por saber más sobre el curioso pasado de Happy Valley. También significaba buenas propinas para Solomon, siempre recibidas con gratitud. La abuela de Jane y Libby, Olive, era una de los siete hermanos Buxton de la generación de Geoff, así que también tenían parentesco con Chops Ramsden. Linda Muir, de soltera Cole, familia de Tobina por matrimonio, también se unió a nosotros. La estación seca había durado mucho, y la casa de madera de los Nye-Chart se alzaba austera sobre un terreno desnudo y polvoriento. En la casa principal de al lado, Karanja estaba intrigado por aquellas visitantes procedentes de climas extraños... y nos dio una cálida bienvenida. Nos quedamos en el césped delantero, bien recortado por vacas y ovejas, y contemplamos la casa en forma de L. Con un poco de imaginación y otro poco de cal podría haber salido directamente de la revista *Country Living*. Jane y Libby se quedaron totalmente enamoradas.

—Me hace sentir muy rara —dijo Libby.

—Yo podría vivir aquí —añadió Jane.

—Pueden ver el interior de la casa —se ofreció Karanja sabiendo que habría una recompensa: yo había negociado con él por teléfono con antelación.

Entramos en tropel en medio de la penumbra: las tablas rotas del suelo se hundían en los cimientos, faltaban cristales en las ventanas, tapadas con cartones para evitar corrientes, los techos ennegrecidos de humo caían sobre las habitaciones, podridos allí donde la lluvia había caído sobre ellos. Había dos tramos de escaleras de madera para subir a los dormitorios. Las escaleras aún parecían robustas, pero arriba se veían retazos de cielo azul a través de las grietas en las tablillas de madera. En los antiguos cuartos de baño faltaban todos los accesorios.

Nos acompañaba otro hombre, aunque nunca supimos dónde encajaba allí.

—Me llamo Mwangi —dijo—. ¡Soy un ABCD!

—¿Eso qué es? —susurró Jane.

—Creo que significa que sabe leer y escribir —murmuré. Muchos no saben, incluso en la Kenia moderna.

El hermano de Karanja, que había faltado a la escuela para conocernos y saludarnos, ocupaba uno de los dormitorios del ático. Había una cama con sus pocas posesiones esparcidas sobre una manta harapienta, pero poco más. Había escrito con tiza en la puerta: «Los actos dicen más que las palabras».

—Quizá su familia quiera restaurar la casa —les dijo Karanja esperanzando a las descendientes de Buxton cuando nos íbamos—. Ya ven que nosotros no tenemos dinero para eso.

Mientras conducíamos en dirección a la Casa Kipipiri, me contaron más cosas de su tío abuelo, Chops.

—Era difícil —dijo Libby—. Yo solo tenía diecisiete años cuando lo visité, pero recuerdo que estaba intimidada. Me acuerdo de su viejo sirviente con un cuello duro que le habría quedado bien en la época en que tenía la talla quince, pero ahora que tenía la talla doce, le bailaba en el cuello. Cada día planchaba el periódico y lo ponía en una bandeja de plata.

Eso ocurría en la propiedad de Ramsden en Escocia, Ardverike, a donde Ramsden se había retirado tras marcharse de Kenia. En el momento en que Libby lo visitó él debía andar por los ochenta años.

Ante el portón de la granja de flores junto a la Casa Kipipiri, le conté a la dama que se encargaba de la seguridad una larga historia acerca de que habíamos estado allí antes y que ahora volvíamos con familiares del hombre blanco que había construido la casa, ausentes durante mucho tiempo y que venían *desde* Inglaterra. No se la veía muy convencida y, tras varias largas conversaciones telefónicas, en las que fue evidente que no conseguía explicar por qué un grupo de blancos —y Solomon— estaban en la puerta y no se iban, me pasó el aparato. Hablé con un caballero kikuyu algo suspicaz, llamado Nganga, que al final accedió a que celebráramos un picnic bajo un árbol junto a la casa mientras esperábamos a que llegase en más o menos una hora.

Cuando llegábamos a la casa en sí, una hermosa mujer kikuyu llamada Virginia nos recibió con simpatía e insistió en que hiciéramos el picnic en el comedor. Abrió la puerta tallada y nos invitó a entrar. Mientras recorríamos tranquilamente una fresca galería que bordeaba el patio interior y girábamos a la derecha para entrar en el comedor, pensé en la loca de la *panga*. Solomon no dejaba de mirarme con las cejas alzadas, así que supe que estaba pensando lo mismo.

Virginia nos hizo sentarnos bajo el candelabro en el comedor con paneles de madera. Una foto del presidente de Kenia, Kibaki, nos vigilaba desde la pared, donde una vez debieron colgar los retratos de los antepasados de Ramsden. Libby sacó un manjar —salmón ahumado escocés— mientras observaba con ironía que resultaba divertido estar haciendo un picnic «en el ceremonioso salón de la estirada tía Joan... ¡Le habría dado un ataque!». Virginia se unió a nosotros en el almuerzo y explicó que una joven, que decía ser la segunda señora Kanyoto, aunque solo era una novia, había llegado con un grupo de matones en un camión, dirigidos triunfalmente por la loca de la *panga*. Habían entrado por la fuerza y se habían llevado la mayor parte de los muebles, toda la loza, la cubertería, la ropa de cama y demás accesorios. Por suerte, no se había vuelto a saber de ella.

Cuando terminábamos nuestro picnic en un entorno tan inesperado, llegó Nganga. Este caballero de cierta edad y voz suave nos enseñó la casa y los jardines.

—Sin nadie blandiendo una *panga* —me dijo Solomon en un aparte.

Así, más feliz y relajada que en anteriores visitas, absorbí la paz tangible de la antigua y grandiosa casa mientras admiraba los suelos inmaculados y los refinados paneles de madera de las habitaciones de generoso tamaño. Los cuartos de baño, con sus accesorios originales intactos, estaban impecables, y las anticuadas cisternas de cadena funcionaban a la perfección. Había seis dormitorios, cuatro con chimenea, cuatro cuartos de baño y dos salas de estar, la más larga, en forma de L, con asientos de ventana. El único desperfecto era una puerta que había roto la esposa impostora en su misión de llevarse todo lo que pudiera.

La enorme cocina con una estufa Dover (New Crown, de Brisbane) constaba de varias despensas y almacenes, una fresquera en la que se podía entrar de pie, bodega y zona de servicio. Se supone que por allí deambulaban equipos de sirvientes con chaquetas blancas que llevaban bandejas de plata y botellas del mejor vino y oporto. En la parte delantera había una larga galería cubierta —la primera que había visto en Happy Valley— que tenía puertas a las salas de estar y a dos de los dormitorios. La casa, con todas sus habitaciones abiertas al patio interior, me recordó a Las Nubes. Era evidente que a Idina le había gustado la casa de Ramsden y quiso que construyeran la suya con un diseño similar.

El estanque en el patio estaba vacío, y los arroyos, secos, así que Virginia abrió los grifos para volver a despertar los sonidos frescos del agua al correr y llenar el estanque. Era un caluroso día de febrero, así que la chimenea en la parte trasera del patio parecía superflua, pero cuando el frío de la noche descendía desde el Kipipiri debía de ser un lugar para disfrutar de las estrellas y calentarse ante el fuego bebiendo una copa de champán, aunque vino caliente habría sido más apropiado a esta altitud.

Las dos estatuas desnudas que en su día adornaban el patio, recuerdos de una época sin ataduras, habían desaparecido en un almacén de la parte trasera de la casa. Solomon estaba ansioso por encontrarlas. Quizá la mujer de la *panga* las había escondido, ofendida por su desnudez. Deambulamos por el vasto recinto y descendimos escalones de piedra que caían en cascada hacia distintas partes de lo que un día debió de ser un jardín de asombrosas proporciones. Era demasiado pronto para que se hubiera llenado el estanque del patio central; de otro modo el agua habría corrido bajo la casa por los canales y estanques que dividían en dos la extensión de césped de la parte delantera, con sus majestuosos setos alzándose a cada lado. Pero, aunque la hierba estaba seca y amarronada, solo hacía falta un poco de imaginación —y mucha agua— para reverdecer aquellos recovecos secretos del jardín y resucitar las flores marchitas y los arbustos que bordeaban la casa en parterres cocidos al sol. Los setos de cipreses permanecían verdes y bien recortados.

—Tenemos dos jardineros —explicó Nganga mientras buscábamos la sombra que proyectaban dos gigantescos magnolios. Desde allí miramos el bosque al otro lado de la casa: profundamente verde, fuera de una cicatriz color ceniza dejada por un incendio en un lado de la montaña.

La Casa Kipipiri y su jardín pedían a gritos volver a la vida. Casi sentí que estábamos allí en una misión.

—Podría ser un hotel —dijo Virginia haciéndose eco de mis pensamientos.

—Pero ¿vendería la señora Kanyoto? —pregunté.

—El señor Kanyoto adoraba esta casa... y el bosque —explicó Nganga con firmeza—. Sus deseos eran no vender jamás y proteger el bosque. El bosque es mi tarea. Pero si alguien arrendase la casa para poner un hotel, eso sería bueno. Ahora no lo utiliza nadie.[1]

Una encantadora casa de invitados a un lado del jardín, a cobijo de un enorme y nudoso calistemo, contemplaba el frondoso valle que ascendía por la ladera de la montaña.

—Era un palacio de justicia —dijo Virginia.

—¿O un palacio de cortejo? —se preguntó Libby.

—Solían contemplar a los elefantes desde aquí —recordó Solomon—. Venían al salegar.

Ascendimos por el Kipipiri a través de una pista que partía desde la puerta trasera, con el sol golpeándonos las espaldas hasta que nos refugiamos en el frescor del bosque. Sin aliento a causa de la altitud, pero inspirados por las vistas, trepamos por el empinado sendero hasta llegar a tres embalses de agua, alimentados por un arroyo de montaña.

—Son los originales —explicó Nganga—. Incluso ahora proporcionan agua para la casa y para la granja de flores.

Pero las bases de piedra se habían agrietado y alguien las había parcheado con un plástico negro menos estético.

1 En julio de 2013, Solomon llevó a varios familiares de Ramsden a la Casa Kipipiri, incluida la escritora Meriel Buxton. Informaron que había sido comprada recientemente por un coreano que planea convertirla en un hotel con campo de golf.

En nuestras visitas anteriores, antes de vernos obligados a huir por culpa de la loca, queríamos visitar la tumba del conde Gurienti. Había sido amigo de Lyduska Piotto: ella me contó que su novia griega, la difunta Elly Grammaticus, lo mató a tiros, supuestamente tras descubrir en una caja de seguridad un paquete de cartas de una bonita chica de diecinueve años.

—Los griegos siempre hacen una tragedia —resopló antes de añadir que la joven infractora era en realidad su sobrina.

—Oh, pero el conde Gurienti era un mujeriego —me contó Bubbles Delap—. Elly Grammaticus se enteró de una aventura suya. Le esperó escondida, le disparó a las pelotas y lo mató. Está enterrado arriba, en el bosque de Kipipiri.

—Conocí a Elly Grammaticus —dijo Janie, que conoce a todo el mundo, y me contó una historia que parecía un calco del juicio y absolución de Alice de Janzé en París varias décadas antes. Elly también se había librado aduciendo crimen pasional. Un renombrado abogado de Nairobi, Byron Georgiadis, llevó su caso; se supone que también era griego. Janie dijo que Elly solo pretendía mutilar los testículos de Gurienti—. Pero alguien debió de haberle dicho que no se acercara tanto con una escopeta —resopló con intención—. ¡Por supuesto que lo mató!

—¿Gurienti alquiló la casa? —le pregunté a Janie.

—¡Ah! —rio entre dientes—. ¡Oí un rumor, de una fuente poco fiable! La historia dice que la ganó una noche en el juego.[2]

La tumba estaba rodeada por una cerca llena de musgo, y tenía una cruz de madera y una lápida, ambas

2 Kuki Gallmann me escribió en julio de 2013 para informarme que su difunto esposo, Paulo Gallmann, había sido copropietario de la finca a principios de los años sesenta, y que se la había vendido a su administrador, Piero Guarienti.

con inscripciones. La lápida había sido empujada hacia atrás y en parte de lado, como si alguien hubiera tratado de llevársela rodando. Leí que Piero Gurienti de Brezoni había nacido en Verona en 1922, el mismo año que Alice de Janzé se casó, mientras que Idina ya vivía en Happy Valley con Gordon. Había muerto en 1972, casi una década después de la independencia, a los cincuenta años.

Mientras volvíamos a descender, un grupo de al menos una docena de hombres y mujeres con hachas y machetes se escabulleron por el bosque. Habían visto a Nganga y no querían ser denunciados por cortar ilegalmente árboles protegidos.

Janie Begg me contó que había encontrado algunas fotos antiguas de la Casa Kipipiri. Fui a su nueva casa, situada, para mi sorpresa, al borde de un suburbio africano muy grande, una zona a la que la mayoría de los blancos no se atrevían a acercarse, pero al parecer su péndulo le había aconsejado comprarla.

—Y se puede ver el monte Kili —dijo triunfante antes de preguntar—: ¿Has estado hace poco en Happy Valley?

Arrojó sobre una mesa varios viejos álbumes de fotografías y buscó las páginas relevantes, aunque no parecía que los álbumes siguieran ningún orden cronológico. La mayoría de las fotografías eran de las ovejas de Ramsden: estaba cuidadosamente etiquetadas como «2000 ovejas en Kipipiri» y «2200 primales en el Kimuru».

—¿Primales? —pregunté.

—Ovejas de un año —replicó Janie.

Había una foto de lady Colvile y Lily Begg de pie junto al hotel Gilgil, tomada en 1927; David Begg y Jimmy Bird a caballo en un paisaje vacío, tomada en 1946; fotos sin fecha de lady Joan Ramsden y Gilbert y Diana Colvile.

También había fotos de la Casa Kipipiri bastante parecida a como estaba ahora. Había fotos de la otra casa de Ramsden, la Casa Waterloo, cerca de Naivasha, y otras de una pequeña casa de piedra.

—Esa era la Casa Kimuru —explicó Janie—, que Ramsden construyó después de que viviéramos en la cueva, en algún momento posterior a los años treinta.

No había ningún rastro de la Casa Kimuru cuando estuvimos en nuestra expedición a las cuevas.

Otra persona que tenía fotografías antiguas de la Casa Kipipiri era Tobina Cole: a menudo había acompañado a su madre a visitar a su tía Joan Ramsden.

—Chops no era muy amigable —me contó—, y Joan tampoco. Pero eran buenos con nosotras. Su hija Joyce se convirtió en mi tutora en Inglaterra.

Me miró con recelo por mi interés en las casas.

—No me gustan las casas —dijo, lo que me sorprendió, porque su propia casa, aunque pequeña, era bonita y tenía un ambiente agradable. Recordaba que la casa de Ramsden en Kipipiri era muy oscura—. Cuando estaba en el salón no se veía. Supongo que a la gente le gustaba eso después de pasar el día bajo el sol brillante —afirmó que la habían construido después de la guerra, «hacia 1919», y que la había diseñado Chops.

Ramsden se fue de Happy Valley en 1953.

—Tenía negocios en Malasia —dijo Tobina secamente—. A su hijo John lo mataron allí... un delincuente chino. John era el granjero. Así que vendió Kipipiri y sus otras granjas a Abraham Block, de los hoteles Block, y regresó a Inglaterra, donde vivió mucho tiempo, hasta 1965.

Tanto si los Ramsden habían asistido a alguna de las fiestas de Idina (algunos escritores mencionan le presencia de Chop en alguno de los eventos salvajes), Tobina dejó claro que, de forma definitiva, sus padres nunca habían tomado parte en esa decadencia.

—Mi madre lo desaprobaba —dijo.

Tras mirar las fascinantes fotografías que Tobina tenía de Chops y sus amigos, así como del maravilloso jardín en sus etapas iniciales, era hora de irme. Tobina iba a la casa de al lado a leerle a un amigo ciego.

—Le leo el periódico todos los días —dijo—, y también estamos leyendo sobre los primeros años de Hitler, hasta 1936. —El momento, por supuesto, en que Joss se implicó en el movimiento fascista británico. Le pregunté a Tobina sobre su asesinato (después de todo, su tío Geoff debía de tener sus propias teorías, al igual que Chops), pero ella le restó importancia—. Ha habido muchos crímenes sin resolver. ¿Por qué la gente sigue preocupándose por ese?

Tobina no tiene móvil ni correo electrónico, solo una línea fija poco de fiar, porque en Kenia eso depende del tiempo que haga. Demasiada lluvia y las líneas se colapsan, y nadie puede saber cuándo las van a arreglar, si las arreglan. Pero podía llevarme prestados todos sus álbumes de fotos cuando quisiera, dijo, y terminó nuestra conversación de forma abrupta, tal como hacía por teléfono, sin despedirse y sin ceremonia alguna. Se alejó sin mirar atrás y desapareció tras un arbusto de jazmín del Paraguay, con su aromática mezcla de flores blancas, malvas y violetas. Era como si el telón hubiera caído bruscamente sobre el escenario. Me quedé sentada un momento en el coche antes de encender el motor, exhausta de repente.

26
POLO Y TERRORISMO

Pensaba que mi investigación había terminado, pero entonces Bruce Rooken-Smith se puso en contacto conmigo con más historias. Mis abuelos conocían a los Rooken-Smith, una extensa familia que parecía emparentada con todo el mundo y que, de algún modo, aunque de forma confusa, tenía que ver con el grupo de Wanjohi. Entre Bruce, su hermano Don y su madre de noventa y cinco años, Marge Nye-Chart, que vivía en Sudáfrica en una residencia de cuidados especiales, me explicaron con detalle su desconcertante historia familiar. Me llevó tiempo desentrañar quién era quién, quién se había casado con quién y cómo estaban todos relacionados. Era como montar un enorme y complicado rompecabezas que se iba volviendo más fácil a medida que las piezas encajaban y la imagen empezaba a tomar forma. De nuevo me vi inmersa en la historia siempre cambiante de Happy Valley, inspirada por personas cuya educación era muy similar a la de mi madre. Podía identificarme con aquellos granjeros, al haber pasado los años más felices de mi primera infancia en la granja de mis abuelos.

Alexander William Rooken-Smith había venido a Kenia desde Sudáfrica a principios de la década de 1900. Había tenido tres esposas. Dos de sus hijos de su segunda mujer fueron Violet (que se casó con Bertie Case, hijo de William y hermano de Noel) y Harold, padre de Bruce y Don, que se casó con Marge. Marge complica la historia: su padre, Frederick Eeles, había venido de Inglaterra y se había casado con su madre, Daisy, una de los cinco niños Aggett. Cuando Frederick decidió volver a Inglaterra, Daisy se negó a marcharse de Kenia. Tenía un hijo ilegítimo, Neville, con un cazador blanco,

Postma, que planeaba casarse con ella después de su siguiente safari de caza, que resultó ser el último: lo mató un elefante. Daisy se casó entonces con Lionel Griffin (que adoptó a sus dos hijos) y la pareja tuvo tres hijos más. Uno de ellos, la medio hermana de Marge, se casó con el medio hermano del marido de Marge, Harold. Más tarde, después de que Harold se matase en un accidente de coche, Marge se casó con Fred Nye-Chart. La madre de Fred, Nellie, era otra de los nueve niños Aggett y hermana de Daisy Griffin (de soltera Aggett, luego Eeles), así que Fred y Marge eran realmente primos hermanos. Esto provocaba que todos estuvieran muy interrelacionados en un pequeño valle.

El hijo de Daisy y Lionel, Ken Griffin, se había hecho cargo de Satima como administrador después de que se marcharan los Chart y los McLoughlin, y la compró justo antes de la independencia, y en consecuencia se la volvieron a comprar en la fase inicial del plan de las 500 000 hectáreas.

Los Rooken-Smith eran todos jugadores de polo, manteniendo una tradición que había iniciado Joss en el primer campo en Slains. Solomon me había enseñado el segundo campo de polo, cerca de la casa de Buxton, todavía un espacio llano y abierto que proporcionaba un excelente pasto para vacas y ovejas. Don era un adolescente cuando Fred Chart dirigía el club de polo de Wanjohi en la granja Satima a finales de los años cuarenta. Cerró a principios de los cincuenta, al marcharse Chart, pero el espectáculo continuó, usando otro campo agreste más cerca de Ol Kalou. Don recuerda minuciosamente los nombres de jugadores y caballos, incluyendo al almirante Steve Arliss, «que luchó en la batalla de Jutlandia y conducía un Rolls Royce» y a Billy Baldock (una mujer), que llamaba a su casa «Mucha Botella en el Pantano» y «tenía una preciosa yegua llamada Trial Trip». Todos los vecinos jugaban al polo, como la doctora Anne Spoerry, Alistair Gibb, John McLoughlin y los hermanos Gillett. A finales de diciembre de 1952, el club de polo de Ol Kalou tenía un equipo jugando en Nairobi el torneo de Año Nuevo, la misma semana en que Fergusson y Bingley fueron asesinados. El polo siguió, pero los esforzados jugadores de Ol Kalou conducían ida y vuelta el día entero los viernes, sábados y domingos. Bruce recuerda:

—Era ir y venir 320 kilómetros cada día, y luego los domingos, vestidos todavía con bombachos y botas, ¡hacíamos batidas en busca de bandas detrás de nuestra casa!

La siguiente historia de Don despertó todo mi interés. De todos los vagos vínculos entre Mary Miller, yo misma y esa familia de granjeros más reciente, ¡nunca esperé que uno fuera una jirafa! Don Rooken-Smith había conocido a Jock Leslie-Melville en Cirencester, pero llegó a conocerlo mejor años después, cuando Jock ayudaba a Jock Rutherford a trasladar al último rebaño de jirafas amenazadas de Rothschilde desde Soy, en el oeste de Kenia, a zonas mejor protegidas. Los Rooken-Smith se habían mudado recientemente a Soy, así que Don colaboraba en la operación vaquera: montados en caballos de polo, cargaron tras las galopantes jirafas, con el objetivo de arrearlas hacia un hombre sentado en un asiento de cubo adosado al guardabarros de un vehículo que sujetaba un lazo con una pértiga de la extensión del cuello de una jirafa, con el cual pensaba enlazarlas por las desprevenidas cabezas moteadas. Los caballos se quedaron aterrorizados ante las jirafas, la hierba alta ocultaba hoyos hechos por los jabalíes que ocasionaban que los caballos tropezaran con frecuencia y después de que todos se cayeran de su montura (el caballo de una mujer dio incluso una voltereta) dieron por terminado el día.

No obstante, al final lograron trasladar cierto número de jirafas, algunas a los alrededores de Nairobi.

Casualmente, en los años noventa yo vivía al otro lado del valle boscoso desde la Mansión de las Jirafas de los Leslie-Melville, donde Jock y Betty habían establecido su refugio. Las jirafas, alimentadas a mano, metían las cabezas, tan felices, por la ventana del comedor de los Leslie-Melville en busca de un trozo de tostada o un beso, y pasaban el día entreteniendo a los escolares y turistas en el «centro educativo de jirafas» situado debajo de la casa. Por la noche las conducían al refugio, en el primer término boscoso de mis vistas a los pliegues azules de las colinas de Ngong. Renunciando a todas las delicias autóctonas, las jirafas venían a hacerme compañía al atardecer e iban directas a mis arbustos de buganvillas, donde decapitan plantas «venenosas» como el euforbio y la flor de Pascua. Yo me sentaba en mi galería, miraba las múltiples y largas patas moteadas y observaba cómo sus propietarias se bebían a lengüetazos el agua de los bebederos de pájaros. Mis hijos se iban a dormir escuchando las fuertes pisadas de las jirafas y su masticación junto a las ventanas abiertas. Si había luna veían de cerca las manchas.

Esas jirafas alimentadas con buganvillas se reproducían como locas y algunas fueron trasladadas a Soysambu. Una noche, después de mudarme allí, me encontré con una manada de jirafas. Me quedé helada cuando una de aquellas gigantes se me acercó con elegante paso rápido, inclinó su largo cuello y besó mi mano extendida. Era una de mis viejas amigas de Langata.

Pensaba haber cerrado mi capítulo con la enigmática Mary Miller, pero, a principios de 2012, Solomon conoció a varios ancianos kikuyu que le contaron algunas anécdotas extraordinarias sobre ella —casi increíbles— de la etapa del Mau Mau. Así que decidí ir a escucharlas de primera mano. Una vez más, la historia de Happy Valley había removido algo totalmente inesperado, esta vez sobre un asunto del que nunca había oído hablar y que sorprendió incluso a mis padres.

La carretera asfaltada que va de Gilgil a Ol Kalou estaba resquebrajada y llena de baches. Mi Land Rover traqueteaba a todo volumen. Era un día de julio frío y sin sol; y los Aberdares estaban cubiertos de bruma contra un cielo gris; sus regiones inferiores, veladas por nubes bajas. La luna del coche estaba empañada por una llovizna que las gastadas gomas de mis limpiaparabrisas no conseguían despejar.

Nos detuvimos en Captain a recoger a Kamwambao, de setenta y ocho años. Se había puesto un viejo traje gris, una camisa púrpura, pañuelo al cuello y sombrero de paja, y sonreía sin dientes mientras lo ayudábamos a subirse al Land Rover. No hablaba inglés, pero hablaba un poco de kiswahili. Solomon ya me había advertido de que esta historia Mau Mau en particular era un asunto delicado: debíamos evitar oídos indiscretos. No todos los ancianos con los que Solomon había contactado estaban dispuestos a hablar. El antiguo chófer de Mary Miller aún vivía, pero era demasiado viejo, estaba impedido y le fallaba la memoria. Githuku Githaiga, el hombre que había asesinado a Fergusson y a Bingley (y a muchos otros europeos, según Solomon), también se había negado a hablar. «Siente demasiado la sangre de los blancos», explicó Solomon.

Wanjohi había triplicado su tamaño en una década, y también los montones de basura en los arcenes. La gente nos miró con curiosidad cuando nos detuvimos junto a otros dos ancianos y una mujer mayor, que se subieron al Land Rover sin ayuda. Ni a Solomon ni a mí nos apetecía volver a la antigua casa de Mary Miller, así que nos dirigimos a la de Delap. La carretera se había convertido en una ciénaga rocosa. Había llovido intensamente durante meses y el puente sobre el crecido río Wanjohi había colapsado, aunque habían hecho algún «apaño» artesanal. Como Solomon me garantizó que era seguro, lo crucé con vacilación y seguí por la carretera, consciente de que no podíamos retroceder porque no había ningún lugar para dar la vuelta. Finalmente nos detuvimos frente a un portón de metal cerrado y un campo de ovejas. De todos modos, al tratar de dar la vuelta nos quedamos atascados, así que parecía un lugar tan bueno como cualquier otro para hablar, aunque no había dónde sentarse. Era consciente de que tendría que ser una entrevista rápida, dada la edad de los sujetos.

Njuguna, que lucía un traje barato de nailon y un sombrero de *tweed*, era con setenta y dos años el más joven. Había sido mensajero durante el Mau Mau: los mensajes los entregaban los corredores más veloces, en carreras de relevos, pero se transmitían boca a boca. En Wanjohi, cuando trepó al Land Rover y Kamwambao y él se estrecharon la mano, de pronto se reconocieron: aunque habían pasado más de cincuenta años, se habían conocido durante el Mau Mau.

Mugwe tenía ochenta y tres años y era el más comunicativo. Iba ataviado con un grueso jersey, botas de goma y una gorra deportiva descolorida, y era el único que caminaba sin bastón. Había huido a los bosques junto con otros luchadores Mau Mau en 1952, nos contó. Wanjiru, de setenta y seis y casi ciega, se mostraba reacia a hablar demasiado. Llevaba un largo vestido de algodón, un jersey andrajoso y pañoleta en la cabeza, y se apoyó en su bastón tras dejar su paraguas y su cesta tejida en el suelo. Había sido una de las mujeres responsables de llevar comida al bosque a los luchadores de la libertad, incluido su esposo, al que habían matado durante el Mau Mau. Solomon me contó más tarde que ella sabía muchas cosas sobre el Mau Mau que no estaba preparada para divulgar.

Los cuatro habían hecho el juramento de silencio, pero ahora, cerca del final de sus vidas y con Mary Miller muerta, estaban preparados para hablar, aunque la contribución de Wanjiru era sobre todo asentir con la cabeza o con un «eeeeh». Ese mismo mes, tres Mau Mau veteranos desenterraban viejos agravios ante los tribunales del Reino Unido y presentaban casos contra el gobierno británico. Yo había oído y leído sobre los horrores infligidos desde ambos bandos, pero nunca había oído hablar o leído ninguna historia de colonos blancos que realmente se hubieran puesto del lado del Mau Mau.

Mary Miller había sido una dama muy buena, convinieron aquellos *wazee*. Durante el Mau Mau había ayudado y apoyado a los luchadores por la libertad, les había proporcionado comida, ropa y medicinas, y había permitido que desde su misma casa se entregasen suministros secretos a los hombres del bosque. Me contaron que Mary había consentido al Mau Mau llevar a cabo sus secretas ceremonias nocturnas de juramento en su propiedad: ella personalmente no había asistido a ninguna de esas sesiones, pero colocaba guardias para advertirles si las tropas británicas o la Guardia Local kikuyu se acercaban con sigilo. También había prevenido al Mau Mau de emboscadas o ataques, con lo que a menudo había salvado sus vidas.

¿Era una vieja excéntrica que realmente no sabía lo que estaba pasando?, me pregunté. ¿A favor del autogobierno pero un poco ingenua?

—Tenía buen corazón —dijo Mugwe—. Nos ayudaba porque le gustábamos de verdad. No tenía esposo, pero tenía un hijo viviendo en casa con ella.

Pregunté si alguno de ellos había hecho el juramento en casa de Mary Miller. Los cuatro asintieron. Lo habían hecho a principios de los años cincuenta.

—Fue en su almacén, detrás de la casa —explicó Mugwe.

—Eran tiempos muy duros —dijo Njuguna.

—Hicimos el juramento de nuevo dentro de su casa en 1969. Para entonces ya se había ido —dijo Kamwambao.

Solomon asintió: él también lo recordaba. Habían conocido a Dedan Kimathi y confirmaron que era sastre y que había trabajado para los Delap. También había sido empleado de muchos europeos, incluyendo a «lord Ramsden». Nombraron a otros colonos blancos que, según ellos, habían ayudado al Mau Mau: «Maran», «Grace Hammerton» y «Michael». Más adelante leí en el *Directory* de Tim Hutchinson que familias con los nombres Malan, Michael y Hamilton habían vivido en los alrededores de Ol Kalou en los años cincuenta.

Los *wazee* estaban cansados y no los retuve mucho tiempo. Por fortuna, solo hicieron falta Solomon y los dos ancianos en mejores condiciones para sacarnos del barro. De vuelta en Wanjohi, Njuguna y Mugwe prometieron volver a reunirse con nosotros y nos marchamos, silenciados una vez más por la carretera. Pensé en las historias que habíamos escuchado hasta ahora; era cierto que, aunque muchos de los colonos blancos se preocupaban genuinamente por sus empleados kenianos, también apreciaban las casas y las granjas que habían levantado. Muchos debían de tener esperanzas de quedarse después de la inevitable llegada de la independencia. Quizá eso explique por qué algunos ayudaron en secreto al Mau Mau: para salvar su propio pellejo y asegurar su futuro. Al llegar a Gigil se lo comenté a Solomon.

—Sí —dijo—. Eso es también lo que yo pienso. Mary Miller vivía sola junto al bosque. Quería estar a salvo.

Mary había vivido las diferentes décadas de la accidentada carrera de Happy Valley. También habría conocido a Idina, ya que era vecina y amiga de Alice de Janzé. Alice no había vivido lo suficiente, o quién sabe lo que podría haber hecho durante el Mau Mau. Ya en casa, estaba corrigiendo lo que había escrito sobre Mary Miller, pensando en sus alegaciones de que Alice estaba implicada en el asesinato de Erroll, cuando sentí algo pesado y frío sobre mi pie. Bajé la vista y vi a un lagarto enorme, quieto como una piedra. Bajé el pie y se deslizó lentamente sobre mi zapatilla vacía de piel de oveja, donde adoptó una postura prehistórica, inmóvil pero amenazante. No se parecía a ningún tipo de lagarto que hubiera visto antes: si a algo recordaba era a un dinosaurio. Alice, mi asistenta, estaba horrorizada:

—*Ese* es el tipo malo de lagarto —dijo usando una palabra kiswahili que yo nunca había oído.

—No es un camaleón —dije a la defensiva, porque imaginé que lo decía por superstición.

—No —convino—. ¡*Ese* es de los que muerden a la gente! Es muy peligroso.

Yo estaba atónita.

—Seguro que no... No me ha mordido.

—Tiene suerte —dijo sombría—. ¡Dios estaba protegiéndola!

Otras historias inesperadas sobre el Mau Mau surgieron mientras investigaba para John Heminway, que estaba escribiendo la biografía de la doctora Anne Spoerry. En Kenia siempre se la había reverenciado como la legendaria «doctora voladora», involucrada de forma altruista en tareas humanitarias hasta su muerte en 1999. Entonces el artículo de Heminway para el *Financial Times* provocó olas de asombro e incredulidad. Había entrevistado a la doctora Louise Le Porz, que conoció a Spoerry en Ravensbrück. Spoerry había sido enviada a este campo de concentración en 1944, bajo la supervisión de Carmen Mory, que se convirtió en la amante lésbica de Spoerry. Le Porz reveló un lado muy diferente de Spoerry, una mujer que había asesinado y torturado a cientos de mujeres judías.

Heminway quería ver la primera casa de Spoerry en Kenia, cerca de Ol Kalou. Encontramos la casa, pequeña y espartana. Había vivido allí en los años cincuenta y luego se había mudado a Subukia a principios de los sesenta, donde aprendió a volar y se convirtió en la intrépida doctora voladora que era capaz de aterrizar en medio del monte para ayudar a enfermos y heridos de cualquier raza o credo. Lo que no esperábamos eran los rumores de su crueldad durante el Mau Mau.

En la década de los cincuenta, de forma inevitable, muchos colonos blancos se sintieron frustrados por las políticas británicas, como les había ocurrido anteriormente a figuras con mentalidad política como el 3.er barón Delamere o lord Erroll. Y ahora, durante el Mau Mau, unos cuantos colonos enfadados decidieron encargarse ellos mismos de algunos asuntos. Al parecer, Ol Kalou tenía su cuota de este tipo de granjeros, con los que Spoerry solía codearse.

Una semana más tarde conduje hasta Wanjohi, donde Solomon había organizado las cosas para que entrevistase —en un lugar secreto— a varios ancianos kikuyu mutilados a los que el nombre de la doctora Spoerry aún les resultaba odioso. Una mujer ni siquiera me miró: no quería volver a posar los ojos en una mujer blanca. Los hombres habían sido víctimas de torturas perpetradas según ellos por Spoerry y su ayudante kikuyu en su clínica de Ol Kalou. Uno había perdido un ojo; otro tenía heridas de bala; un tercero, una pierna con horribles cicatrices. Peor suerte habían corrido otros combatientes Mau Mau, muchos de los cuales no habían sobrevivido para contar sus historias de castración e inyecciones letales. Mis informantes aún recordaban quiénes se había portado bien con sus empleados africanos y quiénes no. Morgan-Grenville era apreciado en general, Delap también, pero al parecer Fergusson no. Formaba parte del grupo de blancos, dijeron, que se veían regularmente con la doctora Spoerry.

Sentí que debía buscar algún tipo de confirmación de tales historias en el «otro» lado, y encontré a una anciana *memsahib* que al principio se mostró reacia a hablar del asunto y que no deseaba ser nombrada. Recordaba a Spoerry, «muy hombruna, pero todo un carácter. Y se lleva bien con todo el mundo... especialmente con los hombres». Anne Spoerry se reunía de forma habitual con algunos de los hombres locales en encuentros de colonos en Ol Kalou durante el Mau Mau, mientras las esposas se quedaban tomando algo y comiendo curri en el Ol Kalou Club.

—Mi marido se marchó —dijo mi informante—. Me dijo que no podía soportar aquella terrible crueldad, que era demasiado. Para sacarles información a los Mau Mau se mostraban muy crueles. Mataron a terroristas poniéndoles máscaras de gas.

Al comienzo del Mau Mau, mi padre volvió de un viaje frustrado por el Sáhara, donde había visto morir a dos personas. Con diecisiete años, lo había rescatado en el último momento la Legión Extranjera Francesa, horas antes de la muerte. Volvió a Kenia, ahora con solo dieciocho años, y acabó reclutado por el Regimiento de Kenia. Ahí terminaron su trabajo y la carrera que había planeado. No solía hablar del Mau Mau, excepto de una vez en que fue embestido por un gigantesco jabalí salvaje en los Aberdares, probablemente lo único memorable de aquellos días oscuros. Después de entrevistarme con los veteranos Mau Mau, mi padre ingresó en el hospital con una cadera rota y el corazón débil. Me emocionó que, al enterarse, uno de los ancianos kikuyu siguió llamándome con regularidad para interesarse por mi padre y asegurarme que rezaba por su recuperación. El Mau Mau fue realmente feo en su tiempo, pero el hecho de que muchos de aquellos que lucharon en él y siguen vivos no muestren ninguna animosidad constituye un tributo a los kenianos de todas las razas y bandos, que pone de relieve su admirable capacidad para perdonar y seguir adelante.

27
UN LEGADO ITALIANO

Había pensado a menudo en la historia Mau Mau de Lyduska Piotto, la forma en que por muy poco había escapado a la muerte. Ella había expresado su creencia en el destino, o en algún poder superior a ella misma, originado sin duda por la extraordinaria historia de su vida, que apenas tocamos cuando nos conocimos. Por entonces a mí me interesaba Slains simplemente como hogar de Joss e Idina, parte de una era escandalosa. Pero poco a poco me había visto atraída, a través de una gran cantidad de historias sobre una región que nunca parecía haber experimentado un momento de estancamiento, hacia un presente que cambiaba más deprisa que nunca. Ansiaba saber más sobre Lyduska, que había vivido cambios tan dramáticos en la historia. Al ser italiana, durante la guerra la veían como el enemigo. Igual que Idiana, era una mujer fuerte, que desafiaba las convenciones y sobrevivió a una existencia aislada en Slains. Y, como en el caso de Idina, su vida y sus circunstancias constituían un libro en sí mismas. Aún tenía muchas preguntas acerca de ella, y sentía que ninguna historia sobre Slains estaría completa sin las respuestas.

Entonces, de repente y de forma inesperada, casi como si la propia Lyduska hubiera accedido a mi petición, su prima tercera en Canadá contactó conmigo, también para intentar saber más. Linda Tomlin pudo contarme algo de su intrigante familia. Había rastreado su linaje hasta dos hermanos, hijos de tejedores pobres en el norte de Italia; después de que Biagio y Pantaleone Lenassi se quedaran huérfanos en 1813, emigraron a Eslovenia, por entonces parte del Imperio austrohúngaro, viviendo en las capillas de diferentes iglesias. Pantaleone, tatarabuelo de Linda, se estableció cerca de Postojna. Biagio, bisabuelo de Lyduska, contrajo dos matrimonios lucrativos y acabó convirtiéndose en un fabricante de seda extremadamente rico cerca de Gorizia, en el noreste de Italia. Los *e-mails* de Linda, junto con una pobre traducción automática de un artículo italiano, «La condesa que amaba los caballos y África», de Paola Prizzi Merliak, me ayudaron a dar sentido a la historia de la tenaz, carismática y hermosa Lyduska de Nordis Hornik.

Había crecido como hija única en su casa familiar en el noreste de Italia, Villa Nordis, en Solkan (Salcano en italiano), a orillas del Isonzo, cerca del complejo industrial de su bisabuelo. La abuela de Lyduska, Lidia Maria Lenassi, nació en 1861 y se casó a la edad de trece años con Antonio de Nordis, de treinta y uno, con el que se mudó a su casa familiar, que databa de 1830. Tuvieron dos hijas: Eleonora nació en 1881, y Lidia Emma, en 1888.

Lidia Emma conoció más adelante a Francesco Hornik, un oficial austriaco nacido en Checoslovaquia y destinado en Gorizia. Se enamoró y se casó con él, a pesar del rechazo de su madre a que los nobles se casaran con los que estaban por debajo de ellos. Tuvieron una sola hija, Lyduska (recordé que me contó que el matrimonio de sus padres había sido saboteado por su abuela, que supuestamente no se había casado por amor). La hermana de Lidia Emma, tan aventurera como ella, Eleonora conocida como Norina—, escribió un libro, *Giornale di Carovana* (*Diario de caravana*, 1934), con el relato de sus viajes por África oriental, Malasia y Ceilán con su segundo marido, entusiasta de la caza mayor, al que se nombra incorrectamente como Francesco y que yo descubrí más tarde que era Paolo Dolfin Boldu. Lyduska lo llamaba «Pula», «grande» en sánscrito. En algún momento, Norina y Pula conocieron a Idina en Venecia, lo más seguro a principios de 1929, momento en que Slains salió a subasta, y es probable que fuera entonces cuando compraron su granja en Happy Valley.

Lyduska vino a Kenia a visitarlos antes de la guerra, aunque durante la ocupación alemana del norte de Italia fue confinada en Villa Nordis. Tendría apenas veinte años, pero mencionó que volvía a Italia con un novio. Entre tanto, en Kenia, los italianos eran detenidos e internados. Con Italia ahora comprometida de lleno en la guerra, a mediados de 1940 comenzaron los ataques a Sudán y Kenia por parte de las tropas de las colonias de Etiopía, la Somalilandia italiana y Eritrea. Según la propia Lyduska, volvió a Slains en 1948 y luego se quedó cuando su tía y su tío se marcharon.

El 1 de marzo de 1951 en Nairobi, como registra la *Kenya Gazette*, Lidia Hornik (el verdadero nombre de Lyduska), «soltera», de Ol Kalou, presentó una solicitud en la Notificación General 627 para la administración de la propiedad del conde Paolo Dolfin Boldu. Manifiesta que el conde Paolo murió el 1 de diciembre de 1947 en Rosa, Italia, y la petición la realiza el conde Francesco Dolfin Boldu, «hijo de Paolo», para abrir la propiedad y liquidarla. Norina, viuda a la temprana edad de cincuenta y seis años, presumiblemente se quedó en Italia.

Según el artículo italiano, que resultó ser bastante inexacto en muchos aspectos, Lyduska recibió una propiedad en Kenia como regalo de boda de su tío, Francesco Dolfin, cuando se casó con el hombre que amaba, el «bohemio» Nanni Piotto, que no era noble ni rico (en realidad, no se casó con Nanni —de nombre real Francesco— en ese momento ni tampoco Francesco Dolfin era su tío). Ello a pesar de tener una legión de admiradores pertenecientes a la jet internacional, porque Lyduska hablaba media docena de idiomas. La autora continúa describiéndola como una intrépida amazona, a la que se la veía a menudo y a cualquier hora cabalgando descalza por las montañas italianas, a pesar de haber sufrido de niña una caída que le provocó infección crónica en los huesos.

Después de la guerra, al enterarse del nuevo trazado de fronteras entre Italia y Yugoslavia, Lyduska se apresuró a volver a Gorizia para resolver el destino de la villa familiar, situada justo en la futura frontera. El artículo afirma que pudo incluso desviar la línea divisoria, ¡haciendo que girase abruptamente para asegurar que toda la propiedad permanecía del lado italiano! Aunque Lyduska continuó con su vida en Kenia, donde fue pionera en lo que ahora se llaman métodos de agricultura orgánica, siempre fue la comidilla de su ciudad natal, concluye el escritor, que visitaba una vez al año con un rutilante séquito. En 1970, Nanni murió en un accidente de coche en Latisana, no muy lejos de Gorizia. Lyduska permaneció en Kenia hasta su muerte en 2006. Sus cenizas se depositaron en el panteón familiar en Gorizia, tal como ella deseaba.

El conde Cesaroni seguía siendo un misterio. La *Kenya Gazette* afirma que el 11 de febrero de 1941, en virtud de la Ordenanza sobre Comercio con el Enemigo, 1939, Custodio de Bienes del Enemigo:

> Su Excelencia el Gobernador ha tenido a bien ordenar lo siguiente: 1) La granja en el valle de Wanjohi, en la zona de Gilgil, propiedad de Anselmo Cesaroni y Adrianna Massaria Cesaroni, que se establece en el Anexo, es aquí y ahora conferida al Custodio de Bienes del Enemigo, sujeta a cualquier gravamen que pese sobre ella. 2) Se confiere aquí y ahora al Custodio de Bienes del Enemigo la facultad de vender dicha granja en subasta pública o por acuerdo público.

Más tarde, en 1949, se notifica que A. Cesaroni ha solicitado derechos de agua sobre el río Turasha. Este nace en Kipipiri y se una al Malewa cerca de Gilgil, sin llegar a Slains ni al valle de Wanjohi.

Pregunté en la comunidad italiana de Kenia, confiando en descubrir más sobre Lyduska, quizá incluso su opinión sobre el asesinato de Erroll, hasta que me dieron el número de móvil de la mejor amiga de Lyduska, la signora Moretti, cuyo nieto resultó que había ido al colegio en Escocia con mi hija. Giuliana Moretti, ahora con noventa y tantos años, me dio la dirección de su apartamento en Kileleshwa, en las afueras de Nairobi. Después de sortear obras viales y atascos de tráfico, llegué finalmente al elegante santuario que era el apartamento de Giuliana, con sus vistas a un tranquilo jardín, su verdor salpicado de alborotadas buganvillas rosas y rojas y jacarandas malvas. Ante un café expreso, la animosa Giuliana me habló de su vida y su amistad con Lyduska. Licenciada en filosofía y literatura italiana, en 1954 enseñaba en un colegio privado muy elegante en Génova. Pero su vida dio un dramático giro cuando su hermano le envió un billete para Kenia, con la intención de alejarla de un novio poco apropiado. Los hermanos se encontraron en Mombasa, pero el joven ingeniero civil no podía dedicar más tiempo a mostrarle a su hermana recién llegada los encantos del exótico puerto tropical, ya que estaba construyendo un puente en Tsavo. Así que Giuliana, que no hablaba inglés, se encontró en medio de la nada seca y polvorienta.

En Italia había leído que Nairobi era «el paraíso en la tierra». Aquello estaba a años luz de tales promesas: sin electricidad y con una letrina de hoyo. Cuando intentaba acceder a ella, un enorme babuino macho le arrojó piedras: había aprendido esa travesura de los trabajadores de la carretera. Giuliana recurrió horrorizada a su hermano, pero este no se mostró muy comprensivo y amenazó con meterla directamente en un barco que se dirigía a Sudáfrica. Pero entonces él encontró un medio de transporte a Nairobi desde Mzima Springs y envió allí a su hermana a encontrarse con el paraíso terrenal. Lo hizo, aunque al llegar a la ciudad se miró al espejo y casi se desmayó: tenía todo el pelo alborotado y teñido de rojo a causa del polvo. Pero Giuliana se enamoró muy pronto de Kenia... y de un joven granjero italiano llamado Domenico Moretti. Y ambos amores, me contó, ya nunca disminuyeron, aunque llevaba algún tiempo siendo viuda.

Por desgracia, poco después de enamorarse de un hombre y de un país, su madre murió, así que Giuliana volvió a Italia. Pero un año después estaba de vuelta en África, tras obtener un pasaje gratis en un barco bananero que iba al puerto somalí de Kismayu. La bajaron en una cesta de bananas, con su traje de novia en una caja y una rosa en una maceta, regalo de su padre.

El hogar de la recién casada Giuliana estaba en la Granja Colobus, cerca de Kipipiri, la vieja casa de piedra —ahora una escuela— que habíamos visitado unos años atrás. La describió como «una adorable casa de piedra con muchas ventanas de cristal, construida como pabellón de caza por un arquitecto italiano. Todas las habitaciones tenían chimenea y el mobiliario estaba hecho con exquisitez, también por italianos». Allí iba a experimentar un estilo de vida muy diferente: el agua del baño era marrón, la electricidad solo funcionaba si funcionaba el generador y no había teléfono. Pero las dificultades se veían contrarrestadas por cosas nuevas y excitantes: cuando el *toto jikoni*, el joven aprendiz de cocina, le trajo un día un camaleón, se quedó fascinada, especialmente por sus colores cambiantes. Se rio al contarme que ella misma adoptó un estilo de vida camaleónico, y aprendió a cambiar de color para encajar en la vida allí donde estuviese, fuera en la Granja Colobus o de visita en Italia.

La hermosa y sofisticada chica italiana se emocionó cuando su flamante esposo sugirió ir de compras a Ol Kalou. Imaginando que finalmente probaría un poco de cultura, se puso para la ocasión su elegante traje de diseño de dos piezas. De camino, se detuvieron en la casa de unos vecinos sudafricanos, y la señora iba vestida de un modo tan soso que Giuliana empezó a preocuparle que pudiera volverse igual de aburrida si pasaba tanto tiempo en una granja. Al ver a los hijos de la mujer, descalzos y asilvestrados, no pensó más que en salir corriendo, todavía con la esperanza, mientras recorrían la polvorienta carretera hacia Ol Kalou, de que la ciudad comercial ofreciera algunas comodidades. No fue así. El primer local en el que se detuvieron era la carnicería, en la que el cadáver completo de un animal colgaba del techo para deleite de miles de moscas. En la única y genuina tienda existente —conocida, según se enteró, como la *duka*—, otros granjeros blancos hacían su compra mensual. Giuliana vio a un hombre de aspecto anodino, pero al echarle un segundo vistazo se fijó en sus zapatitos de piel de cocodrilo: era Anna Spoerry. Sin embargo, más adelante se dio cuenta de la valía de su médica local, que podía llegar a cualquier hora por carreteras imposibles para atender a un bebé enfermo, y que era una bendición en momentos de necesidad.

Luego escuchó a otra mujer que gritaba y maldecía. Giuliana se aclaró la garganta cortésmente y la mujer se giró en redondo.

¿Es su mujer? —le dijo a Dominico en italiano, con una carcajada—. ¡Oh, cielos! ¡Será mejor que me la traiga! —Era Lyduska.

Puntualmente, Domenico llevó a su esposa a Slains, donde Lyduska declaró que iba a enseñarle a la recién llegada los alrededores... a caballo. Giuliana, que no había montado en su vida, no se atrevió a discutir:

con Lyduska era imposible. Se equipó a la pequeña y esbelta Giuliana con unas botas y unos pantalones de Lyduska varias tallas más grandes. Lyduska montó a Donnina, el amado caballo que había hecho traer desde Italia. «Donnina siempre me enseña el camino», explicó, y se embarcaron en un paseo de dos horas por el campo.

Domenico y el novio de Lyduska, Nanni, estaban angustiados: era en medio del estado de emergencia. Pero Lyduska, que desdeñaba las normas y la autoridad, era inmune a tales «insignificancias». Giuliana explicó que, de niña, Lyduska había tenido polio, y su abuela la había mimado. Creció como una rebelde, con un carácter intrépido, «la oveja negra de la familia», que disfrutaba escandalizando a los elegantes amigos de su tía: llegaba sucia de cepillar a su caballo, se presentaba ante ellos sin molestarse en cambiarse de ropa. Y ahora, Lyduska estaba viviendo la existencia salvaje y libre que había escogido, con su novio y administrador de su granja.

Lyduska era todo un carácter y una verdadera amiga, pero tenía un temperamento exaltado, explicó Giuliana.

—Después de una discusión montaba a caballo y se marchaba al galope, dejando a Nanni frustrado y furioso.

Una vez, después de una bronca por culpa de sus sesiones de compras extravagantes en Nairobi, se marchó en medio de la oscuridad. Un Nanni frenético la estuvo buscando en los bosques durante horas, temiendo que se hubiera encontrado con terroristas.

Giuliana se quedaba sola a menudo en la Granja Colobus con un arma que se supone debía llevar encima todo el tiempo, pero ella vivía con el temor de tener que usarla. En una ocasión iba a pie por el bosque sin el arma, con una gacela criada a biberón que el tractorista le había traído. La gacela llevaba un cascabel al cuello para saber siempre dónde estaba. Cuando de pronto se puso a llover, Giuliana fue a recogerla. Pero en el camino apareció un africano con rastas en el pelo que le habló en inglés. Giuliana le pidió que le hablara en swahili (que la cocinera le había enseñado), porque ella no hablaba inglés. Durante la siguiente media hora ella no paró de contarle todo sobre sí misma, dónde vivía y cualquier cosa que él quisiera saber. Finalmente, recogió la gacela y se fue a casa. Más tarde, Dominico, tras recobrarse del impacto de pensar en todas las cosas terribles que podrían haberle sucedido a su esposa en compañía de un terrorista Mau Mau que odiaba a los blancos, le dijo que era probable que hubiera salvado la vida por ser una cotorra. Tuvo mejor suerte que la gacela, a la que un tiempo después atrapó un leopardo, lo que rompió el corazón a su dueña.

Giuliana descubrió muy pronto que, como esposa de un granjero en África, entre otras cosas que debía aprender, se esperaba de ella que fuese médica. Una mañana, estando Domenico fuera, el tractorista llegó con una herida en la cabeza, sangrando profusamente. Llena de aprensión, Giuliana temió ir a desmayarse. Recordó haber leído en alguna parte que el coñac servía para reanimar a un desmayado, así que se sirvió un vaso y se lo bebió de un trago. Su marido llegó poco después y se encontró al tractorista con la cabeza perfectamente vendada mientras su mujer, que no bebía nunca, roncaba en la cama en una bruma de vapores alcohólicos.

Algo que siempre había dejado perpleja a Giuliana era que su marido prefiriese una vieja tetera de latón antes que su adorable juego de té de porcelana, regalo de bodas. Finalmente descubrió que el sabor de la tetera le retrotraía a sus días de prisionero de guerra, cuando seis oficiales compartían una tetera de latón a la hora del té después del trabajo: el mejor momento del día. Los ojos de Giuliana brillaban al decirme con orgullo: «Aún utilizo esa tetera de latón».

Después de su primer encuentro, Lyduska y Giuliana se hicieron muy buenas amigas. Los Moretti visitaban Slains todos los domingos. En una ocasión, estando de visita una rica tía norteamericana de Lyduska, le dijo a Giuliana que estaba viviendo «en la mierda». La joven se quedó atónita ante ese uso liberal de una palabra que su abuela ni siquiera había oído pronunciar jamás. Un domingo de Pascua, un sacerdote visitó Slains para decir misa. Pero Lyduska no paraba de decir «Yo duermo aquí» mientras lo miraba fijamente con sus ojos azules, aunque el cura no llegó a entender que lo que intentaba explicar era que vivía en pecado. Al final, Lyduska se casó con Nanni, a principios de los sesenta.

Cuando el padre de Giuliana los visitó y luego se llevó a Domenico a Canadá a visitar a su hermano, ella cogió al bebé, Dianella, y al *ayah*, y fue a quedarse con Lyduska. Era durante el Mau Mau —una época angustiosa para las mujeres solas en granjas—, y Giuliana se sorprendió al ver que no había barrotes en las enormes ventanas bajas de Slains.

—Lyduska no lo hubiera aprobado —se rio— de haber sabido que el *ayah* se escabullía por las noches y dormía junto a la ventana. Eso era un gran alivio para mí.

Giuliana también reveló un lado más triste de su valiente y decidida amiga. Lyduska había tenido varios abortos y la afligía no haber podido tener hijos.

—Más adelante, siendo viuda en Karen, su único miedo era morir sola —le pidió a su vieja amiga de Happy Valley que estuviera allí para cogerle la mano cuando llegase la hora.

Giuliana estaba en Italia y esperaba que Lyduska se reuniera con ella, pero esta empezó a sentirse mal. Había despedido a Nyongo, su viejo y leal «chico», que había estado décadas con ella, y había tenido innumerables empleados desde entonces. Hacia el final había sufrido muchos dolores y se había vuelto cascarrabias y difícil. Su empleado más reciente estaba paseando a los perros cuando Lyduska murió.

Fue Giuliana quien me contó que el adorado tío de Lyduska, que fue quien la trajo a Kenia, se llamaba Pula. Había muerto antes de que Giuliana llegase a Happy Valley, pero ella aún hablaba de él con mucho cariño. Al parecer, también había sido todo un personaje —como Lyduska— y por eso se habían entendido tan bien. Giuliana pensaba que Francesco era sobrino de Pula.

Le pregunté por el misterioso conde Cesaroni. Giuliana los había conocido a él y a su mujer, aunque nunca los trató mucho. Sabía que se habían distanciado, tal vez por algo relacionado con su negocio conjunto de elaboración de queso. Creía que él había sido administrador de Lyduska en algún momento, pero dijo que no se había portado bien con Lyduska y que hablaba mal de ella injustamente.

Mientras permanecía sentada en la cálida tarde y disfrutaba de aquella charla tan amena con su encantadora vieja amiga, alguien a quien confiaba en volver a ver, me pareció que había resuelto algunas viejas historias de Slains, redondeando en mi mente los muchos años de Lyduska allí. Antes de irme le pregunté si Lyduska tenía alguna opinión sobre el asesinato de Erroll. Pero no era un tema que ella quisiese discutir. «Hace mucho de eso», dijo Giuliana.

28
SALE HAPPY VALLEY, ENTRAN DIANA Y EL RESTO DEL SÉQUITO

Solomon y yo habíamos «hecho» Happy Valley, algunos dirían que hasta el hartazgo. Ya llevaba más de una década visitando y volviendo a visitar las viejas casas, y había descubierto capas inesperadas de historia ocultas entre aquellos muros ruinosos. Sentía que había llevado a cabo una larga excavación arqueológica en la tragedia, el escándalo y los legados dudosos, junto a todo lo cual el asesinato de Erroll casi parecía algo insignificante. Había visitado y vuelto a visitar Las Nubes y Slains, y explorado más casas antiguas de las que nunca había previsto, y me había visto inmersa en otros problemas actuales de Happy Valley, en especial la labor conservacionista de Solomon. Pero nada de eso había extinguido del todo la tenue llama de la pregunta que brillaba en el fondo de mi mente. ¿Quién había cometido el crimen... y por qué?

Necesitaba un año sabático, quizá, y mi Land Rover también. Después de todo, un paseo de 40 minutos me llevaría a una de las antiguas casas de Diana, y ella seguía siendo una asesina en la mente de muchos. No hace falta decir que mi sed de búsqueda se reavivó en mí con notable rapidez, y muy pronto estuve en la carretera a Nairobi y al primer hogar de los Broughton.

Todas las casas de Diana en Kenia habían sobrevivido más o menos intactas, mucho mejor que las casas de Happy Valley, con excepción de la Casa Kipipiri de Ramsden. Seguro que Solomon lo atribuiría a los «malos espíritus» de Happy Valley, pero, a juzgar por las pésimas condiciones de las escuelas, carreteras y hospitales de la zona cuando los visité por primera vez —antes de la gran carretera de los chinos—, el gobierno keniano no se había molestado mucho en promover la prosperidad en la región.

Diana, aunque muchos piensan de forma equivocada que fue una de las prima donnas de Happy Valley, nunca vivió allí. Vino a Kenia por primera vez después del apogeo de Happy Valley. Fue a finales de 1940 y la guerra ya estaba muy avanzada. Durante el breve espacio en que se desarrolló la aventura de Diana con Joss, desde lados opuestos de Nairobi, entre Muthaiga y Karen, no habría tenido ninguna razón para visitar Happy Valley. La gran dama entrada en años de la zona, Idina, no tenía tiempo para la joven Diana, una rubia glamurosa y decidida que vivía abiertamente su romance con Joss delante de su nuevo esposo, sir Jock Delves Broughton. Tras la muerte de Joss, Idina se unió en el dolor con la amante que había precedido a Diana, Phyllis Filmer, cuyo marido no habría estado de humor para consolarla. Supuestamente, Idina había invitado a Phyllis a ir a Las Nubes y quedarse, cosa que hizo... durante cuatro años. Diana habría sido menos bienvenida que nunca.

Objeto de muchos cotilleos desde el momento en que llegó, el consenso general era que Diana solo se había casado con «el pobre Jock» por despecho hacia su primer marido, mucho más joven y apuesto, con el que se había casado creyendo que era rico. Jock le ofreció un estilo de vida fastuoso y un pasaje a Kenia, donde casi de inmediato conoció al irresistible conde de Erroll, aunque su relación no tuvo tiempo de prosperar más allá de la loca atracción del primer momento de un nuevo amor antes de que lo mataran. Por supuesto, fue a Jock al que arrestaron como principal sospechoso del crimen.

La casa de los Broughton en Karen, donde Joss dejó a Diana a altas horas de la madrugada el 24 de enero de 1941, poco antes de que le disparasen, hoy pertenece a un acaudalado hombre de negocios kikuyu y está alquilada como espacio para oficinas. Daba la casualidad de que la antigua «ala» de Jock albergaba la redacción de una revista en la que trabajé ocasionalmente como *freelance*. Recorrí el largo paseo asfaltado, que se curvaba hasta el otro extremo de la imponente casa de piedra, y llegué a la entrada principal. Los árboles habían crecido mucho desde las fotografías de los años cuarenta y había muchos edificios anexos nuevos, como si alguien hubiera intentado convertirla en un hotel rural. La casa había sido ampliada desde los tiempos de Diana por ambos lados y por el frente. Pero el estanque y la entrada estaban prácticamente igual, aunque rodeada de diferente follaje.

Entré por la puerta original de madera a un vestíbulo, subí la escalinata de madera y giré a la derecha en el piso superior hacia la parte antigua de la casa. Pesadas puertas de madera conducían a dormitorios con paneles y cuartos de baño propios. Flotaba sobre la casa una sensación de vacío, sin ningún vestigio de atmósferas convulsas o siniestros secretos. Hubiera sido difícil bajar en silencio por estos escalones chirriantes, un aspecto que se discutió en profundidad cuando sir Jock fue acusado de bajar por la escalera en mitad de la noche para matar a Joss y luego volver a subir por ella silenciosamente.

Mientras volvía a salir a Marula Lane, contemplé las numerosas casas de invitados que adornaban el extenso recinto arbolado. Muchas de ellas eran nuevas, pero aún resultaba difícil decir cuál podría ser la original en la que el amigo de los Broughton, Hugh Dickinson, se quedaba cuando estaba en la ciudad. Finalmente me pareció lo más probable que fuese la más cercana al portón, fuera del alcance del oído respecto a la casa. Giré a la izquierda y me dirigí a la zanja de grava en la que se encontró el cuerpo de Joss dentro de su Buick alquilado, antes del amanecer. No estaba lejos en coche, pero se sugirió (en el juicio) que Broughton, o incluso Diana (como dijeron otros más adelante), podría haber vuelto *a pie* desde allí tras matar a Erroll: es una buena caminata en la oscuridad, por no mencionar a los leones.

La siguiente casa de Diana la construyó Cyril Ramsay-Hill en 1925. También sobrevivió en buen estado, en manos de la familia Zwager, que cultivaba flores y también se dedicaba a la conservación y al turismo. La historia de su inusual hogar ha sido bien documentada por Charles Hayes en su *Oserian, Place of Peace*: Ramsay-Hill compró 2000 hectáreas por 3100 libras en las costas bordeadas de acacias del lago de agua dulce Naivasha y diseñó su «palacio de los sueños» según el modelo de la casa de su abuela en Sevilla. Escribió sobre «elegantes arcos y una rumorosa fuente en un patio azulejado». La casa terminada tenía de hecho arcos y un patio con azulejos españoles, al igual que columnas de mármol, bóvedas, frescos realizados por artesanos italianos y suelos de teca hindú. La granja se llamó Oserian, que significa «lugar de paz» en masái. Sin embargo, el matrimonio de Cyril Ramsay-Hill no fue un epítome de tranquilidad; cuando su bella esposa de cabello color caoba, Mary, huyó con Joss, logró quedarse con Oserian. La casa, más conocida hoy en día como Palacio Djinn, se convirtió en el hogar conyugal de los nuevos conde y condesa de Erroll. Tras la muerte de Mary, sir Jock contactó con Erroll poco después de llegar a Kenia, con la intención de alquilar la casa en Oserian. El proyecto no se materializó, aunque más tarde Diana acabaría viviendo allí, tras casarse con el huraño y acaudalado terrateniente Gilbert Colvile. Diana, de quien algunos decían que era una mujer manipuladora, convenció a Colvile de que le comprase la casa en Oserian como regalo de bodas. Colvile, que tenía una casa en Nairobi, en Muthaiga, frente al campo de golf y convenientemente cerrada al club, también le compró a Diana su casa de Kilifi, Villa Buzza, con vistas al azul turquesa del océano Índico, donde pasó mucho tiempo en sus últimos años y que su hija adoptiva ha mantenido en muy buenas condiciones. Nadie está muy seguro acerca del estado de la casa de Nairobi, pero, como está situada en uno de los barrios más caros de la ciudad, es probable que también haya sobrevivido.

El hogar de Diana con su cuarto y último marido, el 4.º barón Delamere, es ahora el del 5.º barón, lord Delamere, y su esposa, lady Delamere. Ciudadano keniano, aún posee su rancho en Rift Valley más de cien años después de que su abuelo lo comprase, aunque significativamente reducido. El Soyambu de hoy abarca las tierras secas, rocosas y sin agua adyacente al alcalino lago Elmenteita. Inservible para la agricultura, carente de nutrientes, lo que exige alimentar al ganado con suplementos muy caros, la tierra resulta más adecuada para el turismo, orientación que ha tomado el rancho Delamere, hoy una reserva natural. Los Delamere, Hugh y Ann para mí, son viejos amigos y han sido mis vecinos más cercanos durante más de una década. Su hogar es un amplio pero modesto bungaló situado sobre un risco que domina el lago. Los flamencos suelen reunirse allí, junto con una variedad de aves acuáticas, muchas de ellas raras; los pelícanos, que crían en las islas rocosas del lago, llenan el cielo por la mañana cuando se elevan en espiral aprovechando el aire caliente antes de volar al vecino lago Nakuru a alimentarse.

El abuelo de Hugh, un pionero digno de mención, vendió poco a poco su hacienda de Cheshire, y metió toda su fortuna en la tierra árida. Fue responsable —entre muchos otros logros— del primer canal y el primer refrigerador de Kenia, y desarrolló con éxito cepas de trigo y razas de ovejas; también produjo, con mucho sudor, mucha prueba y error, los suplementos minerales que su ganado necesitaba para sobrevivir, cruzándolos con variedades locales y aprendiendo mucho de los nómadas masái, expertos pastores con los que mantenía relaciones de genuino respeto mutuo.

Hugh, ávido historiador y botánico, es también un granjero nato, que protesta periódicamente del peligro del búfalo, que no se le permite sacrificar, por no mencionar a la cebra que devora el pasto y el agua que en su opinión pertenecen a su premiado ganado Boran.

El estilo de vida de los Delamere es modesto, con una rutina regular pero suave. Son generosos y hospitalarios: todos los amigos son bienvenidos, con independencia de su color, clase social o situación económica. Si te dejas caer por allí antes de comer, los encuentras en su patio trasero cubierto, que era abierto en tiempos de Diana. Es cómodo y sin pretensiones, con rechonchos labradores adornando las baldosas blancas y negras del suelo y un batallón de vociferantes estorninos, palomas y gorriones que se posan donde pueden y chillan pidiendo los picatostes de su almuerzo (de vez en cuando hacen una dramática pasada a baja altura). La casa original la construyó Boy Long, que trabajó para el 3.er barón Delamere entre 1912 y 1927. Ann me enseñó fotocopias de los diarios de Long: inicialmente, el 3.er barón («D» para sus amigos) vivía de un modo austero y minimalista en el extremo de la granja, en una cabaña de paja sobre el río Meroroni. Una vez que el canal trajo agua a aquella región seca fue posible construir almacenes, abrevaderos para el ganado, cuadras y caballerías, oficinas y la primera versión de la casa, que entonces ocupaba Long. Tobina Cole lo resume muy bien cuando dice con ironía que el 3.er barón «no vivía en una casa bonita en absoluto: no creía en las casas bonitas porque en ellas ¡pasas demasiado tiempo sentado!».

A lo largo de los años, varias personas fueron ampliando la casa original de Boy Long. Diana construyó el salón de la parte delantera, que tiene buenas vistas pero que raramente se usa hoy en día. Diana y Tom, el 4.º barón, siempre lo usaban antes de cenar, vistiéndose para la ocasión: él hacía de DJ y Diana, según Ann, «lucía montones de joyas».

La amiga de Diana, lady Patricia Fairweather, mandó construir el chalé para poder vivir lo más cerca posible de Diana, de quien supuestamente estaba enamorada (algunos dicen que tuvieron una aventura). Se quedó durante quince años. Según Ann, tanto Tom como Diana se sintieron sinceramente aliviados cuando se fue:

—Era una alcohólica y solía azuzar a su perro salchicha contra Tom —me informó Ann.

Dentro del chalé cuelga un retrato de Diana, obra de Joyce Butter. No es un cuadro particularmente agradable ni halagador. No es de extrañar, según Ann, porque «se odiaban». No importa dónde estés en el salón del chalé, esos gélidos ojos azules te siguen. Comprendo por qué fue desterrado a la casa de invitados.

Cerca del chalé, los antiguos establos de Diana, en su día uno de los primeros edificios de la granja, sirven ahora como dependencias, bastante básicas, del personal. Hay también una pequeña tienda que vende té, azúcar y cigarrillos y una clínica donde las mujeres se sientan pacientemente durante horas en un banco, acunando a bebés que lloran, o se tumban a la sombra polvorienta de un pimentero cercano hasta que la enfermera, que tiene que tomar decisiones que alarmarían a los médicos del primer mundo, puede atenderlas.

No conocí a Diana, pero acabé dándole un hogar a uno de sus viejos caballos de carreras, al que estaba cuidando su ahora canoso *syce* kukuyu, como se les llama a los chicos de cuadra en Kenia, una palabra importada de la India. James Muhia es mucho más viejo que el caballo y habla muy bien de Diana. Hugh se muestra menos elogioso con ella, pero es que era su madrastra. Diana siempre fue ambiciosa: tomó lecciones de elocución, dice Hugh, cuando era joven y estaba soltera y regentaba un bar llamado el Blue Goose.

—Le gustaba ser la única que hablaba —añade.

Le pregunté a Ann si se llevaba bien con Diana.

—Nunca fuimos lo que se dice íntimas —respondió—, pero, por supuesto, vivíamos a 15 kilómetros de distancia.

Pero ambos admiten que quería al padre de Hugh, Tom. Ann me mostró el panegírico de Humphrey Slade, leído en el funeral del 4.º barón en la catedral de All Saints, Nairobi, en 1979. Describe los últimos años de Tom como los más felices, en gran parte gracias a Diana, «que fue una esposa maravillosa para él».

Hugh y Ann tuvieron su propia cuota de preocupaciones legales. En 2006 se sacó a relucir el asesinato de Erroll, pero de forma oblicua: el inicio en Kenia del juicio por asesinato de su hijo, el Honorable Thomas Cholmondeley, encendió la imaginación de la prensa. A pesar de lo tenues que son los vínculos de los Delamere con Happy Valley, se desenterraron y adornaron alegremente historias escandalosas sobre los colonos blancos, ya que los periodistas extranjeros —al parecer indiferentes a la precisión— saltaron con gran imaginación del árido y polvoriento rancho Delamere actual en Rift Valley a los verdes pastos de Happy Valley, donde resultaba dolorosamente obvio que ninguno de esos corresponsales había puesto jamás los pies.

Lo más probable es que esto se debiera a la conexión con Diana: el hecho de que muriese como lady

Delamere fue suficiente para satisfacer a una prensa jadeante, a pesar del hecho de que ningún Delamere participó en ninguna orgía en Happy Valley. Durante aquellos años de decadencia, el 3.er barón estaba demasiado ocupado tratando de criar ganado, el 4.º barón estaba en Inglaterra y el 5.º barón, Hugh, era demasiado joven.

Mientras el nietastro de Diana permanecía esposado en el histórico edificio de altos techos y paneles de madera de la Corte Suprema de Nairobi, acusado de matar a un cazador furtivo kikuyu en su rancho de Rift Valley, el mundo observaba. Era un juicio de alto nivel, y se especulaba acerca de si aquel supuesto decano moderno de Happy Valley, padre de dos hijos, acabaría siendo ahorcado. Era una tortura para Hugh y Ann, que tenían que viajar frecuentemente a Nairobi, asistir al juicio y acumular facturas no deseadas en el Muthaiga Club, además de batallar con el tráfico de Nairobi en su viejo y poco fiable Mercedes. Diana se lo había regalado al padre de Delamere, al que llamaba Bear, Oso. Todavía hoy conserva el oso de plata de Diana en el capó.

Al final resultó que Cholmondeley no había matado a nadie. La mayoría de los testigos en el proceso concluyeron que ni siquiera había disparado la bala fatal que había matado al furtivo kikuyu. Mala suerte: llevaba más de tres años tras las rejas, en condiciones miserables, mientras el sistema de justicia keniano examinaba las pruebas (o la ausencia de ellas) a cámara superlenta (en tiempos de Diana, el «largo» juicio de su marido había terminado en unas pocas semanas). Hoy en día hay mucha gente en Kenia, blancos y negros, que creen que el largo y muchas veces absurdo juicio del hijo del 5.º barón, en el que se puso de manifiesto la incompetencia y corrupción policial, por no mencionar los incendiarios comentarios hechos desde el poder, fue un intento apenas disfrazado por parte de políticos kenianos para hacerse con sus tierras, en particular las más pequeñas pero más fértiles de la Granja Manera cerca de Naivasha, la mayoría de las cuales se han vendido para pagar las costas judiciales.

En una ocasión les pregunté a los Delamere si recordaban la tragedia del administrador de Happy Valley de Buxton, John McLoughlin, y su suicidio. Se acordaban, aunque no estaban tan seguros sobre la fecha: probablemente a mediados o finales de los años sesenta, pensaban, pero no lo veían a menudo, porque él vivía en el otro extremo de la granja, a unos 25 kilómetros, «y en aquellos tiempos no teníamos coches muy buenos». Ni carreteras, sospeché, porque casi me había quedado atrapada en el barro conduciendo mi Land Rover hasta su casa. Ante unas tazas de *lapsang souchong*, Hugh se quejó de la lluvia, que hacía imposible cortar el heno, por no mencionar a las cebras que rompían las cercas del ganado. Traté suavemente de llevarlo otra vez al pasado, pero siguió saliéndose por la tangente y se puso a hablar de sus días en Kinangop South, no muy lejos de Kipipiri y Happy Valley, cuando era funcionario superior de asentamientos durante los primeros tiempos del plan de las 500 000 hectáreas. Sonrió:

—Mil trescientas libras era lo máximo que un colono recibía del gobierno británico por una casa, ¡así que los que tenían casas pretenciosas salieron perdiendo!

El trabajo de Hugh fue una interesante conclusión al sueño de su abuelo de Kenia como un país con autogobierno de hombres blancos.

Mientras resonaba un trueno al fondo, amenazando más lluvia intensa, dirigí de nuevo la conversación hacia la muerte de John McLoughlin. Hugh dijo:

—Diana no era generosa con su dinero.

—Pobre John McLoughlin, tenía problemas económicos —admitió lady Delamere.[3]

Con la casa de McLoughlin a varias millas hacia el sur, detrás de las volcánicas colinas Eburru y la *kopje* rocosa en la que Galbraith Cole se quitó la vida a unas pocas millas al este, a través del lago, pensé en esos dos hombres mientras me dirigía a casa. Uno se sentía desesperadamente solo y en la ruina, el otro impedido por una cruel enfermedad. ¿Por qué, me pregunté, siempre se considera el suicidio una cobardía cuando cometer el acto ha de exigir un considerable valor, incluso ante desafíos en apariencia imposibles?

La biógrafa de Diana, Leda Farrant, cuyo libro *Diana, Lady Delamere and the Lord Erroll Murder* (*Diana, lady Delamere y el crimen de lord Erroll*) fue publicado póstumamente en 1997, tampoco ensalza a Diana, pero proporciona un interesante relato de su vida. Diana Caldwell nació en 1913 (el mismo año que lady Idina se casó con Euan Wallace y el Muthaiga Club abrió el día de Año Nuevo), de un padre diecisiete años mayor que su madre. Rubia, de ojos azules y una intrépida amazona desde muy joven, su padre adoraba a Diana. Una niñera la preparó para el internado, donde destacó más en los deportes que en los estudios, y su madre se quedó libre para disfrutar de su amante en un *menage à trois*. Con tal modelo a seguir, Diana no se aferró a su virginidad y a los dieciséis años se fue de crucero con su perro y dos hombres, uno de ellos su amante. Siguió disfrutando de una serie de amantes, muchos de ellos casados, hasta que se casó con Vernon Motion en 1937: estaba embarazada. Ambos

3 Sheila, la hija de John McLoughlin, me contó más adelante que en realidad su padre estaba en una buena situación económica. Se había quitado la vida porque se sentía solo.

acontecimientos fueron un fracaso: él no era rico, como Diana había imaginado, y ella abortó.

Uno de los muchos amantes de Diana durante su absurdo matrimonio fue el ya casado sir Jock Delves Broughton, dueño de la Hacienda Doddington en Cheshire. En los últimos años de la década de los treinta, Diana también conoció, y tuvo una aventura con él, a Hugh Dickinson, que la seguiría a Kenia, y a June Carberry, la cual, según Farrant, fue una de las amantes lésbicas de Diana.

Tras divorciarse de Motion, Diana se embarcó con Broughton rumbo a Ciudad del Cabo en 1941, difícilmente un crucero romántico en tiempos de guerra. Se casaron en Ciudad del Cabo. Farrant afirma que Diana podría haber entrado en la colonia de Kenia como soltera, pero, por supuesto, era más sugerente llegar con un título: el de lady Broughton. En palabras de Farrant: «Así como a los hombres les gusta montar a caballo, Diana adoraba el dinero, las joyas y los títulos». Diana siguió teniendo amantes, incluso en su luna de miel. Al llegar al Muthaiga Club, conoció a lord Erroll, de cuarenta y tres años, al que Farrant se refiere de forma errónea como «lord Josslyn Hay». Al parecer, estaba hasta arriba de deudas, pero era obviamente sexi, apuesto y tenía un título: una pareja de baile perfecta para la joven Diana. Así comenzaron sus visitas regulares al hotel Torr (propiedad de Ewart Grogan), conocido localmente como hotel Tart (furcia). Allí la gente veía a la pareja bailar tan pegada como si los hubieran untado de adhesivo, pidiendo canciones como «Vamos a enamorarnos»... El cotilleo local enseguida los etiquetó como amantes. Ajenos a las habladurías, la glamurosa pareja se iba al Claremont. El más conocido hotel New Stanley —no muy lejos de la estatua de bronce del 3.er barón Delamere— era demasiado «rancio» para unos jóvenes tan brillantes. Cada noche se prolongaba hasta altas horas de la madrugada, aunque, al parecer, Jock hacía la vista gorda. Después de todo, Diana solo tenía veinticinco años y él era lo bastante mayor para ser su padre, además de que tenían un curioso pacto matrimonial, por escrito, que le proporcionaba a Diana una buena excusa.

Todo era inevitable, quizá, pero condenado desde el principio, en opinión de Farrant: «Joss tenía un carácter demasiado parecido al de Diana. ¡Al encontrarse, uno u otro tenían que cambiar!». Afirma que Diana y Joss tuvieron una acalorada discusión a altas horas de la madrugada del 24 de enero de 1941, justo después de que él la llevase a su casa en Karen y poco antes de que le disparasen. Farrant no está segura de si la pelea se debió a que Joss le dijo a Diana que Phyllis Filmer estaba a punto de volver a Kenia o a que le dejó claro que no pensaba casarse con ella, con Diana; después de todo, él necesitaba que lo mantuvieran, como estaba acostumbrado, tal como habían hecho sus anteriores esposas, lady Idina y la condesa Mary. Se supone que esa discusión la oyeron el marido de Diana y June Carberry —ambos habían cenado con Diana y Joss en el Muthaiga—, y también la criada Wilks, desde arriba y en sus respectivas habitaciones. «Nadie abandonaba a Diana», escribe Farrant. «Era previsible que estuviera violenta e incontrolablemente furiosa».

La afición de Diana a disparar a cualquier hombre que tuviera el valor de decepcionarla se revelaría más adelante: tres de sus muchos amantes —Peter Leth, Ron Watts y Peter Kennedy— afirmaron que ella les disparó, uno de ellos cuando cometió la indiscreción de tener relaciones sexuales con otra mujer en la casa de Diana en la playa de Kilifi.

Farrant también cita al entonces director ejecutivo del periódico Nation, que un día se vio jugando al *bridge* con Diana en el Muthaiga Club y trató de disculparse por un artículo reciente del novato Stanley Bonnet, que había realizado una investigación «en profundidad» y llegado a sus propias conclusiones. Había incriminado a Diana como asesina en un artículo que se había colado en la edición dominical de *Nation* antes de que nadie pudiera impedirlo. Pero, al parecer, Diana había despachado al abochornado director con un despreocupado «Oh, todo el mundo sabe que lo hice». Esa confesión, concluye Farrant, era suficiente para acabar con todas las teorías anteriores.

Resultó difícil encontrar a alguien a quien le gustase Diana: la única mujer que le seguía siendo leal prefirió mantener el anonimato. Esta dama creía que era muy probable que el comentario de Diana fuese irónico, posiblemente un indicio de su deseo de que el tema se olvidase: «Publique lo que quiera», quiso decirle a su servil oponente en el *bridge*. «¡Ya he sido juzgada y encontrada culpable por el público!».

Una intrépida cazadora y amazona que también pilotaba avionetas y pescaba marlines ciertamente no era ninguna apocada. Pero ¿era de verdad capaz de matar a sangre fría?

La gente había chismorreado sin parar sobre Diana... de forma inevitable. Todos chasquearon la lengua cuando, menos de tres semanas después del crimen, se fue de safari con sir Jock y su antiguo amor, Hugh Dickinson, y mató a su primer león. Eso solo era otra prueba de que Diana había disparado a Erroll, dijeron.

Elizabeth Watkins, cuya madre ocupó el escaño de Erroll en la circunscripción de Kiambu después de su muerte, escribe en *Olga in Kenya: Repressing the Irrepressible* (*Olga en Kenia: reprimir lo irreprimible*) que ella y muchos otros sabían exactamente quién lo había matado. Diana, sostiene, había matado a su amante después de que él la rechazara: ella le había dicho que era libre para casarse con él, pero él no quería «terminar con una divorciada sin un penique y con gustos caros».

Incluso hoy, mucha gente aún cree que Diana mató a Erroll; después de todo, era fría y calculadora, solía llevar un arma y, tal como discurrió su vida, era muy obvio que no vacilaba en liarse a tiros con sus amantes descarriados. A mediados de 2010 me encontraba yo en una comida, precisamente en Soysambu, escuchando las teorías sobre el crimen de dos caballeros de mediana edad. «Fue Diana, sin ninguna duda», convinieron, y expusieron por turnos sus puntos de vista ante la variedad de platos de curri bien condimentados.

—Tuvo una pelea con él y lo mató antes siquiera de llegar a la casa. Luego condujo hasta casa y obligó a Broughton a llevarse el cuerpo.

—No estoy de acuerdo: era joven y estaba en forma. ¡Pudo volver a pie tranquilamente desde la escena del crimen!

Mientras trasegábamos más buen vino en el antiguo territorio de Diana, me di cuenta de pronto, con un escalofrío de inquietud, de que estábamos sentados en la misma galería en la que John McLoughlin se había pegado un tiro. Happy Valley, del que se sigue hablando casi un siglo después, parecía haber extendido sus siniestros tentáculos de muerte a dondequiera que volviese la vista.

—¿Usted quién cree que lo hizo? —me preguntó uno de los caballeros . ¡Usted ha leído todos los libros! —como si mi interés me confiriese una perspicacia especial.

Me eché a reír y dije que todas esas mujeres que competían ferozmente por Erroll debían haberse quedado con los labios tiesos, ya que nadie había dejado escapar quién lo había hecho.

Resultaba tentador imaginar a las mujeres de Erroll, los agentes del MI6, con el añadido de unos cuantos hombres contrariados, todos en fila junto a una oscura y solitaria carretera esperando para cometer el acto, al estilo de Agatha Christie. Previamente habrían sacado pajas para escoger al que apretase el gatillo y que no fuese mucho lío. Pero todos le habrían dicho a Erroll en el último momento: «Esta bala viene directamente de mi corazón».

La conversación pasó a la caza de pintadas.

Yo aún sonreía para mí misma, imaginando un ecléctico almuerzo de todos los escritores sobre Happy Valley y todos los descendientes vivos de los sospechosos del crimen. Habría incluso otro crimen... o solo acabarían intercambiando mujeres y maridos.

Seguramente haber pasado tantas horas en los juzgados durante los años del juicio de Tom Cholmondeley reavivó mi interés en el de sir Jock Delves Broughton. Este último también había atraído atención internacional, a pesar de asuntos más serios como una guerra mundial. Mientras nosotros solemos acudir a la capital vistiendo ropa de granja vieja y descolorida, Diana, desfilando con sus flamantes modelos y su sombrero negro con velo, llevaba diamantes. A muchos coetáneos eso les había parecido egocéntrico, incluso insensible, aunque tuvo la sensibilidad —o la aprensión— de abandonar la sala cuando la oreja de Erroll circuló de mano en mano como prueba dentro de un tarro de cristal.

Como Diana sobrevivió a todo el resto de admiradoras de Erroll, la opinión popular era que lo revelaría todo antes de morir. Pero cuando murió a la edad de setenta y cuatro años en 1987, el *Daily Telegraph* tituló su artículo del lunes 7 de septiembre: «Mujer fatal se lleva a la tumba el secreto de un crimen en Kenia». De hecho, así fue... si es que alguna vez lo supo.

29
MUCHOS MOTIVOS PARA MATAR

El asesinato de Joss había vuelto a apoderarse de mí. Una noche incluso soñé que estaba allí contemplando todo lo que ocurría en ese cruce de carretera de Karen, pero no podía ver gran cosa debido a la niebla matinal. Aun así, los disparos en mi imaginación fueron tan fuertes que desperté sobresaltada y con el corazón acelerado. Ya totalmente despierta, cogí una linterna y el último libro que había encontrado sobre el asunto. Había más sospechosos de los que yo pensaba.

En un volumen de 1961 de su serie *Crime Documentaries* (*Documentales sobre el crimen*), *El asesinato de lord Erroll*, Rupert Furneaux ofrece un relato completo del asesinato y sus consecuencias. Señala que la defensa no necesitaba probar la inocencia de Broughton, solo hacer que el caso de la Corona fracasara. El destacado abogado Harry Morris, venido desde Sudáfrica, comenzó sembrando dudas y terminó tan seguro de haber destruido el caso que ni siquiera se quedó para el veredicto. Morris se concentró en la historia de la vida de Broughton, puso el énfasis en sus achaques y minusvalías para demostrar que era improbable que hubiera trepado por tuberías, saltado a los estribos de un coche en marcha y luego regresado a través de una espesura infestada de leones a altas horas de la noche. Morris también mencionó las posibles relaciones fascistas de Erroll, al igual que a otras personas que podían odiar al difunto conde. El propio Broughton, cuando le dijeron que el amante de su mujer había muerto al estrellarse con su coche, expresó sus dudas de que hubiera sido un accidente.

Aunque la investigación policial del escenario y del propio coche fue deficiente, se comentaron mucho unas marcas blancas de arañazos en el asiento trasero del Buick alquilado, así como el olor a Chanel N.° 5, las colillas de cigarrillo y las eslingas «arrancadas» en la parte trasera del coche, que resultó que estaban desatornilladas. Luego se discutió ampliamente sobre dos revólveres que Broughton había denunciado como desaparecidos y los cartuchos encontrados en el campo de tiro de su amigo Jack Soames en Nanyuki. Los ejemplos del «comportamiento sospechoso» de Broughton incluyeron que a la mañana siguiente del crimen hubiera encendido la chimenea y quemado, entre otras cosas, un par de zapatos blancos que parecían nuevos.

Los testigos de la Corona incluyeron a Gladys Delamere, que supuestamente había hablado con Joss sobre su relación con Diana y que aseguró al tribunal que «temía por las tres partes implicadas». Otros fueron Soames y June Carberry (cuyos testimonios se contradecían entre sí); los «chicos» de Erroll Musa y Waweru; el amigo de Broughton Hugh Dickinson; Lezard, uno de los jugadores del «orificio en la sábana» de Happy Valley; y varios «expertos» en balística. Morris, sin embargo, era muy versado en balística, especialmente en lo relativo a pólvora, muescas y direcciones de giro. Al final consiguió que el «experto» de la Corona, el ayudante del superintendente Harwich, aceptara que la bala que mató a Erroll no había sido disparada con las armas robadas a Broughton. La supuesta arma del crimen de Broughton, si existió, tuvo que ser un calibre 32 sin licencia, probablemente un Smith & Wesson, desaparecida por completo. También hizo que Fox, un químico del gobierno, declarase, tras un largo interrogatorio en el estrado de los testigos, que las balas del crimen no procedían del mismo arma que las halladas en la granja de Soames.

June Carberry, que había cenado con Diana, Jock y Joss esa noche, había presenciado un extraño brindis con champán. En la «última cena» de Erroll, Jock les deseó a su esposa y a su amante «toda la felicidad» y un heredero, antes de que se fueran a bailar; a él lo dejaron pasando la velada con «Junie», como él la llamaba. «Junie» acompañó a Jock a casa y tuvo que ayudarlo a subir las escaleras porque estaba borracho... o eso decía ella: June también era muy bebedora. Si hay que creerla, salieron del Muthaiga Club a la 1:30 a. m. (ella consultó su reloj) y llegaron a casa a las 2:00 a. m. Broughton fue a verla (en bata) para comprobar su supuesta malaria hacia las 2:10 a. m., y al poco tiempo June oyó un coche. Aseguró que Diana había hablado (o posiblemente discutido) con Joss durante diez minutos y luego, al poco rato, Diana fue a su habitación —hacia las 2:40 a. m., estimó June— y se quedó media hora. Broughton volvió a la habitación de June —para comprobar que estaba bien— alrededor de las 3:30 a. m., aunque él afirmó no recordarlo. El fiscal de la Corona se concentró en la segunda visita de Broughton a June como un intento culpable de probar su presencia en la casa. En algún momento antes, durante o después de esas horas, en algún punto entre la casa Broughton y la zanja de grava, alguien disparó a Erroll en la cabeza. Y todas las pruebas dependen de la honestidad de las únicas personas que estaban en la casa Broughton esa noche: sir Jock y June y las dos que nunca fueron llamadas como testigos, Diana y la sirvienta llamada Wilks.

Que el propio acusado testifique resulta bastante arriesgado, como se demuestra en muchos casos, pero Broughton lo hizo. Tras su interrogatorio, contrainterrogatorio y nuevo interrogatorio, Furneaux afirma que «Broughton aprobó el examen con nota. Había demostrado ser un excelente testigo y había respondido a las 1500 preguntas de la Corona con aparente candor y sinceridad. En ningún momento se puso nervioso».

Solo hubo siete testigos de la defensa y, en su resumen de conclusiones, Morris afirmó su convicción de que había habido de dos a tres personas involucradas en el crimen. Pero fue su exposición de los errores de balística en el caso de la Corona lo que convenció a los nueve hombres del jurado de emitir un veredicto de inocencia. Furneaux también concluye que Broughton no era, desde luego, un asesino: «Puede que actuase con precipitación, de forma inexcusable, pero si mató para proteger su matrimonio, lo hizo bajo una grave provocación».

Entre tanto, la vida de sir Jock —lo que quedaba de ella— y su reputación habían quedado hechas pedazos a pesar de su absolución. Murió al año siguiente, seis meses después de que Diana lo abandonase, en el hotel Adelphi de Liverpool, supuestamente suicidado: un acto que algunos interpretaron como una admisión de culpabilidad.

Por diversas razones, muchos escritores han pensado que, a pesar del veredicto, sir Jock era de hecho culpable. James Fox, en *Pasiones en Kenia*, implicó a Broughton como asesino de Erroll. Su coinvestigador, Cyril Connolly, entrevistó más adelante a la hijastra de June Carberry, Juanita, y tituló sus notas «El fin del juicio». Fox siguió ese hilo después de la muerte de Connolly en 1974: Juanita afirmó que Broughton había llegado a confesarle su culpa cuando llegó a la granja de sus padres en Nyeri al día siguiente del crimen. Al parecer, incluso le contó que había arrojado el arma a las cascadas de Thika Falls por el camino. Con solo quince años entonces, a Juanita siempre le había gustado Broughton, y dijo que era amable con ella. Lo sentía por aquel viejo solitario, así que guardó el secreto.

Sesenta y un años después del crimen, el número 579 de *Weekly Telegraph* incluyó un artículo de Neil Tweedie, «Solucionado: el misterio del arma de *Pasiones en Kenia*», en el que se apoya de nuevo la teoría de Broughton. El autor afirmaba haber tenido un momento de inspiración mientras hablaba con un tal Roger Beazley, que había descubierto la «verdad» a través de June Carberry. Según el artículo, Broughton había arrojado el arma del crimen (la ausencia del cual saboteaba el caso) a un estanque poco profundo en Thika Falls.[4] Era el lugar obvio para detenerse y deshacerse rápidamente del arma, porque estaba de camino a la casa de Carberry en Nyeri. June, al descubrirlo, dio instrucciones a sus sirvientes de que lo recuperasen. El arma acabó escondida en el tejado de un taller en el hotel Eden Rock, propiedad de los Carberry, en Malindi. En los años cincuenta, la prima de Beazley y su marido adquirieron el taller y encontraron el arma. Cuando la llevaron al piso de June, esta se puso blanca como un fantasma y salió a toda prisa al mar en un bote y arrojó la problemática «prueba» por el arrecife.

El *Weekly Telegraph* volvió a abordar el asunto del arma en mayo de 2007. «Revelado: El asesino de *Pasiones de Kenia*», de Judith Woods, contaba que Christine Nicholls, autora de la biografía de Elspeth Huxley, recibió de Mary Edwards, esposa de un ex alto comisionado adjunto en Kenia, una cinta grabada y declaraciones de testigos. La cinta la había grabado Dan Trench, cuyos padres habían sido socios en los negocios de la familia Carberry. June Carberry, afirmaba Dan, había contado a su familia «la verdad», pero él no quiso repetir la historia hasta que fue muy viejo y estuvo delicado; ni tampoco quería que se hiciera pública hasta después de su muerte. Era la misma vieja historia del arma: el sirviente de June que se sumerge en la cascada de Thika Falls para recuperar el arma y el bote

4 Errol Trzebinski señaló más tarde que el estanque en Thika Falls era extremadamente profundo y que la Policía estaba siguiendo a Broughton para asegurarse de que el arma (una pista falsa) fuera arrojada donde no pudiera encontrarse.

llevándola al mar muchos años después, siendo esta vez John Carberry el que se deshacía de ella.

El escritor de crímenes Benjamin Bennett —que en *Still Unsolved - Who Shot the Earl of Erroll* (*Todavía es un misterio: ¿Quién disparó al conde de Erroll?*) llama de forma incorrecta «Josh» al difunto conde— reconstruye conversaciones dentro y fuera del tribunal, y concluye que Broughton cometió el crimen con un revólver Smith & Wesson que nadie sabía que poseía y del que se deshizo rápidamente. Descarta cualquier sugerencia de conspiración política; cree que los coqueteos del conde con Mosley y la Unión de Fascistas Británicos fue «una fase pasajera» durante sus impresionables días de juventud y que su asesinato fue de hecho un crimen pasional. Señala que, cuando el abogado defensor Morris mencionó que Erroll pudo haber sido víctima de un complot fascista, el fiscal general rechazó la idea del crimen político como «absurda». Y concluye: «En un relato de misterio sir Delves Broughton habría conseguido una fórmula única para el asesinato».

Alf Smith, inspector ayudante de la Policía en el momento del crimen, reconstruyó en *White Roots in Africa* (*Raíces blancas en África*, 1997) los acontecimientos de la mañana del 24 de enero de 1941, incluido su interrogatorio al vigilante nocturno en kiswahili. Este afirmó haber visto a Broughton introducirse en la parte trasera del coche de Erroll y luego volver a pie. Smith lo anotó todo, pero dice que como el inspector Poppy, que estaba a cargo del caso, no hablaba kiswahili el vigilante no le dijo nada.

Algunos han argumentado que Broughton contrató a un tirador somalí para llevar a cabo el crimen, una idea difundida por Colin Imray en el capítulo titulado «El crimen del siglo» de su *Policeman in Africa* (*Policía en África*, 1995). Imray, que llegó a Kenia en 1948, confiesa haber leído *Pasiones en Kenia*, pero que nunca pidió ver los archivos policiales sobre el caso. Tras haber hablado con el inspector Poppy, «un hombre del CID muy capaz con una mente excelente», señala que Poppy nunca tuvo dudas de que Broughton fuera culpable. Las pruebas se echaron a perder por «una serie de errores absurdos», pero Imray sostiene que Broughton era un buen actor y tenía un móvil muy fuerte. Plantea su propia «hipótesis especulativa», debido a la ausencia de una adecuada investigación y «a la luz de un juicio muy inadecuado», de que fue el «chico» somalí de Broughton, Abdul, quien apretó el gatillo; entrenado en el campo de tiro de la granja de Jack Soames en Nanyuki (donde usó cartuchos que luego fueron encontrados y utilizados en el juicio), a Abdul se le pagó luego para desaparecer. Años después, afirma el escritor, se encontró un revólver corroído en los arbustos cerca del cruce.

Mucha gente en los años cuarenta —y desde entonces— ha estado de acuerdo en que no había manera de que el «pobre y viejo Jock», que estaba bajo de forma y cojeaba, pudiera haberse escondido en el coche de Erroll y cometer el crimen, además, si hemos de creer a June, estando muy borracho. ¿Y cómo habría vuelto a pie, tal como sufría de ceguera nocturna?

La teoría sobre Broughton también aflora en la autobiografía de Juanita Carberry, por otra parte poco interesante, *Child of Happy Valley*. Su inspiración literaria proviene de una infancia desdichada en Nyeri. La madre de Juanita, June, la descuidó, y su padre, John, abusó de ella, con el telón de fondo de las fiestas etílicas del grupo de Happy Valley. Tras verlos a todos de jolgorio, Juanita escribió: «Se comportaban como si los africanos y yo fuésemos invisibles», y más adelante critica el exhibicionismo de los blancos ante aquellos para los que el placer sexual de las mujeres (a las que tradicionalmente circuncidaban) era una idea ajena. «¿Qué pensaban los africanos del modo en que se comportaba aquella gente, supuestamente sus amos?», se pregunta Carberry. «No puedo imaginar que conservaran el más mínimo respeto por los europeos».

En 1980 se lo «confesó» todo a Fox en su casa de Mombasa con vistas a la bahía, donde aquellos primeros colonos blancos contemplaron las exóticas costas de Kenia mientras navegaban hacia su nueva patria, y se quitó de encima la carga de un secreto que había llevado con ella mucho tiempo.

Tatler publicó un artículo, «Testigo silencioso», de David Jenkins, poco después de que Paul Spicer hubiera etiquetado a Alice como la asesina. El periodista entrevistó a Juanita, que por entonces vivía en Londres, la cual le dijo que la teoría de Spicer era «una mierda». Según Juanita, su madrastra era una borracha que una vez intentó abusar sexualmente de ella, mientras que su «padre» (y es cuestionable que lo fuera en realidad) se deleitaba en una crueldad mental extrema, restringiendo sus despiadadas torturas a las mascotas de Juanita. Juanita tuvo un amante a los quince años, se quedó embarazada a los dieciséis (y abortó) y, aunque se casó dos veces, nunca quiso tener hijos. Tras diecisiete años como marina mercante, la tatuada y anciana Juanita siguió manteniendo con firmeza que Broughton mató a Erroll. También afirmó que cuando la policía fue a interrogar a Idina, esta no llevaba nada puesto, excepto sus zapatos de tacón, mientras empuñaba un cigarrillo con boquilla. Si es verdad, quizá Idina estuviera burlándose de su notoriamente torpe investigación. Quizá sospechaba que había más en aquella historia que un marido agraviado o una riña de amantes...

En el artículo, Juanita se muestra de algún modo extraña: le habla a Jenkins de su contrato para hacer que plastinen o preserven su cuerpo. Incluso si esto no la retrata como alguien que busca atención, rayando en el exhibicionismo, yo pondría en duda la honestidad de cualquier niña adolescente, especialmente una que ha sido sometida a un trato cruel (o algo peor) y que, con toda probabilidad, está más desequilibrada que la adolescente promedio. ¿No estaría pidiendo atención a gritos, no lo haría posiblemente toda su vida?

Otras personas tenían (y aún tienen) sus propias teorías: la lista de Erroll de conquistas femeninas desdeñadas y maridos furiosos era lo bastante amplia para invitar a especular sin freno. Supuestamente, June Carberry también estaba teniendo una aventura con Erroll —antes de que Diana llegara a la escena—, así que algunos podrían señalarla. Después de todo, en un ataque de lo que posiblemente fuera una furia infernal por haber sido rechazada, destrozó todos los discos del gramófono que él le había regalado.

Hubo susurros incriminatorios acerca de John Carberry: el que tiene un carácter vil puede ser capaz de matar. En aquel momento se encontraba en Sudáfrica, pero circulaban historias sobre sus celos por la «aventura» de su esposa con Erroll. Bubbles Delap recuerda a Carberry como «muy apuesto, bien conservado». Fue amable con ella, explicó: una vez se quedó en su hotel Eden Rock durante un mes y fue de pesca con él todos los días, pero entonces la mayoría de los hombres se habrían mostrado amables con una joven bonita. Inicialmente lord Carberry abandonó el título y se cambió el nombre y la ortografía de forma unilateral a John Evans Carberry. Se divorció de su primera esposa; la segunda, Maia, madre de Juanita, murió pilotando su propio avión. La tercera fue June, que debe su fama, además de al hecho de ser una madrastra malvada, a haber sido testigo clave en el juicio por el asesinato de Erroll. Su granja en Nyeri, irónicamente, se llamaba Seremai, «lugar de muerte».

El rumor popular decía que fue Carberry el que contrató al tirador somalí.

Pocas personas con las que he hablado creen que Alice de Trafford fuese la asesina de Erroll, incluso después de que en 2010 llegara al mercado The Temptress, de Paul Spicer, en el que se afirma con énfasis que fue ella quien lo mató. No tuvo que testificar ante el tribunal, dice Spicer, gracias a Dickie Pembroke, su compañero de cama la noche del crimen, que respondió por ella. Pero es realmente asombroso que las autoridades creyeran a alguno de ellos.

Luego estaba Gladys Delamere, segunda esposa del 3.er barón. La primera esposa de Delamere, Florence, había muerto a los treinta y seis años, y él no volvió a casarse hasta mucho después, en 1928. Era treinta años mayor que Gladys y cuatro años después de su matrimonio murió. En 1938 ella se convirtió en alcaldesa de Nairobi, y se supone que luego se convirtió en otro corazón herido por el canalla de lord Erroll. Elspeth Huxley señala en *Out in the Midday Sun* que a Gladys sus contemporáneos la pintaron a veces bajo una luz desfavorable «como una mujer mandona, maliciosa y emocionalmente desequilibrada, siempre de juerga en el Muthaiga Club con los de Happy Valley, y tan posesiva en su amor con lord Erroll que fue incluso sospechosa de haberle disparado». Sin embargo, Huxley añade que, aunque bien pudo ser una de las aventuras ocasionales de Erroll, duda que su implicación fuera tan dramática: «Cuando la conocí, aunque es cierto que a menudo iba de juerga al Muthaiga Club, Happy Valley no era su escenario». A Gladys, anteriormente lady Markham, la retrata con más amabilidad Leda Farrant en *Diana, Lady Delamere and the Murder of Lord Erroll* (1997), que explica cómo cuidó de forma desinteresada a Delamere en sus años crepusculares. Al parecer, era muy popular, y durante la guerra siempre recibía invitados de todas las graduaciones en su casa de Loresho, a diferencia de muchas otras familias bastante snobs.

Algunos otros, como el abogado de Broughton, Morris, sugirieron la posibilidad de un asesinato político. Los puntos de vista políticos de Joss son más comprensibles si se examinan a la luz de su contexto histórico: muchos otros personajes eminentes se adhirieron a la Unión Británica de Fascistas en un primer momento, al verla como un medio para mantener a raya al comunismo y «salvar» a Gran Bretaña. Es posible que Joss se viera involucrado en un plan para conseguir una paz negociada con Alemania, de acuerdo con la política de la Unión. Algunos miembros se alejaron más tarde del fascismo, pero las simpatías nazis de Eduardo, duque de Windsor, se convirtieron en un asunto bochornoso tras su abdicación y matrimonio con la dos veces divorciada y adultera en serie Wallis Simpson, una de cuyas conquistas había sido el embajador alemán en Gran Bretaña. Churchill, con mucho tacto, envió a Eduardo de gobernador a las Bahamas. En 2000, la biografía de Erroll de Errol Trzebinski, *The Life and Death of Lord Erroll*, fue la primera en ocuparse de la teoría del asesinato político con verdadera profundidad. Los antecedentes de Joss y su temprana vinculación con el Foreign Office habían puesto los cimientos para su futura carrera política. A eso hay que añadir su amistad con Oswald Mosley, que se remontaba a los años veinte, y vínculos con el duque de Windsor. En el momento de su asesinato, Joss tenía treinta y nueve años de edad, era ambicioso, con mucho talento a la hora de pronunciar discursos e influir en las opiniones de los demás, y poseía una mente y una memoria increíbles. También era querido y respetado por muchos colonos prominentes. En el contexto de la Gran Bretaña en guerra, sus inclinaciones políticas y conocimientos hacían de él un peligro para el gobierno británico.

Desde el principio, fueron varias las coincidencias y pistas que inspiraron la investigación de Trzebinski con el objetivo de limpiar el nombre del conde y revelar la verdadera historia. Su buen amigo Edward Rodwell, periodista afincado en Mombasa, había recibido varias llamadas anónimas a altas horas contándole que cierto documental de la BBC de 1987, *El valle feliz*, el libro de Fox *Pasiones en Kenia* y un artículo reciente escrito por el propio Rodwell estaban todos equivocados: Erroll había sido un nazi en toda regla y una amenaza para el gobierno británico, y, según el informante anónimo, el verdadero asesino había huido del país. Entre tanto, Trzebinski había recibido un documento de 25 000 palabras, conocido como los «Papeles de Sallyport», compilado por el antiguo oficial de inteligencia Tony Trafford, en el que se revelaba que el asesinato de Erroll había sido un crimen político. La historia se la había contado a Trafford un comandante naval retirado que dijo llamarse Edmund y que había servido en inteligencia a principios de los años cuarenta. «Edmund», diagnosticado como enfermo terminal a finales de los ochenta, estaba consternado por las historias inventadas alrededor de la muerte de Erroll. Así que le abrió su corazón a Trafford, que decidió hacerlo público.

Utilizando el citado documento, Trzebinski detalla la historia del asesinato de Joss. La «operación Highland Clearance» (limpieza de tierras altas) involucraba a dos agentes, uno de ellos una mujer rubia de Sudáfrica, lo bastante atractiva para seducir a Erroll y, a través de sus conversaciones de alcoba, mantenerse al tanto de sus movimientos. «Susan Melanie» (sin duda un nombre falso) y su colega, «James Gregory», recibían instrucciones del Ejecutivo de Operaciones Especiales (SOE) de Gran Bretaña, una organización de guerra con agentes en todo el mundo. Siguiendo instrucciones desde El Cairo y

Nairobi, la agente femenina fingió haber tenido una avería en la carretera por la que ya sabía que Erroll iba a pasar a esa hora solitaria. Cuando él se detuvo para ayudarla, el resto fue fácil. Mucha gente, señala Trzebinski, pensó que el asesino era una mujer, y al MI6 no le resultó difícil manipular con astucia todo el episodio hasta hacerlo parecer un crimen pasional.

El tratamiento policial de las pruebas, tras un asesinato de alto secreto cuidadosamente organizado, fue demasiado pobre para ser accidental. Incluso el desconcertante comportamiento de Broughton puede explicarse, pensaba Trzebinski, ya que es posible que él también estuviese involucrado en el asunto; y, por supuesto, muy pocos documentos que tuvieran que ver con Erroll sobrevivieron. Los archivos de El Cairo del SOE fueron quemados en 1945. Hubo otras eliminaciones, incluida la propia «Susan Melanie».

Joss no era muy popular entre ciertos miembros de la comunidad italiana, según la difunta Cynthia Salvadori, que en 2008 escribió en la revista *Old Africa* un artículo, «Anti-fascistas en el Ecuador», sobre sus padres. Cuando Erroll se dedicaba a «pronunciar discursos por la colonia» para «conseguir apoyos para la causa de la Unión», los padres de Salvadori asistieron a un mitin en el Njoro Club a finales de 1934. Su madre le escribió después a Cynthia: «Creo que te dije que íbamos a ir a una conferencia sobre "fascismo británico". El noble conde de Erroll pronunció un discurso muy malo, no contestó realmente a ninguna pregunta e hizo comentarios personales de muy mal gusto: un pequeño patán gordo y vulgar». Salvadori concluye que es probable que el asesinato de Joss fuera «un crimen político, diseñado por el gobierno colonial contra alguien que era un bochorno extremo». Nellie Grant también escribió a su hija, Elspeth Huxley, sobre la sesión en el Njoro Club: «Había allí 198 personas, nada menos, y muy buen ambiente»; y luego añadió: «Cada vez que Joss decía que el fascismo británico representa la plena libertad, podías oír a la condesa Mary al otro extremo de la sala diciendo que en cinco años Joss sería el dictador de Kenia».

Como corroboración adicional de la opinión de Trzebinski de que el asesinato de Erroll no fue un crimen pasional, *Old Africa* publicó un artículo en agosto de 2012: «Lord Erroll fue asesinado por agentes del MI6». El autor, Palle Rune, había conocido al radioaficionado Ray Cuthbert en 1974. Este, que estaba ciego, había servido en inteligencia militar en Kenia durante la guerra, pero no hablaba del asunto del asesinato de Erroll, ni siquiera tomando copas. Casi veinte años después, Cuthbert, ahora delicado de salud y en el Reino Unido, deseaba hablar con Rune, con el que había perdido contacto. Se encontraron y Cuthbert explicó que había pasado suficiente tiempo para relevarlo de su juramento bajo la Ley de Secretos Oficiales. «Quiero contarle lo que ocurrió en Karen la noche del asesinato de lord Erroll y por qué», dijo al parecer, y siguió explicando que Erroll, como tesorero mayor de las fuerzas británicas en Kenia, tenía conocimiento de los planes inminentes en la Somalia italiana. Su amistad con Mosley hacía que esto resultase peligroso en circunstancias de guerra. Cuthbert confirmó que se empleó un operativo de un hombre y una mujer, aunque no conocía los detalles de lo que realmente sucedió.

La historia de Cuthbert, tal como la contó Rune, fue bien recibida por Trzebinski, que la continúa en el mismo número con su artículo «La última palabra». Comienza por señalar que el sábado del asesinato de Erroll, este «iba a pasar revista al Ejércidto Territorial del Regimiento Africano del Rey en el hipódromo de Eldoret». Eso no sucedió, y el comandante en jefe, el coronel Barkas, un contacto militar encubierto del SOE, ordenó a las tropas que volvieran a sus barracones porque el conde había sufrido un accidente de coche. Trzebinski pasa a detallar el asesinato cuidadosamente planeado: todos los lugares relevantes de Nairobi estaban llenos esa noche de agentes de inteligencia. Trzebinski también menciona que, antes de zarpar con Diana, Broughton había ido a la Oficina de Guerra en Inglaterra para preguntar cómo podía ayudar. Se insinúa que Broughton estaba de alguna manera involucrado en la operación Highland Clearance. Y así fue su chófer somalí quien abordó a Joss en la puerta y le pidió que le llevase a Nairobi, porque tenía el día siguiente libre: «Este hombre, un excelente tirador, se había hecho pasar por chófer de Broughton durante apenas seis semanas. De hecho, había sido seleccionado cuidadosamente, y su presencia era fundamental por si la agente femenina fracasaba de algún modo».

Joss era una amenaza, «alguien imprevisible», como afirma Trzebinski. Sus conexiones con Mosley y el duque de Windsor hacían que su alta posición resultase peligrosa. Tanganica había sido alemana durante la última guerra, mientras que Mussolini estaba en la vecina Abisinia. Concluye: «El asunto puede ser antiguo, pero justifica una nueva mirada al pasado». Trzebinski sugiere incluso que quizá Cyril Connolly fue designado para exponer la teoría Broughton, y el resultado fue *Pasiones en Kenia*. Las cartas no paraban de incendiar las páginas de *Old Africa*, entre los lectores que apoyaban la teoría Broughton y los que estaban de acuerdo con Trzebinski. Otras revistas kenianas siguieron con más historias: parecía que el asunto no se agotaría jamás. Como lo expresó Nicholas Best en 1979 en su entretenido libro (aunque de título engañoso) *Happy Valley: The Story of the British in Kenya* (*Happy Valley: la historia de los británicos en Kenia*), «Todo el mundo en Kenia sabe exactamente quién lo hizo: el único problema es que el sospechoso de cada uno nunca es el mismo».

Un detalle desconcertante que se desprende de varios libros es que Walter Harragin, fiscal general y también fiscal principal en el juicio, prestó poca atención al curioso caso de Hugh Dickinson, un muy querido amigo y ferviente admirador de Diana. «Hughsie Daisie» (Margarita Hughie), como Diana lo llamaba, fue supuestamente admitido en su cama, aunque de forma ocasional, desde principios de los años treinta. Oficial de los Royal Signals (al igual que el agente masculino de la operación Highland Clearance que describe Trzebinski, lo que resulta interesante), Dickinson se aseguró un destino en Kenia para coincidir con la llegada de los recién casados Broughton; esto sorprendió a su familia, porque no era lo mejor para su carrera. Se encontró con el matrimonio en Mombasa y fue depositario del acuerdo matrimonial entre Broughton y Diana, el cual establecía que ella recibiría 5000 libras al año durante siete años si el matrimonio quedaba anulado al conocer ella a un hombre más joven. Dickinson se mudó a la casa de invitados de los Broughton en Karen, que usaba como segunda vivienda cuando estaba en Nairobi... en la práctica todos los fines de semana.

Ante el tribunal, Dickinson mintió; dijo que estaba en la costa con un dedo del pie infectado en el momento del crimen. En realidad, resultó que lo habían enviado a Nairobi a recuperarse de esa herida: el clima húmedo de la costa de Kenia no es favorable a que las heridas se curen de forma rápida y limpia. Que el tribunal no se percatara de esta mentira es desconcertante, sobre todo porque Dickinson no era un testigo fiable, tras haber estado previamente involucrado con los Broughton en dos fraudes del seguro en Inglaterra —pinturas y perlas— maquinados por el propio sir Jock.

Connolly y Fox entrevistaron a Dickinson en el Savoy de Londres en 1969. Describió a Diana como «maravillosa» y a Jock como «taimado» y «con dos caras», pero físicamente incapaz de cometer el crimen. A Connolly y a Fox también les mintió, diciendo que estaba en Nyali en el hospital después de que la espina de un cactus le hubiera envenenado el pie. Pero Fox conocía el «desliz» de Dickinson en el estrado de los testigos. Dickinson le había dicho a Harrigan que él estaba en el hospital (en la costa) desde más o menos el 17 de enero y durante un mes, pero luego le dijo a Morris que la última vez que había visto a Jock y a Diana, pensaba él, fue el último día de enero... cuando ellos, definitivamente, no estaban en la costa.

Fox escribe en *Pasiones en Kenia*: «Dickinson parecía nervioso cuando se mencionaba el crimen». Sin embargo, esa Navidad se había dado importancia con aquello, según el informante de Fox. Afirmó ante todo el mundo que sabía quién lo había hecho pero que había jurado guardar absoluto secreto. «No lo había hecho él, dijo, ni lo había hecho Broughton, aunque Broughton, dijo, lo había planeado». Afirmó que le habían ofrecido 25 000 libras por la historia, y que las había rechazado.

Pero, si Dickinson podía mentir tan fácilmente ante un tribunal, ¿por qué habría que creer nada de lo que dijera?

A finales de 2011 visité a mi viejo amigo, el muy admirado historiador del África Oriental Monty Brown, que por desgracia murió unos meses después. Era octogenario, probablemente la última persona viva que había asistido al funeral de lord Baden-Powell. Monty siempre había estado fascinado por el caso Erroll y fue lo bastante amable para enseñarme sus archivos, mientras me decía que lo más seguro era que él ya no pudiera hacer gran cosa con ellos. Su estudio en el ático, con vistas a un tramo tranquilo del río Nanyuki, era un archivo en sí mismo. Las paredes eran una pulcra exposición del material más intrigante:

fotografías de Monty con un año de edad ante un león abatido y con dos años y medio en el Kilimanjaro, a 5000 metros de altura. Había incluso una lista de los miembros que asistieron al encuentro inaugural de la Real Sociedad Geográfica el 25 de marzo de 1909, y de la cual Monty había obtenido las fotografías de todos los presentes.

Monty se sentó ante el antiguo escritorio de su padre en un desgastado asiento de cuero de los Ferrocarriles de Uganda, que el propio Monty había rescatado en la vieja estación de Maktau. Me mostró una copia de unas memorias inéditas del difunto escritor e historiador Arthur Wolseley-Lewis, el cual señala que la noche del asesinato de Erroll Hugh Dickinson se había alojado a la vuelta de la esquina de la casa de los Broughton, con la tía de Wolseley-Lewis, Molly Parker. Esta confirmaba que Dickinson había vuelto esa noche a altas horas de la madrugada.

—Entonces ¿por qué demonios se quedaba allí si tenía la casa de invitados en la finca de Broughton? —preguntó Monty—. ¡Porque se supone que oficialmente no estaba en Karen!

Wolseley-Lewis cree que el Servicio Secreto de Inteligencia británico (también conocido como MI6 y que se centraba en amenazas foráneas) reclutó a los Broughton y a Dickinson; Erroll, un conocido fascista en la época en que los británicos estaban atacando a los italianos en Abisinia, era también secretario militar adjunto del Cuartel General de África Oriental, y por tanto «representaba un gran riesgo de seguridad». El propio Dickinson apretó el gatillo, llevó el cuerpo de Erroll hasta la zanja de grava y luego regresó a pie. El barro de sus zapatos no pasó desapercibido para la criada de Molly Parker, que tuvo que limpiarlos. Wolseley-Lewis cree que Diana, aunque estuviera en nómina, probablemente no sabía que Joss iba a ser asesinado y se había enamorado en serio de él, lo que, por supuesto, despertó algunos celos por parte de Broughton y de Dickinson. El crimen fue realmente la eliminación encubierta de un hombre popular que había hecho mucho por la colonia. Así, Wolseley-Lewis cree que se dio mucha importancia a la fama de *playboy* de Joss y todas sus aventuras y que «se esparcieron por el camino muchas "pistas falsas" de forma intencionada».

Llegamos tarde a más de una comida preparada deliciosamente por su esposa, Barbara, mientras Monty Brown explicaba con detalle su propia teoría sobre el caso Erroll. Tras examinar a fondo las armas relevantes y la balística, así como visitar la casa Brouhgton y la zanja de grava para hacer cálculos minuciosos, se mostró de acuerdo con Wolseley-Lewis en que era muy probable que Jock y Diana fueran reclutados por el MI6 junto con Dickinson: eran unos bandidos en todo caso, así que resultaban ideales para la misión: cazar a Erroll. Monty me proporcionó otra perspectiva sobre el informante de Errol Trzebinski, Tony Trafford: lo habrían asignado a la inteligencia británica en 1940 (su padre también había estado en el Servicio de Inteligencia), donde se le habría ordenado cumplir la Ley de Secretos Oficiales. Monty también discrepaba con otros detalles de Trafford. Explicó que los «Papeles de Sallyport» eran incorrectos en materia de balística. Susan Melanie, que Monty describe como una «criatura nebulosa», la mujer que según Trzebenski alumbró a Erroll con una linterna para deslumbrarle y luego dispararle, usó, según el informante de Trafford, un Colt PT32 Especial. Pero Monty señala que una atenta lectura de los procedimientos judiciales muestra que el arma del crimen fue de hecho un Smith & Wesson.

Según Monty, la estrategia del equipo era sencilla: Diana atrapa a Erroll, Jock finge ser tolerante y Dickinson se asegura de estar en Mombasa, aunque en realidad vuelve de forma encubierta, cosa que haría por carretera y es la razón de que se quedara en casa de Molly Parker. Después de cenar, Broughton, fingiendo estar borracho, insistió a Diana para que estuviera en casa hacia las 3:00 a. m., aunque lo habitual era que simplemente aceptase que se quedaría en la casa de Muthaiga de su amante. Mientras Diana entretenía a Joss para despedirse cariñosamente dentro de la casa, Dickinson se escondió en el coche, o tal vez fue el propio Broughton, porque los zapatos blanqueados que llevaba explicarían las marcas blancas de arañazos en el asiento trasero. En el cruce en el que Erroll giraba a la derecha para ir a la ciudad, habría dos coches. Uno, que bloqueaba la posible salida por la izquierda, estaría conducido por policías africanos y europeos; en el otro irían Dickinson —o Broughton, dependiendo de cuál de ellos estuviera en el coche de Erroll— y otro policía blanco, que habría hecho parar a Erroll. Este se habría detenido y bajado la ventanilla del pasajero; Dickinson aparecería mientras Erroll estaba deslumbrado por la linterna y apretaría el gatillo. Seguramente, al ver la pistola, Erroll se agachó y se golpeó en la cabeza (de ahí el rasguño en su frente); la primera bala falló y la segunda dio en el blanco. Había muchos hombres para empujar el cuerpo al espacio para los pies y luego el propio coche a través del barro hasta su lugar de descanso final. Luego Broughton condujo a casa y al día siguiente quemó los zapatos blancos (que vio Juanita Carberry en la basura antes de que se encendiera el fuego). Toda la operación se organizó en Londres, y la pistola fue enterrada en algún lugar de África.

Monty había conocido a Diana y no le gustaba, ni le gustaba lo que había oído de Jock. Una amiga de Monty también había conocido a Diana y le había contado que esta tenía miedo de Jock: había recibido cartas suyas amenazadoras. Monty pensaba que ese miedo se basaba en el temor de Diana a que él revelase su participación en el crimen. Monty señaló además que, aunque los dos revólveres Colt de Jock hubieran sido robados unos días antes del crimen, también poseía, de forma ilegal, un Smith & Wesson.

—Puedes saber por las marcas anulares en la bala con qué arma se disparó —me explicó Monty, como demostró Morris ante el tribunal.

Monty también me enseñó su *Catálogo de Munición Deportiva* de los años treinta, señalando que en 1936 el arma incriminada todavía estaba en uso.

Y así teníamos un extraordinario grupo de sospechosos de asesinato. Estaban aquellos que podrían haber matado a Erroll por celos, en algunos casos por enamoramiento. Eso incluía a Broughton, el marido de Phyllis Filmer, la propia Phyllis, Alice, Gladys Delamere, Dickie Pembroke, June Carberry, Hugh Dickinson y Diana. Si el blanco hubiera salido a subasta en los años cuarenta, sin duda habría muchos otros nombres aquí.

O quizá todo lo había organizado la Inteligencia británica, utilizando a Broughton, a Dickinson o a Diana, una combinación de dos de ellos o a los tres... o a ninguno. ¿Reclutaría el MI6 a personas cuya integridad se sabía dudosa tras los fraudes al seguro en Inglaterra? O quizá eso garantizaba que tenían madera de agentes secretos: ya habían demostrado que podían cometer actos sucios por dinero. La implicación de los tres haría que muchas personas tuvieran parte de razón en sus teorías sobre el crimen. También explicaría algunos de los aspectos más desconcertantes del caso, incluyendo el hecho de que Broughton mostrase tanta calma en el juicio, casi como si actuase. La última cena y el «robo» del arma serían maniobras de distracción deliberadas, y eso también les daba sentido. La investigación policial y el caso en los tribunales habrían sido pura farsa, la conclusión inevitable. Además, la mayoría de los testigos y actores clave fueron deshonestos. Algunos eran borrachos que mintieron ante el tribunal, algunos posiblemente porque les pagaban para mantener un secreto de estado, otros (o todos ellos) porque trataban de protegerse unos a otros sin saber en absoluto quién lo había hecho en realidad.

Luego está el asunto del tirador somalí. Contratado por cualquiera de ellos o por todos; incluso podría haber estado en la reserva para un asesinato político serio y bien planificado.

Hubo otra curiosa teoría con la que me topé, probablemente gracias a Monty Brown. Me había ido «acercando» en la caza del asesino y era el momento de tomar mi propia decisión, pero quizá necesitaba un poco de «ayuda». En Kenia, un psíquico o médium es a menudo un *muganga*, el término kiswahili para el curandero tradicional. Hoy en día, un *muganga* proporciona más servicios que maldecir —o matar— a personas usando potentes maleficios, a la vez que ofrece a los ya malditos hechizos protectores o curativos. A menudo, él (o incluso ella en estos tiempos cambiantes) tendrá suficiente poder para ver el futuro —o el pasado—, y hasta puede ser cristiano. Al parecer, muchos de los principales políticos de Kenia consultan a su hechicero las cuestiones importantes, en busca de predicciones. Algunos respetados historiadores los usan para descubrir algunos «hechos» sobre sus materias. Monty Brown es uno de ellos: su *muganga* había jurado que Hugh Dickinson era culpable.

Yo conocía a varios *muganga* supuestamente poderosos, y decidí hacerle a uno la pregunta del millón. Este *muganga* utilizó «la energía» de una foto de Lord Erroll para obtener la respuesta, a la que llegó tras un prolongado interrogatorio por mi parte. El veredicto obtenido de esta forma tan curiosa fue que sí, que el MI6 había ordenado el crimen: un hombre y una mujer habían disparado a Erroll en alguna parte fuera del recinto de los Broughton, y el hombre había apretado el gatillo. Erroll no había reconocido a ninguno de sus asaltantes. Ambos agentes habían regresado al Reino Unido... con el arma. La razón del asesinato fue política, y también estaba relacionada con la familia real británica y el hijo ilegítimo de alguien. Esta última e inesperada revelación me alarmó y me hizo recordar viejos rumores sobre Beryl Markham. ¿Acaso Erroll sabía demasiado sobre alguien, además de los asuntos bélicos?

En los años treinta había muchos rumores sobre la hermosa Beryl, que había crecido descalza en la selva keniana, había entrenado muchos caballos de carreras famosos y había sido la primera mujer en volar en solitario a través del Atlántico desde Gran Bretaña. Se decía que había tenido aventuras con Eduardo, príncipe de Gales, y con Enrique, su hermano, duque de Gloucester; luego la reina María le había pagado para que volviera a Kenia y desapareciese.

Menos de una semana después, una amiga que tenía alojado a un caballero mayor me preguntó si podía traerlo a Soysambu: «Es un personaje muy interesante». Cuando me di cuenta de lo interesante que era, nuestro encuentro casi me pareció predestinado. Ese hombre, al que llamaré Jack, había conocido muy bien a Beryl, y probablemente también se enamoró de ella, como muchos otros, aunque fue un amor que no se llegó a consumar. Beryl había confiado en él, dijo, y por eso insistía en que no se mencionase su nombre.

—Lo único que a *ella* le importaba era si un caballo estaba cojo —afirmó—, pero después de unas cuantas ginebras rosas realmente hablaba conmigo.

Mientras Jack saboreaba su ginebra y hacía memoria durante una larga tarde, percibí cómo había compartido y comprendido el mundo de Beryl. Había sido un amigo tan cercano como ella le había permitido ser. Nunca había dejado a nadie acercarse tanto, una actitud que quizá tenía su origen en haber tenido una madre alcohólica que la abandonó cuando ella era muy joven y un padre que básicamente la vendió a un hombre mayor para pagar sus deudas.

—Era casi una niña, y su primer marido era violento con ella —dijo Jack.

Le pregunté por los rumores relativos a las aventuras con la realeza mientras estaba casada con su segundo marido, Markham.

—Ella tuvo dos hijos —me contó Jack—. Se supone que Gervase era de Markham, pero si lo veías en persona resultaba obvio de quién era en realidad. El otro hijo, nacido más tarde, era del príncipe Enrique.

En la siguiente ocasión, Beryl descubrió que estaba embarazada cuando llegó a Kenia, así que tomó un barco de vuelta a Inglaterra, donde planeaba tener al niño. Pero, según Jack, fue interceptada.

—Los realistas la bajaron del barco en Marsella y la ingresaron en una clínica privada. Fue la última vez que vio a su hijo.

La parte de Beryl en el acuerdo era mantenerse lejos de suelo británico y guardar silencio... de forma permanente. Jack había visto el contrato por el cual recibía de la reina María un pago vitalicio de 600 libras esterlinas anuales, lo que sonaba razonablemente atractivo para una mujer con poca formación que siempre había estado en situación precaria. Jack bebió un sorbo de ginebra antes de dejar claro que yo podía escribir lo que quisiera, pero que él negaría todo lo que me había contado.

—Los periodistas me han ofrecido mucho dinero —sonrió—, y nunca lo acepté.

Había dos biografías de Beryl: *Straight on Till Morning* (*Derecha hacia el mañana*, 1987), de Mary Lovell, y *The Lives of Beryl Markham* (1993), de Errol Trzebinski. Las propias memorias de Beryl están recogidas con poética elocuencia en *West with the Night* (*Al oeste en la noche*, publicado por primera vez en 1942). En su biografía no menciona a príncipes ni a hijos, y Trzebinski insiste en que las fechas no sustentan la teoría del bastardo real, aunque el libro de Lovell da margen a la especulación. Los años de entreguerras fueron sin duda una época dorada para los príncipes reales, que disfrutaron a tope en Kenia persiguiendo mujeres, casadas o no, entre safaris de caza. Eduardo, príncipe de Gales, y su hermano Enrique, duque de Gloucester, vinieron a Kenia de safari en 1928, y el príncipe de Gales volvió en 1930. En aquella visita inicial todo el mundo se moría por conocer y entretener a la realeza, con el Muthaiga Club destinado a ser el lugar perfecto para las salvajes juergas reales. Happy Valley no fue el único lugar que manchó el nombre de Kenia, o incluso el del Imperio británico. Entre ambas guerras, hubo muchos comportamientos lamentables en los elegantes círculos de Inglaterra y también en las colonias, y los miembros de la realeza estuvieron a menudo en el cogollo de todo eso. A Alice de Trafford se la vio frecuentemente en el Embassy Club en Londres con Eduardo y Jorge: este último, duque de Kent, era también amante de Kiki Preston, una dama norteamericana de pésima reputación en Naivasha y aficionada a las drogas. Greswolde Williams, el principal distribuidor de drogas en Happy Valley, tuvo que ser expulsado del Muthaiga Club por ofrecer cocaína a Su Alteza Real.

El gobernador de la Colonia de Kenia, sir Edward Grigg, declaró que los príncipes eran «infatigables». Sir Derek Erskine describió cómo el príncipe de Gales había arrojado todos los discos de gramófono por la ventana del salón de baile del Muthaiga Club (ayudado por la esposa de Erskine). Eduardo P., como llegó a ser llamado, demostró ser un niño mimado carente de modales al que no le importaba hacer esperar a su séquito durante horas mientras desaparecía con una rubia (que resultó ser Beryl).

Los príncipes también conocían a Joss. Eduardo P. y Joss se habían hecho muy amigos durante una travesía en barco de vuelta a Kenia en 1930, siendo Beryl —ahora desterrada por Palacio— otra pasajera. Como conde de Erroll y Lord Alto Condestable de Escocia, Joss tendría que vestir más adelante su toga oficial para asistir a la coronación de Jorge VI en mayo de 1937, después de la abdicación de Eduardo en 1936. Y, por supuesto, tanto Eduardo P. como Joss eran compinches de Oswald Mosley.

Como tantas mujeres hermosas en los locos años veinte y treinta, Beryl se acostaba con unos y con otros. Compartió a Denys Finch Hatton y a Bror Blixen con Karen Blixen, a Boy Long y a Joss con Idina y a Joss y a Tom Cholmondeley con Diana. Ambos príncipes la compartieron. El hijo de Beryl, Gervase Markham, había nacido en Inglaterra en 1929, pero su nacimiento quedó sin registrar durante dieciséis meses. En Kenia se había especulado mucho, y al parecer Beryl nunca negó los rumores. Trzebinski muestra fotografías del marido de Beryl en aquel entonces, Mansfield Markham, y de Gervase en la misma página, señalando el parecido familiar, pero Jack tenía otras ideas bastante firmes. A no ser que ella tuviera un embarazo de once meses, o un príncipe se las hubiera arreglado para escabullirse a Kenia sin que nadie se enterase, parece imposible. No obstante, Enrique se preocupaba lo suficiente por Beryl como para apoyarla con independencia de quién fuera el padre del niño. Ella «no era yegua de un solo hombre», tal como lo expresó Jack.

Gervase se crio con la familia Markham y supo muy poco de su madre, que siguió viviendo en Londres como amante real del duque. Palacio quiso quitarlo de en medio mandándolo en visita oficial a Japón —a la que trató de resistirse—, a donde fue finalmente a fines de marzo. Hacia julio estaba otra vez con Beryl, disfrutando con ella de la buena vida en Londres hasta finales de 1929, cuando se firmó el acuerdo de la reina María. Mansfield quería el divorcio y la reina María quería a Beryl lejos de su hijo, o posiblemente de sus dos hijos.

Después de que Beryl volviera a Kenia en febrero de 1930, Karen Blixen, que la vio a su llegada, escribió que la joven estaba «muy triste y deprimida. Apenas puedo creer que las cosas sean como ella las cuenta... ahora está aquí tirada, separada de su hijo... y se siente muy sola y desdichada». Karen recibió más tarde, a finales de abril, un telegrama pidiéndole que se reuniera con Beryl para comer en Muthaiga, y se quedó atónita al descubrir que regresaba a Europa y que «tenía que irse a Mombasa aquel mismo día para coger el barco italiano el día 1». Como «un estúpido» se apuntó a comer con ellas, no pudieron hablar y nunca descubrió qué demonios había llevado a Beryl a dar aquel paso inesperado. Es improbable que de todos modos Beryl se lo hubiera contado, pero especuló: «Quizá sea el duque de Gloucester el que no puede seguir sin ella, y de por sí es mejor estar en casa en Inglaterra... Si él va a ayudarla toda la vida, tal como ha arreglado las cosas el miserable de su marido, al menos podrán disfrutar un poco uno del otro».

Y así, hasta octubre de 1930, Beryl estuvo en el Reino Unido, incumpliendo el acuerdo real, disfrutando una vez más del príncipe Enrique. Pero el 16 de octubre

Palacio lo apartó con firmeza de su influencia. Lo enviaron a Addis, donde más tarde contrajo herpes zóster, una enfermedad causada por el estrés emocional severo.

Es posible que Beryl, cuando volvió a Kenia en febrero de 1930, se sintiera vulnerable e infeliz debido a que estaba embarazada. Al descubrirlo, puede que quisiera volver a Inglaterra con su amante, momento en el que la obligaron a bajarse del barco en Marsella. Podía estar de tres meses o casi al término: las mujeres altas pueden ocultarlo. Jack no tenía ni idea de si el «otro hijo» de Beryl había sobrevivido. Otra mujer, que también pidió mantener el anonimato, confirmó el segundo hijo y añadió que «se llamaba Miles».

En el viaje a Kenia con Joss y Eduardo, príncipe de Gales, Beryl podría haber mostrado señales sospechosas, o quizá simplemente tenía náuseas matinales. Pudo incluso haberse confiado a Joss, mientras que el propio Eduardo podría haber dejado caer algunos secretos familiares. Errol Trzebinski comenta: «Como es natural, tenía que haber conversaciones sobre mujeres». Más tarde dice que O'Mara (nombre falso), un joven oficial de los Fusileros Africanos del Rey que supuestamente tuvo algo que ver con el encubrimiento del asesinato de Erroll, «estaba convencido de que Joss tenía información desagradable sobre el duque de Windsor». O'Mara escribió en una carta: «¿Por qué estaban decididos a eliminar a Joss? Hablaba demasiado, sabía demasiado, quería demasiado a cambio del silencio sobre los actos y las ambiciones del duque de Windsor». Cuando Trzebinski le preguntó por carta: «¿Quién cree usted que lo quería fuera de circulación?», O'Mara respondió: «El Servicio Secreto de Inteligencia. Lord E. se había convertido en un engorro».

Incluso aunque Beryl fuera —en cierta medida— un actor involuntario en toda la saga Erroll, había puesto patas arriba la estructura real, como lo haría Wallis Simpson seis años después. Una mujer, posiblemente madre de un hijo real, quizá incluso dos, podía vivir y morir con muy poco dinero sin importarle a nadie... pero es que nadie lo sabía en realidad. Como la propia Beryl escribió en el prólogo a su propia biografía, escrita por Mary Lovell, le había hecho bien compartir recuerdos, «pero algunos recuerdos los he guardado para mí misma, como deben hacer todos».

Una vez, siendo adolescente, fui a recoger el correo de mis padres en Karen. Beryl Markham estaba también recogiendo el suyo. Yo sabía quién era, todo el mundo lo sabía. La vi alejarse, con la cabeza muy alta para disimular una leve cojera y luego marcharse en un coche viejo y destartalado con agujeros de bala de la época en que había atravesado un control de carretera en medio de un golpe militar abortado en Kenia. Tenía un aire de «todo me importa un pito» y un glamur desvaído pero patente. Un poco como yo me imaginaba a Idina, aunque Idina no acabó sola y sin un penique. Pero debió de ser otra mujer que guardaba muchos secretos.

30
CONCLUSIONES EN LAS NUBES

Tras haber pasado lo que me parecía media vida pateando los polvorientos suelos agrietados y los jardines destruidos hacía tanto tiempo de las casas de Happy Valley, era el momento de volver a Las Nubes, el lugar donde había comenzado mi búsqueda y donde ahora necesitaba terminarla. Quería volver a visitar una casa que, curiosamente, había llegado a convertirse en un segundo hogar, pero, lo más importante, aún esperaba averiguar la verdad sobre el asesinato de Erroll. Quizá me había vuelto lo bastante loca para imaginar que la propia Idina iba a surgir tras un manzano para contarme lo que realmente sucedió.

—¿Conoce a alguien —me había preguntado Peter Nuthu en una visita previa— a quien le apeteciese restaurar esta casa y destinar algunas de las habitaciones a que los turistas vinieran a quedarse?

—Pero... —comencé, y luego no tuve valor para decirlo—. ¡Sería un poco difícil! —terminé sin convicción.

La verdad es que habría que gastar millones para hacer la casa lo bastante lujosa para uso turístico. Luego está el hecho de que esta región densamente poblada con sus laderas desnudas podría no tener el mismo atractivo para visitantes de fuera que una casa masái tradicional restaurada en una llanura acariciada por el sol, por no mencionar que ya no existe el atractivo añadido de elefantes o leopardos en la zona.

Luego, con esa extraña manera en que mis aventuras en Happy Valley acababan por encajar en el momento exacto, nos pidieron a Solomon y a mí que nos uniéramos a un variado grupo de amigos interesados, incluyendo a dos artistas, Leonie Gibbs y Sophie Walbeoffe, que querían pintar la vieja casa. La nueva carretera china estaba en funcionamiento, a pesar de que los últimos kilómetros hasta Las Nubes eran peor que nunca.

La oscura avenida de imponentes eucaliptos era ahora una hilera de gruesos tocones y se podía ver la casa desde el portón. Yo había perdido el número de Peter hacía mucho, si es que aún vivían allí. Pero Paul se acercó cojeando para ver por qué había vehículos en la entrada, y su cara se iluminó cuando vio quién era. Elizabeth, otro hermano, John, y la mayor pero briosa esposa del difunto *mzee*, Grace, salieron corriendo a abrazarnos. Incluso trataron a Leonie y Sophie como a parientes a los que no hubieran visto en mucho tiempo. Peter estaba fuera dando clases, pero su hija mayor, Njeri, llevaba ahora a la espalda a su propio bebé, un sorprendente recordatorio del mucho tiempo que había pasado desde mi anterior visita con Frances Osborne.

—¿Por qué ha tardado tanto en volver? —me reprendieron todos.

El viento silbaba entre los eucaliptos que quedaban; estaban retirando poco a poco aquellos árboles no autóctonos de hasta 45 metros, plantados por los sirvientes de Idina.

—Son un peligro con este viento —explicó Peter. Una esquina del tejado sobre la vieja cocina se había desplomado bajo el peso de una rama caída. Como respondiendo a Peter, y a la furia de los bosques que antes actuaban como cortavientos, una ráfaga de viento rugió desde las montañas.

—Este es el lugar más bonito que he visto nunca en África —exclamó Sophie, indiferente al mal estado de la casa—. ¡Podría vivir aquí!

La hermana de Leonie, Miranda, está casada con Peregrine, hijo de Diana Denyse Hay, o Dinan, que era su mote. La familia la llamaba «Puffin». Dinan había dejado a su primer marido, Iain Moncreiffe, padre de Peregrine, que después se había casado con Hermione, medio hermana de la madre de Leonie. Ella y yo también habíamos descubierto que yo había conocido a sus padres en Fife, estando en la universidad de St Andrews. Además, el chófer de Sophie, Saidi, descubrió que conocía a la hermana de Peter y Paul en Nanyuki, y de pronto el día había adquirido la sensación surrealista de un encuentro. Sophie conocía también a la familia Erroll: en una etapa de aflicción en su vida se había quedado en casa de su gran amigo, Merlin, 24.º conde de Erroll, el otro hijo de Dinan.

Recorrimos la vieja casa. El «hogar» de Elizabeth estaba ahora en el cuarto contiguo al antiguo dormitorio de Idina, que daba al cuarto de baño en el que supuestamente Idina se bañaba en champán. El deslustrado grifo en forma de cabeza de león aún vigilaba muy seco sobre los asientos tapizados de polvo.

—El viejo sistema de agua de Idina sigue en su sito y aún lo usamos —dijo Paul—. Solo que no traemos el agua aquí.

Los murciélagos aún nos vigilaban en silencio desde sus posiciones invertidas en rincones brumosos, y en la larga y enorme estancia de la parte delantera flotaba esa desconcertante y poderosa sensación de tiempos pasados, como si en su actual falta de uso nunca se hubiera expulsado a los viejos fantasmas. Era a primeros de marzo y al final de la estación más calurosa y seca de Kenia, pero allí, a más de 2500 metros de altitud, hacía frío, y el único niño que no estaba en la escuela llevaba un gorro de lana. Estaba malo, señaló Paul, pero no pensaba quedarse en cama, no con algo tan emocionante como un variado grupo de visitantes blancos.

En un rincón de la habitación de Grace, donde ella y el *mzee* habían vivido juntos, estaba una vieja butaca cubierta por un paño. Parecía exactamente aquella en la que Idina se sentaba junto al fuego en Las Nubes, en sus años crepusculares, reproducida en *The Bolter*. Leonie les dio a Paul y a Elizabeth su ejemplar como regalo. Se sentó en el polvoriento y oscuro asiento de ventana de madera bajo un rayo de luz que iluminaba el suelo alrededor de sus pies, cubierto de mazorcas de maíz secas. Les leyó en voz alta las palabras de France al final del libro, cuando describe a Solomon guiándonos hasta Las Nubes, «alzando sus dedos largos y delgados para indicar izquierda o derecha. Un par de veces tuvimos que rendirnos y dar marcha atrás, buscar otro camino. ¿Cómo demonios, pregunto, conducía Idina su Hispano-Suiza hasta aquí?». Solomon no estaba escuchando: había salido afuera a ver si podía ver señales de colobos.

—Nuestro padre solía leernos *Pasiones en Kenia*. Se lo leemos a nuestros hijos —dijo Paul encantado—. Ahora podremos leerles este libro también.

No parecían tener otras lecturas para antes de dormir: resulta difícil que comprar libros sea una prioridad cuando ya resulta lo bastante duro tener para comida, ropa y educación. Mientras hojeaba *The Bolter*, Paul alzó las cejas. John leía por encima de su hombro.

—¿Todas las mujeres blancas actúan así? —preguntó con nerviosismo.

Salimos. Toda la zona alrededor de Las Nubes se encontraba desesperadamente seca e incluso el césped estaba marrón, pero las rosas escarlata aún florecían detrás de la vieja casa.

—Y los manzanos, perales y ciruelos en el campo de atrás han estado dando fruto durante casi noventa años —nos dijo Paul con orgullo.

—¿Hacen pastel de manzana? —preguntó Leonie con aire soñador, apoyada en la cerca mientras contemplaba la melancólica masa del Kipipiri a través del huerto de la abuela política de su hermana.

Hubo una pausa: la pastelería no estaba en el vocabulario de Paul y resultaba difícil de explicar.

—Cocinas las manzanas con azúcar —intentó con poco éxito— y luego las cubres con... algo parecido a chapatti y lo metes en el horno.

Paul intentaba mostrarse cortés ante la invitada extranjera, pero no consiguió parecer impresionado por la idea. En todo caso, tampoco había horno en Las Nubes.

Observé con tristeza que habían talado aún más bosque en las estribaciones más bajas de la montaña. Columnas de humo gris azulado se alzaban de las laderas superiores, aún oscuras de bosque. En la parte delantera de la casa las presas estaban secas y los arroyos ya no corrían, con apenas unas pocas depresiones pastosas entre las rocas que insinuaban que alguna vez lo habían hecho. Solomon y Paul estaban decididos a encontrar las cuevas en el estrecho valle del que nos habían hablado, pero las ortigas en las empinadas laderas nos desanimaban al resto. Nos adentramos en los campos vecinos, pasamos ante los árboles que lo ocultaban todo y de pronto salimos al claro y vimos la vista que Idina debió admirar algún día desde sus ventanas. Espesas nubes vespertinas que llegaban por debajo desde Rift Valley empezaban a sustituir al sol. Es habitual en esta región que las mañanas resplandecientes den paso a tardes lluviosas. De pie ante las nubes que se aproximaban y que habían inspirado el nombre de la casa, una se sentía realmente como en una nube. Con una copa de champán, una manada de elefantes chapoteando en los charcos a la luz del sol poniente, un puñado de hombres elegantes y bohemios y organizando la cena una mujer tan divertida como Idina... ¡debía de ser el séptimo cielo!

Más tarde examiné una vieja fotografía en blanco y negro que me había dado Lyduska: debieron de tomarla desde la puerta principal de Las Nubes. Se veían los jardines acuáticos, y de fondo la impresionante vista que acabábamos de contemplar. De pronto me di cuenta de que la figura que yo había pensado que era un perro era en realidad un elefante. En tiempos de Idina muchos animales salvajes recorrían las montañas selváticas por encima de Las Nubes y las extensas llanuras de abajo, y se detenían a beber en las presas cercanas a la casa. Hoy todo lo que se veía eran un par de monos de cuello blanco y, en el centro del maizal, una trampa con zanahorias para atraer a las «alimañas». Solomon ya se había preparado para la batalla y se disponía a desmantelar la estructura cuando Paul lo detuvo:

—No son nuestras tierras —le advirtió.

—Vamos, Solomon —dije suavemente—. Ven y pinta la casa con los demás artistas.

Sophie ya estaba ante su caballete, creando un caleidoscopio de magia con colores que sentí que habrían hecho a Idina reír con deleite. Leonie la secundó, sentada en la hierba para crear otro retrato deliciosamente impresionista de la vieja casa, haciendo que sus pinceladas la transformasen en aquel lugar alegre en el que podías imaginar muchas risas y muchas fiestas. La figura de Idina se movía en primer término, fantasmal, teñida de azul y misteriosa.

—Tenía que ponerla ahí —dijo Leonie de repente. La altitud estaba afectando a Leonie y dijo que se sentía atontada, y de pronto cayó dormida bajo un peral.

Sophie quería pintar el salón.

—¿Te sientas en el asiento de ventana? —me pidió.

Sentada allí, naturalmente pensé en Idina. Había buscado el significado del nombre. Muy inusual —la mayoría de las fuentes no recogen el nombre Idina—, parece haber tanta controversia con su nombre como literatura sobre su vida. Unos dicen que es una variante del inglés antiguo Edina, que significa «amiga rica»; otros que viene de Adina, que significa «noble»; un tercero dice que era el nombre israelí para «dulce».

El libro de Frances Osborne nos permitía comprender mejor a Idina. Un corazón herido muchas veces y una mente inteligente habían forzado que se reprimiera mucho sufrimiento, en el sentido de la vieja flema británica. Una no hablaba de esas cosas; en vez de eso se permitía la evasión. Quizá todo el sexo libre que Idina promovió durante los días más hedonistas de Happy Valley no era más que un intento de huir de sus sentimientos. Podría haberse convertido en adicción. Los psicólogos han reconocido un patrón compulsivo de sexualidad insaciable que llaman sexaholismo. Un sexahólico utiliza el sexo como narcótico de una angustia arraigada. Al parecer, Idina murió con la foto de Euan Wallace junto a su cama, y Osborne cree que nunca superó aquello. Saber que sus hijos llamaban «madre» a otra mujer debió intensificar ese dolor. Un psicoterapeuta habría dicho que Idina, después de Euan, se había visto subconscientemente atraída hacia los hombres «equivocados», para no tener que volver a pasar una aflicción como aquella. «A Idina le gustaban hombres horribles», me dijo hacía poco el 5.º barón Delamere. «Bird solía retorcerle la pata al perro hasta hacerlo aullar».

Los amigos de Idina creen que también amó realmente a Joss, el único otro hombre con el que tuvo un hijo. Quizá le resultaba difícil dejar ir del todo a los dos hombres que habían engendrado a sus hijos. Siempre le quedaría el dolor de ese afilado cuchillo —aunque minúsculo— dentro, en alguna parte. Idina debió de endurecerse para no transmitir su sufrimiento —ni siquiera mostrarle a su hija con Joss que le importaba— hasta que fue casi demasiado tarde. Todos los demás maridos y amantes, incluyendo a Gordon, Boy Long, Langlands, Haldeman, Soltau y Bird, tal vez solo llenaban los huecos en su atribulado corazón. Como Alice de Janzé, Idina tampoco había recibido mucho amor paterno. Su padre se marchó cuando ella solo tenía cuatro años. A Alice el mismo padre cuya crueldad mató a su madre la consintió hasta los trece años. Luego la apartaron de su lado. Ambas mujeres parecen haber pasado el resto de sus vidas buscando algo que nunca tuvieron, a la vez que negaban esos sentimientos incómodos a través de comportamientos adictivos.

Las dos quedaron desoladas tras la muerte de su querido amigo y amante Joss. Pero ¿alguna de ellas tenía idea de quién lo había matado?

De repente tuve un calambre, como si el dolor de Idina me hubiese clavado un cuchillo en el abdomen. Por suerte, no tuve que quedarme sentada más tiempo: Sophie pinta rápido, pero algo la estaba asustando. «No puedo seguir», declaró. Yo misma me sentía extraña, como si no estuviera sola en aquel polvoriento asiento de ventana. Me alegré de dirigirme a la puerta, donde se alzaba el caballete sobre el suelo alfombrado de mazorcas de maíz. Miré el cuadro: la figura vestida de azul en el asiento de la ventana me llamó la atención, me sacudió en cierto modo; yo iba de azul y el rostro era impresionista, pero sabía que no era yo a quien Sophie había pintado.

—Esa es Idina —susurré en medio del espacio silencioso de la sala cada vez más oscura mientras miraba el cuadro.

Entonces Grace se acercó cojeando, miró el cuadro de Sophie y me preguntó en kiswahili:

—¿Por qué no te ha pintado a ti? ¿Por qué ha pintado a esa dama blanca que vivió aquí hace tanto tiempo?

Era como si supiese cómo era Idina, como si hubiera visto su espíritu deambulando por la casa, escabulléndose con tristeza hacia sus jardines abandonados.

Me estremecí. De vuelta en el jardín nos reímos de ello. Los demás estaban listos para irse y sentían, quizá, que a nosotras las mujeres nos había afectado demasiado el lugar. Solomon seguía afuera buscando colobos, o él también se habría asustado.

Hice una última visita a Las Nubes cuando estaba a punto de terminar mi libro. Deseosa de estar sola, deambulé por el antiguo huerto de Idina, sintiendo que de algún modo necesitaba compartir mis pensamientos con la primera dama de Happy Valley, que no había estado entre los borrachos, deshonestos y poco fiables testigos del juicio. Deseé por enésima vez haberla conocido, poder preguntarle qué pensaba ella que le había ocurrido a su díscolo tercer marido… y por qué.

Mis pensamientos reprodujeron el asesinato de Erroll. Imaginé el Buick dirigiéndose de Karen a Muthaiga, a toda velocidad. Quizá el conde se sentía irritado con Diana esa noche, por la razón que fuese. El trabajo resultaba estresante, era tarde, estaba cansado y posiblemente temía ser un blanco político.

Tiene sentido escoger a una mujer atractiva para abordarlo en el cruce, aunque hay muchas maneras de detener a alguien en una carretera solitaria por la noche. Luego todo habría ocurrido muy rápido: las linternas brillantes en los ojos habrían impedido que reconociera a nadie acechando entre las sombras, de modo que si Dickinson estaba allí embarrándose las botas mientras los demás deambulaban entre dormitorios y pasillos en Karen, su víctima no lo habría visto. Al igual que no habría visto a Broughton, o al chófer somalí de Broughton, si fueran ellos los que estaban en acción. No le habría sido posible huir, aunque lo intentase, y, en esos últimos minutos en que las balas se disparaban en rápida sucesión, Joss no debió enterarse de mucho, ni sufrir demasiado. Habría varios coches, mucha gente que sabía exactamente lo que había que hacer, así que no habrían tardado en dejar el coche en la gravera, con el cuerpo encogido en el espacio para los pies. Todos se marcharían a toda prisa antes de que pasaran obreros madrugadores y, mientras tanto, un manto de oscuridad cubriría toda la escena menos los faros del Buick, atenuados por ser tiempos de guerra.

Si Broughton estaba fuera esa noche, alguien lo dejaría a la puerta para reducir las posibilidades de que lo vieran u oyesen. Tanto si se aventuró fuera de la casa de Karen después de que Joss hubiera dejado a Diana como si no, habría estado inquieto durante toda la noche: quizá sabía, sin estar seguro de los detalles, que algo «malo» podía suceder. Es posible que a la mañana siguiente reaccionase con genuino estupor cuando le dijeron que el conde había muerto, al parecer en un accidente de coche. Después de todo, Jock había preguntado de inmediato si realmente había sido un accidente.

Dickinson habría sido útil como tirador de reserva, incluso si no apretó el gatillo. Quizá sabía más que Jock y Diana sobre lo que se planeaba para esa noche. Suponiendo que todos estuvieran en el ajo hasta cierto punto, habrían seguido órdenes e informado si fuese necesario, sin duda por un buen precio.

Las emociones de Diana ante la muerte de su amante, si de verdad fueron genuinas, son más difíciles de interpretar. Su desolación (si lo fue) podría haberse visto agravada por el sentimiento de culpa de estar implicada... fuera cual fuese su grado de implicación. El hecho de que el trío se fuera de safari inmediatamente después sugiere que necesitaban estar juntos, quizá para hablar las cosas y prepararse para la farsa que se avecinaba en el tribunal.

Y cuando todo acabó, o bien la incesante culpa de Jock contribuyó a su suicidio o para entonces necesitaban eliminarle a él también. Diana, a pesar de lo mucho que sabía, demostró ser lo bastante dura emocionalmente como para rehacerse y seguir persiguiendo sus propias ambiciones.

Es muy probable que con superioridad numérica de las tropas italianas al norte de la colonia británica y la inminente invasión británica de Somalilandia se considerase demasiado arriesgado permitir que Erroll continuase estando tan profundamente implicado en la política colonial. Aquellos que tenían que tomar la decisión tendrían también en cuenta su ambición, su inteligencia y ciertos secretos que con certeza conocía... incluidos tal vez unos pocos sobre la realeza y un posible hijo bastardo, o dos.

Sir Isaac Newton dijo una vez más: «Si he visto lejos es porque he estado a hombros de gigantes». Sentí una enorme gratitud hacia todos los que han escrito sobre el tema, luego una súbita paz y la sensación una vez más de que no estaba sola. Confiaba en haber exorcizado algo, si no haber hecho descansar, por fin, al fantasma de Idina.

Un rayo de sol atravesó una nube e iluminó mi camino de vuelta al coche. Elizabeth había llenado una bolsa de peras para Solomon y para mí. Para Grace y su familia era hora de volver al duro esfuerzo de cultivar la tierra para alimentar y educar a sus muchos hijos y nietos, esperando y rezando para que las lluvias no fallasen. Los kenianos son eternos optimistas.

—Va a llover muy pronto —nos dijo John.

Esa noche la montaña entera parecía haberse incendiado: desde mi casa en las llanuras del rancho Delamere, muy abajo, ya no podía ver el Kipipiri o los Aberdares. El horizonte estaba cubierto de humo, envolviendo Happy Valley y la colina que cobijaba Las Nubes en sus pliegues como si ya no existieran. Había, ahora lo sabía gracias a Solomon, problemas más urgentes que un crimen sin resolver. A la vez que los monos colobos y los bosques antiguos eran eliminados en Happy Valley, la matanza de elefantes y rinocerontes por su marfil y sus cuernos alcanzaba una escala cada vez mayor en toda Kenia. Asegurar el futuro de la vida salvaje de Kenia, parte integral de su industria turística, así como proteger y replantar esos bosques vitales y valiosos, precisaba medidas urgentes e inmediatas. Pensé en las personas que había conocido y esperé un milagro: que ellas y el resto de los habitantes actuales de Happy Valley pudieran mejorar sus vidas preservando a la vez, incluso un día restaurando, la belleza natural de la región.

Tras el fuego vino la lluvia purificadora: desde mi casa, al día siguiente, contemplé las nubes oscuras que vertían un velo gris sobre las montañas distantes y di las gracias en silencio, confiando en que no fuera demasiado tarde para salvar algo de aquel bosque de Kipipiri. A esas alturas, la lluvia ya habría borrado cualquier rastro de nuestras pisadas en el jardín de Las Nubes.

AGRADECIMIENTOS

En primer lugar, estoy en deuda con Solomon Gitau, por mostrarme las antiguas mansiones de Happy Valley y seguir inspirándome a visitarlas una y otra vez, y por compartir su pasión por la naturaleza. Tiene toda mi admiración por asumir el papel de portavoz de los monos colobos en peligro de extinción y la selva amenazada de Happy Valley, y un porcentaje de mis ingresos por escribir sobre este lugar contribuirán a sus causas. Sin Solomon, este libro no se habría escrito, y le estoy agradecida por compartir los manuscritos de sus relatos autobiográficos, *Born in Happy Valley* (*Nacido en Happy Valley*), *The Black Days* (*Los días oscuros*) y *Face to Face with White Mischief Spirits* (*Cara a cara con los malvados espíritus blancos*). También estoy agradecida a la difunta Jean O'Meara y a Astrid von Kalckstein por su inspiración y por su apoyo a las causas medioambientales de Solomon, y a Astrid por seguir apoyándolo a él y a su familia, y por compartir su archivo de cartas, *e-mails* y documentos relativos a la labor de conservación de Solomon.

Mi agradecimiento al equipo del Reino Unido: a mi agente, Robert Smith, por creer en el libro y por todos sus consejos; a Graham Coster, de Aurum Press, por hacerse cargo de él y animarme con su entusiasmo y experiencia; a Steve Gove, mi corrector, por su incansable labor de edición y su infinita paciencia; a Melissa Smith, Lucy Warburton, Jessica Axe y Anne Bowman por su tiempo y su ayuda experta, por no mencionar a todas esas personas en la oficina de Londres a las que no veo ni conozco, pero sin cuyo trabajo el libro nunca habría existido.

Mi familia es parte integral de este libro: mis padres, Peter y Margery Barnes, por las muchas historias y por haberme transmitido su amor por la lectura; a mi madre por su paciencia al leer los primeros borradores y a mi padre por animarme con su propio entusiasmo a la hora de explorar las partes más oscuras de Kenia, y por enseñarme a conducir en carreteras terribles. Mis hijos, Michael y Siana, han crecido con una madre que desaparecía periódicamente en un Land Rover poco de fiar en misiones excéntricas, y que solía irritarse cuando la molestaban durante las horas de escritura, pero también me han enseñado mucho. Asimismo, les doy las gracias a mis abuelas ya fallecidas, Phyllis Platt y Evelyn Barnes, y a mis tías, Sue Bremner y Rosamund, y a su marido Keith Watson por sus historias.

Sigo estando muy agradecida a lord y lady Delamere por alquilarme mi maravillosa casa en Soysambu, donde puedo escribir con tranquilidad, y también por contarme tantas historias entretenidas mientras tomábamos un *whisky*, y por su generosa e incondicional hospitalidad y el uso ilimitado de su biblioteca, incluidos ejemplares de los diarios de Boy Long.

Gracias a Nigel Pavitt por sus fotografías, y a Veronica Finch por las suyas. Estoy agradecida con Janie Begg por ser tan generosa con su tiempo, por tantas historias interesantes y por compartir sus viejas fotografías. Ellos y muchos otros kenianos o visitantes me han llevado en coche o acompañado a Happy Valley e inspirado mi investigación, incluyendo a Peter Mutua, Janey Ready, Alice Percival, Ben y Libby Hoskyns-Abrahall, Frances Osborne, John Heminway, el difunto Chris Orme-Smith, Leonie Gibbs, Sophie Walbeoffe y Frank y Anne Daykin. También contribuyeron a mi investigación las conversaciones y correos electrónicos con Paul Spicer y Errol Trzebinski, siendo especialmente valiosos los conocimientos y consejos de esta última.

Muchos otros antiguos colonos de las tierras altas de Kenia, o sus familiares, han tenido la amabilidad de compartir maravillosos recuerdos y fotos, y contribuir así de forma estimable a mi investigación. Eso incluye a Bubbles Delap, Tobina Cole, Joan Heath, Giuliana Moretti, Dianella Moretti-Proske y la difunta Lyduska Piotto. También agradezco las cartas y correos electrónicos de Belle Barker (que me prestó fotos y películas de cine), Jean Konschell, Mary Evennett, Angelique Armand-Delille, Bruce y Don Rooken-Smith, Marge Nye-Chart, Caroline Hanbury Bateman, Linda Tomlin, Bryony Anderson, Sheila Begg, Sheila McLoughlin, la difunta Debbie Case, Alan Gray, Ray Terry, Maureen Barratt, Benjie Bowles, Richard Morgan-Grenville, Guy D'Olier, Sheilah Simons, Benjie Bowles y el difunto Mervyn Carnelly.

Gracias a Shel Arensen, editor de *Old Africa*, y Tony Clegg-Butt, editor de Travel News, por alentar mis escritos históricos; a Ian Marshall, John Baughen y Dick Moss por compartir sus viejos mapas topográficos; a John Grimshaw, que leyó uno de los primeros manuscritos; y a la amiga canadiense de Solomon, Suzanne, por usar su casa. Gracias en particular al difunto Monty Brown por compartir su biblioteca, archivos y pensamientos sobre el asesinato de Erroll, y por prestarme copias del capítulo 14 de las memorias mecanografiadas de Arthur Wolseley-Lewis, la parte relativa al crimen, y tanto a Monty como a su esposa Barbara por su bondadosa hospitalidad e inspiradora compañía.

Mi especial agradecimiento al difunto *Mzee* Nuthu por sus historias, sabiduría, bondad y hospitalidad, y a la extensa familia Nuthu —pero sobre todo a Grace, Peter, Paul y Elizabeth—, que siempre me dio la bienvenida como a uno de los suyos. Gracias también por su amable hospitalidad a la prima de Solomon, Jane, y a la difunta Esther Gitau, así como a todos aquellos que aún viven en Happy Valley y me ayudaron con mi investigación, sin olvidar a Alfred Githaiga, antiguo cuidador de

Slains, que me prestó las memorias mecanografiadas de Malcolm Watson, el viejo jardinero de Nye-Charts; Mama John y su marido; la familia Karanje; el hermano de Solomon, Njuguna; el difunto Danson Mwaura; la hermana Teresa, del St Peter's Polytechnic; Silas Karoga; Muma Maina; Amos y su difunto padre, de Kiambaga; Wahome, de Morgan; la señora Kanyoto, de Limuro; y Nganga y Virginia, de Kipipiri House.

Luego están los muchos ancianos que entrevisté, como los *wazee* de Kiambogo, en especial Ngugi, Karihe, Wanjiru, Kariuki, Kabiru y el «alcalde» Mururi; el *wazee* de Kipipiri, que compartió viejos recuerdos de sus antiguos jefes, incluyendo a Njoroge, Muthoki y Njuguna; la antigua cocinera de los Barker y los hombres que me cambiaron la rueda sin gato; los veteranos del Mau Mau Kamwambao, Mugwe, Njuguna, Mugwe y Wanjiru, que se reunieron conmigo en Wanjohi; y los tres ancianos que hablaron conmigo en las laderas de Kipipiri, pero por encima de todo *Mzee* Gacharu, que siempre se ha mantenido en contacto.

Hay muchas personas en Happy Valley cuyos nombres no supe nunca, o los he olvidado u omitido por error, que me han enseñado casas antiguas, me han indicado el camino correcto o han compartido recuerdos y tazas de té. Luego están todos esos niños en las escuelas y en los caminos, cuyas sonrisas y saludos me rejuvenecían después de un largo día conduciendo. De ellos dependerá que las viejas casas sobrevivan o que sus hijos vean un mono colobo disfrutando de la libertad en su selva autóctona.

CRONOLOGÍA

1844 El misionero Ludwig Krapf llega a Mombasa y establece la primera misión en Rabai.

1870 Nace el 3.er barón Delamere, Hugh Cholmondeley, en Inglaterra.

1871 Stanley encuentra a Livingstone en Ujiji.

1883 Nace sir Jock Delves Broughton en Inglaterra. El explorador Joseph Thomson llega a Rift Valley.

1888 Nace Gilbert Colvile en Inglaterra.

1890 Acuerdo anglo-alemán: partición de África oriental.

1893 Nace lady Idina Sackville en Inglaterra.

1895 El Interior (oeste de Mombasa), declarado en junio Protectorado Británico de África oriental.

1896 Comienza la construcción del ferrocarril interior en Mombasa.

1897 El 3.er barón Delamere llega a Kenia a pie desde Berbera.

1899 El ferrocarril alcanza la milla 327 (ahora Nairobi) y se detiene antes de ascender a las tierras altas.

1900 Nace Alice Silverthorne.

1901 Nace el futuro conde de Erroll, Josslyn Hay, en Escocia.

1902 El gobierno británico extiende a Uganda los límites del protectorado.

1903 El ferrocarril llega al lago Victoria. Delamere compra tierra en Njoro.

1904 Llegan los colonos de Sudáfrica.

1906 Geoffrey Buxton llega a Happy Valley.

1907 Abolida la esclavitud. Gilbert Colvile llega a Kenia.

1913 Nace Diana Caldwell. Idina Sackville se casa con Euan Wallace.

1914 Nace el hijo de Idina, Gerald.

1918 Armisticio, fin de la Primera Guerra Mundial.

1919 Idina se divorcia de Wallace, se casa con Charles Gordon y llega a Kenia en abril.

1920 El protectorado interior se convierte en colonia.

1922 Alice Silverthorne se casa con el conde Frédéric de Janzé en Chicago. Nace la Asociación Central Kikuyu. La policía disuelve una reunión política presidida por Harry Thuku cerca del hotel Norfolk el 16 de marzo.

1923 Idina se divorcia de Gordon y en septiembre se compromete con Josslyn Hay en Venecia, y se casa con él el 22 de septiembre en Londres. La primera hija de Alice de Janzé nace en París.

1924 Idina y Josslyn Hay llegan a Kenia y construyen Slains. La segunda hija de Alice nace en París.

1925 Alice y Frédéric de Janzé son invitados a Kenia por Hays, llegan en diciembre. Ramsay-Hill llega y compra una granja en Naivasha.

1926 Nace Diana, hija de Idina y Josslyn Hay, en enero. De Janzé compra la granja Wanjohi en junio. Hay tiene una aventura con Mary Ramsay-Hill. Raymond de Trafford llega e inicia una aventura con Alice de Janzé.

1927 Alice de Janzé dispara a Raymond de Trafford y a sí misma en París en marzo. Alice se divorcia de Frédéric en junio. Alice es juzgada y absuelta el 23 de diciembre.

1928 Alice vuelve a Kenia en enero, pero es deportada en marzo. El padre de Josslyn Hay muere el 20 de febrero. Josslyn Hay, ahora 22.º conde de Erroll, huye con Mary Ramsay-Hill a Inglaterra en marzo. El 3.er barón Delamere se casa con Gladys Markham. Eduardo, príncipe de Gales, y Enrique, duque de Gloucester, llegan a Kenia de safari. Ambos tienen aventuras con Beryl Markham.

1929 Crack de Wall Street, comienza la Gran Depresión. Slains sale a subasta en enero, y en junio Idina y Erroll se divorcian. Jomo Kenyatta viaja a Londres para promover el caso Kikuyu. En fin de año, Beryl Markham es desterrada por la reina María.

1930 Erroll se casa con Mary Ramsay-Hill en febrero y vuelve a Kenia por barco ese mes con Eduardo, príncipe de Gales, y Beryl Markham. Idina se casa con Donald Haldeman, compra y construye Las Nubes, vuelve a Kenia.

1932 Alice de Janzé se casa con Raymond de Trafford. Se crea una comisión real, la Comisión Carter de Tierras, para atender las reclamaciones de tierras de los nativos. Oswald Mosley crea la Unión Británica de Fascistas.

1934 Erroll se une a la Unión Británica de Fascistas. Idina deja a Haldeman en marzo, vuelve a Kenia en julio con su nuevo novio, el piloto Chris Langlands.

1936 Beryl Markham se convierte en la primera mujer en atravesar en solitario el Atlántico desde Inglaterra. Abdicación de Eduardo VIII.

1937 Erroll asiste a la coronación de Jorge VI.

1939 Idina se casa con Vincent Soltau en marzo. Hitler invade Polonia el 1 de septiembre, comienza la Segunda Guerra Mundial. Muerte de Mary, condesa de Erroll.

1940 Soltau es destinado a El Cairo a mediados de año. Diana y Jock Broughton se casan en Inglaterra el 5 de noviembre, llegan a Kenia el 12 de noviembre.

1941 Erroll es asesinado el 24 de enero. Euan Wallace muere el 8 de febrero en Inglaterra a causa de un cáncer de estómago. El juicio de Broughton comienza el 27 de mayo y termina en absolución. Suicidio de Alice de Trafford el 27 de septiembre.

1942 Suicidio de Broughton el 5 de diciembre en Liverpool.

1943 Se confirma la desaparición del hijo de Idina, Gerald (Gee). Diana Broughton se casa con Gilbert Colvile.

1944 El hijo de Idina, David, resulta muerto en Medina en agosto.

1945 Idina Soltau se traslada a Mombasa con su novio James Bird. Fin de la Segunda Guerra Mundial en mayo.

1948 Llegada prevista del duque de Gloucester para conceder a Nairobi el estatuto de ciudad, lo que provoca una ceremonia de juramento kikuyu en Kiambaa.

1950 Prohibición del movimiento kikuyu.

1951 Comienza el Mau Mau.

1952 Se declara el estado de emergencia. Iomo Kenyatta es arrestado. Su Alteza Real la princesa Isabel visita el hotel Treetops en el bosque de Aberdare y se convierte en reina a la muerte de su padre.

1953 Charles Fergusson y Richar Bingley son asesinados el día de Año Nuevo.

1954 Los Mau Mau incendian el hotel Treetops.

1955 Idina muere en octubre. Diana se divorcia de Colvile y se casa con Tom Delamere.

1963 Iomo Kenyatta se dirige a los colonos blancos en Nakuru el 12 de agosto. Kenia proclama su independencia la medianoche del 12 de diciembre.

1978 Muere Iomo Kenyatta. Daniel Arap Moi se convierte en presidente.

1987 Muere Diana Delamere.

1992 Inicio del multipartidismo.

2002 Mwai Kibaki elegido presidente de Kenia.

BIBLIOGRAFÍA

LIBROS

ASCHAN, U. (1987): *The Man Whom Women Loved: The Life of Bror Blixen*, Nueva York, St Martin's Press.

BARNETT, D. L. Y K. NJAMA (1996): *Mau Mau from Within*, Nueva York, Modern Reader Paperbacks.

BARRY, J. (2011): *Full Circle Rainbow*, Lulu.

BEST, N. (1979): *Happy Valley: The Story of the British in Kenya*, Londres, Secker & Warburg.

BEWES, C. T. F. C. (1953): *Kikuyu Conflict*, Londres, The Highway Press.

BLIXEN, K. (1964): *Out of Africa*, Londres, Cape, Londres. [Traducción al español de B. MCSHANE (2002): *Memorias de África*, Madrid, Alfaguara].

BOLTON, K. (1970): *Harambee Country, A Guide to Kenya*, Londres, Geoffrey Bles.

CARBERRY, J. (1999): *Child of Happy Valley*, Londres, Heinemann.

CORBETT, J. (1955): *Tree Tops*, Nueva York y Londres, Oxford University Press.

COX, R. (1965): *Kenyatta's Country*, Londres, Hutchinson.

DINESEN, I. (1981): *Letters from Africa 1914-1931*, Londres, Weidenfeld & Nicolson. [Traducción al español de J. PARDO (1998): *Cartas de África*, Madrid, Alfaguara].

EAST AFRICA WOMEN'S LEAGUE (1962): *They Made it Their Home*, Nairobi, East Africa Women's League.

FARRANT, L. (1977): *Diana, Lady Delamere and the Murder of Lord Erroll*, edición privada, Nairobi.

FOX, J. (1984): *White Mischief*, Londres, Penguin. [Traducción al español de M. J. RODELLAR (2006): *Pasiones en Kenia*, Barcelona, Anagrama].

Furneaux, R. (1961): *A Crime Documentary: The Murder of Lord Erroll*, Londres, Stevens.

Glyn-Jones, R. (1990): *Still Unsolved: Great True Murder Cases, «Who Shot the Earl of Erroll?»*, Nueva Jersey, Benjamin Bennett, Secaucus.

Hamilton, G. (1986): *A Stone's Throw: Travels from Africa in Six Decades*, Londres, Hutchinson.

Hayes, C. (1997): *Oserian: Place of Peace*, Kenia y Canadá, Rima Books.

Henderson, I. y P. Goodhart (1958): *The Hunt for Kimathi*, Londres, Hamish Hamilton.

Hewitt, P. (1999): *Kenya Cowboy*, Londres, Avon Books, Londres.

Hutchinson, T. (2006): *Kenya Up-country Directory*, 2.ª edición, edición privada, Kenia.

Huxley, E. (1935): *White Man's Country*, vols. I y II, Londres, Chatto & Windus.

—(1941): *East Africa*, Londres, Collins.

—(1964): *Forks and Hope*, Londres, Chatto & Windus.

—(1980): *Nellie: Letters from Africa*, Londres, Weidenfeld & Nicolson.

—(1985): *Out in the Midday Sun: My Kenya*, Londres, Chatto & Windus.

—(1990): *Nine Faces of Kenya: An Anthology*, Londres, Collins Harvill.

Huxley, E. y A. Curtis (1980): *Pioneer Scrapbook, Reminiscences of Kenya 1890 to 1968*, Londres, Evans Brothers.

Imray, C. (1997): *Policeman in Africa*, Lewes Book Guild.

De Janzé, F. (1928): *Vertical Land*, Londres, Duckworth.

Kenyatta, J. (1938): *Facing Mt Kenya*, EE. UU., Martin Secker & Warburg.

LEAKEY, L. S. B. (1952): *Mau Mau and the Kikuyu*, Londres, Methuen.

LONDON SCHOOL OF HYGIENE AND TROPICAL MEDICINE (1951): *The Preservation of Personal Health in Warm Climates*, Londres, The Ross Institute of Tropical Hygiene.

LOVATT-SMITH, D. (2005): *Kenya, The Kikuyu and Mau Mau*, Reino Unido, Mawenzi Books.

LOVELL, M. S. (1987): *Straight on Till Morning: The Biography of Beryl Markham*, Londres, Hutchinson.

—(2001): *The Sisters: The Saga of the Mitford Family*, Nueva York, W. W. Norton.

MARKHAM, B. (1942): *West with the Night*, Boston, Houghton Mifflin. [Traducción al español de M. IZQUIERDO (2012): *Al oeste con la noche*, Barcelona, Libros del Asteroide].

MIGEL, P. (1968): *Titania: The Biography of Isak Dinesen*, Londres, Michael Joseph.

MILLER, C. (1972): *The Lunatic Express*, Londres, Futura. [Traducción de S. FERNÁNDEZ ORDÁS (2019): *El tren lunático*, A Coruña, El Viento].

MURRAY-BROWN, J. (1972): *Kenyatta*, Londres, George Allen & Unwin.

OSBORNE, F. (2008): *The Bolter*, Londres, Virago.

OWEN WELLER, H. (1931): *Kenya Without Prejudice*, Londres, East Africa Ltd.

PARKER, I. (2009): *The Last Colonial Regiment: The History of the Kenya Regiment (TF)*, Kinloss, Librario Publishing.

PLAICE, E. (2001): *Lost Lion of Empire: The Life of «Cape-to-Cairo» Grogan*, Londres, HarperCollins.

SMITH, A. (1997): *White Roots in Africa: The Experiences of a White African*, Londres, Janus.

SPICER, P. (2010): *The Temptress: The Scandalous Life of Alice, Countess de Janzé*, Londres, Simon & Schuster.

STONEHOUSE, J. (1960): *Prohibited Immigrant*, Londres, The Bodley Head.

TRZEBINSKI, E. (1977): *Silence Will Speak: The Life of Denys Finch Hatton and His Relationship with Karen Blixen*, Londres, Heinemann.

—(1985): *The Kenya Pioneers*, Londres, Heinemann.

—(1993): *The Lives of Beryl Markham*, Londres, Heinemann.

—(2000): *The Life and Death of Lord Erroll: The Truth Behind the Happy Valley Murder*, Londres, Fourth Estate.

VERE-HODGE, E. R. Y P. COLLISTER (1956): *Pioneers of East Africa*, Nairobi, The Eagle Press.

WATKINS, E. (2005): *Olga in Kenya: Repressing the Irrepressible*, Londres, Pen Press.

ARTÍCULOS EN REVISTAS Y PERIÓDICOS

«Kenya's Clouded Future: Can the European Survive?», Elspeth Huxley, *Daily Telegraph*, 1 de marzo de 1963.

«Kenya on the Brink», partes 1 y 2, *Sunday Times*, 10 y 17 agosto de 1975.

«Femme Fatale Takes Kenyan Murder Secret to her Grave», *Daily Telegraph*, 7 de septiembre de 1987.

«Solved: Mystery of White Mischief Gun», Neil Tweedie, *Weekly Telegraph*, agosto de 2002.

«Revealed: the White Mischief Murderer», Judith Woods, *Weekly Telegraph*, mayo 2007.

«Silent Witness», David Jenkins, *Tatler*, 2010.

«Lord Erroll Killed by MI6 Operatives», Palle Rune, y «The Last Word», Errol Trzebinski, *Old Africa*, 42, agosto de 2012.

Varios artículos sobre el trabajo de conservación de Solomon en *The Nation*, Nairobi

ÍNDICE ONOMÁSTICO

D

E

H

J

K

L

M

N

O

Si no conoce Happy Valley, intente visitar la zona. Por todo Happy Valley hay numerosas casas históricas. Los espíritus de los blancos muertos que solían residir en esas casas viven en los africanos que ahora habitan allí.

Solomon Gitau

Fuera de sí. Contemporáneos

5. *Del viaje como arte. Travesías por España, Francia, India y el Mediterráneo*
   Edith Wharton
   Edición y prólogo de Teresa Gómez Reus

6. *Crónica japonesa*
   Nicolas Bouvier
   Traducción de Glenn Gallardo y Martín Schifino

7. *En el barco de Ise. Viaje literario por Japón*
   Suso Mourelo

8. *El tiempo de las mujeres. Crónicas asiáticas*
   Ángeles Espinosa

9. *Chuquiago. Deriva de La Paz*
   Miguel Sánchez-Ostiz

10. *El ladrón de recuerdos. Viaje por río a través de Colombia*
    Michael Jacobs
    Traducción de Martín Schifino

11. *Heridas del viento. Crónicas armenias*
    Virginia Mendoza
    Prólogo de Ander Izagirre

12. *La memoria de la Tierra. Kimberley o el Far West australiano*
    Rafael Manrique

13. *Una huida imposible. California y sus escribidores*
    Toni Montesinos

14. *El soñador errante. De viaje con Pierre Loti*
    Álex Fraile

15. *La otra Grecia. Viaje a Salónica, Macedonia y los Balcanes del sur*
MARTA MONEDERO

16. *La naturaleza del silencio. Nueve meses entre cien habitantes*
SUSO MOURELO

17. *La India en que viví*
ALEXANDRA DAVID-NÉEL
TRADUCCIÓN DE MILAGRO REVEST

18. *Las Tres Venecias. Viajes por la Italia mitteleuropea*
JORGE CANALS PIÑAS

19. *Bebida para señoritas. Crónicas caribeñas cargadas de ron, ron, ron...*
ARANTZA PRÁDANOS

20. *Oasis Prohibidos. De Pekín a Cachemira. Una mujer a través de Asia Central en 1935*
ELLA MAILLART
PRÓLOGO DE NICOLAS BOUVIER
TRADUCCIÓN DE MANUEL SERRAT CRESPO

21. *Viaje al Reino de Ava. Una crónica birmana*
LEONCIO ROBLES

22. *No hay sitio en el arca*
ALAN MOOREHEAD
TRADUCCIÓN DE J. FERRER ALEU

23. *Japón, el archipiélago de las estaciones*
JOSÉ ANTONIO DE ORY

24. *Mujeres en ruta. La emancipación a través del viaje*
LUCIE AZEMA
TRADUCCIÓN DE LOURDES MARTÍNEZ PÉREZ

25. *Hong Kong bajo la lluvia*
BLAS PIÑERO MARTÍNEZ
FOTOGRAFÍAS DE DAVID J. CLARKE